上海市教委教研室项目“高中数学新课标新教材学习活动设计研究”成果
王国江高中数学名师工作室研究成果
上海世外教育集团高中数学（金山世外）教学实践研究成果
上海市宝山区教学指南研究项目（高中数学二组）研究成果
杨浦区数学学科高地研究成果

丛书主编◎方耀华　王国江

高中数学
新课标　新教材
学习活动设计研究

本册主编◎王国江
副主编◎张倬霖　浦静滢

编　者◎肖恩利　杨逸峰　曹丽琼　邵　翔　张建国
张克平　李　萍　朱　华　王一心　孙红娅
（排名不分先后）

同济大学出版社
TONGJI UNIVERSITY PRESS
·上海·

图书在版编目(CIP)数据

高中数学新课标新教材学习活动设计研究 / 王国江主编. —上海：同济大学出版社，2021.11

ISBN 978-7-5608-9977-0

Ⅰ.①高… Ⅱ.①王… Ⅲ.①中学数学课—教学研究—高中 Ⅳ.①G633.602

中国版本图书馆 CIP 数据核字(2021)第 219681 号

高中数学新课标新教材学习活动设计研究

主编 王国江

责任编辑 徐慧平 责任校对 徐春莲 封面设计 渲彩轩

出版发行 同济大学出版社 www.tongjipress.com.cn

(地址:上海市四平路 1239 号 邮编：200092 电话:021-65985622)

经 销 全国各地新华书店

排版制作 南京展望文化发展有限公司

印 刷 常熟市大宏印刷有限公司

开 本 787 mm×1092 mm 1/16

印 张 15.5

字 数 387 000

版 次 2021 年 11 月第 1 版

印 次 2021 年 11 月第 1 次印刷

书 号 ISBN 978-7-5608-9977-0

定 价 48.00 元

丛书主编　方耀华　王国江

《高中数学新课标新教材学习活动设计研究》

《高中数学新课标新教材学习活动案例》

《走进核心素养的高中数学》

前言

普通高中数学学科教材作为国家课程标准背景下的非统编教材，遵循“国家标准”、保留“上海特色”、争创“国际水平”的原则。为响应国家课程改革的要求，更好地推进和落实高中数学学科新教材的实施，本书以上海教育出版社出版的《普通高中教科书 数学 必修》（第一、二、三册）为载体，根据国家新课标方案与学科课程标准，紧扣新课标指导下的学科教学要求，探索新课程标准下的学科教学方法，体现数学学科新教材的编写理念、特点与主要变化，通过以学生为主体的单元学习活动的开发与研究，切实将“双新”理念转化为教学实践。

单元学习活动是单元教学的重要组成部分，它在促进学生对知识的理解应用、对实践的探索发现、对素养的提升发展等方面都有积极意义。单元学习活动设计，则是教师基于《普通高中数学课程标准（2017年版）》，以单元教学目标为核心、以学生主体发展为目标，针对单元教学内容和学生学习情况所开发的知识构建、问题探究和专题实践设计。教师在设计单元学习活动时，要关注知识的建构、思维的发展、视野的拓宽、创新的尝试和能力的提升，在教学过程中落实数学学科核心素养，彰显数学学科的育人价值。

自《普通高中教科书 数学 必修》（第一、二、三册）使用以来，教师日益重视单元学习活动的设计，部分教师已经开始进行这方面的尝试，并且取得了一定的成果，但是仍有一部分教师对于单元学习活动的设计还处于比较茫然的状态。针对以上情况，上海市教委教研室组织开展了高中数学新课标新教材学习活动设计研究，根据工作需要，委托上海市杨浦区教育学院在全市范围内协同开展相关工作。

在专家的指导和引领下，杨浦区多位优秀的一线教师对教材进行深度研读，并调研学情，在区域内广泛征集学习活动案例，本着“学生主体、教师引导、活动多样、评价落实”的主旨，从知识建构活动、问题探究活动、专题实践活动等三种类型，开发和编写了本书，以配套《普通高中教科书 数学 必修》（第一、二、三册）各章的学习活动设计，希望本书能为更多的一线的数学教师提供借鉴和参考的资源。

编 者

2021年10月

目 录

高中数学　必修　第一册

高中数学　必修　第二册

高中数学　必修　第三册

高中数学
必修　第一册

第1章 集合与逻辑

一、学习内容分析

集合是刻画一类事物的语言和工具，其数学语言十分精确，不容易产生歧义.集合语言是现代数学语言的重要组成部分.使用集合语言，可以简洁、准确地表示所要研究的对象，更好地描述所研究对象之间的关系.通过本章的学习，学生可以使用集合的语言简洁、准确地表述数学的研究对象，学会用数学的语言表达和交流，积累数学抽象经验.

常用逻辑用语是数学语言的重要组成部分，是数学表达和交流的工具，是逻辑思维的基本语言.数学作为其他学科的基础和工具，其内涵及语言都是按照逻辑的方式来组织的.根据正确的前提，按照严格的逻辑推理，总是能够得到正确的结论.通过本章的学习，学生可以使用常用逻辑用语表达数学对象、进行数学推理，体会常用逻辑用语在表述数学内容和论证数学结论中的作用，提高交流的严谨性与准确性.

在高中数学的学习及后续数学内容的学习中，本章是一个起始点，重点关注的是用大众所公认的方式，遵循一些特定的规则来进行数学的思考与表达.因此，本章是后续章节学习的基础，也是能更好地与他人开展交流的一个必要条件.

二、学习活动设计

(一) 学习活动设计整体分析

1. 学习活动的目标

① 在具体情境中，能使用 Venn 图表示集合的基本关系与基本运算，在解决实际问题的基础上，体会数学的应用价值；

② 通过对集合论发展过程的研究和相关数学家的了解，了解集合论这一领域目前的发展情况，体会数学史和数学文化对数学学习的价值，提升数学学习的兴趣.

2. 学习活动的意义

初中阶段数学知识相对具体，高中阶段数学知识相对抽象.本章作为高中数学的第一章，应针对这一特征帮助学生完成从初中到高中数学学习的过渡，包括知识与技能、方法与习惯、能力与态度等方面.在集合、常用逻辑用语的教学中，创设合适的教学情境，以现实生活中的例子或者义务教育阶段学过的内容为载体，引导学生用集合语言和常用逻辑用语梳理、表达生活中的实际情况以及学过的相应数学内容.

Venn 图为抽象的集合语言提供了直观表示的方法，为学生理解相对抽象的集合之间的关系以及集合的运算提供了直观感受.Venn 图贯穿于集合的包含关系，集合的交、并、补运算等内容的学习.虽然 Venn 图可以帮助学生理解集合的相关概念，但是这些概念的描述必须采用简洁、准确的集合语言进行表述，从而体会从直观到抽象的过渡.

数学文化和数学史是高中数学学科德育的重要阵地. 通过对集合论发展过程的研究和相关数学家的了解，体会数学发展的艰难过程，对数学的发展有更加全面的认识，提升数学学习的兴趣，增强数学学习过程中的坚韧不拔的精神.

3. 学习活动分析表

活动名称	活动目标	所需课时	活动类型			核心素养及其水平			评价方式		
			知识构建	问题探究	专题实践	核心素养	具体方面	水平	自我评价	小组评价	教师评价
Venn 图在实际问题中的应用	①	0.5		√		逻辑推理 直观想象	情境与问题 知识与技能 思维与表达	一	√	√	√
集合的发展史	②	课外			√	逻辑推理	情境与问题 反思与交流	二	√	√	√
总　计		0.5+课外		1	1				2	2	2

（二）学习活动案例

案例 1－1－1　Venn 图在实际问题中的应用

一、设定活动目标、确定活动名称

单元名称	集合与逻辑
教材版本	上教社 2020 年版
活动目标	在具体情境中，能使用 Venn 图表达集合的基本关系与基本运算，在解决实际问题的基础上，体会数学的应用价值.
活动名称	Venn 图在实际问题中的应用
活动意义	初中阶段数学知识相对具体，高中阶段数学知识相对抽象.本章作为高中数学的第一章，应针对这一特征帮助学生完成从初中到高中数学学习的过渡，包括知识与技能、方法与习惯、能力与态度等方面.在集合、常用逻辑用语的教学中，创设合适的教学情境，以现实生活中的例子或者义务教育阶段学过的内容为载体，引导学生用集合语言和常用逻辑用语梳理、表达生活中的实际情况以及学过的相应数学内容. Venn 图为抽象的集合语言提供了直观表示的方法，为学生理解相对抽象的集合之间的关系以及集合的运算提供了直观感受.Venn 图贯穿于集合的包含关系、集合的交、并、补运算等内容的学习.Venn 图可以帮助理解集合的相关概念，但是这些概念的描述必须采用简洁、准确的集合语言进行表述，从而体会从直观到抽象的过渡.

二、活动方案设计

<table>
<tr><td>问题设计</td><td>
高一新生要进行社团活动报名啦！
本次面向高一新生招生的社团分别是戏剧社、机器人社和桥牌社.
根据学校在社团活动方面的规定，每名同学自愿参加社团报名，但是每名同学至多同时报 3 个社团，不得重复填报.
班长正在统计班级的社团填报情况，但是粗心的他把原始报名表上交各个社团时，忘了记录每名同学的报名情况，只看到报名汇总数量如下：
<table>
<tr><th>社 团 报 名 情 况</th><th>人　数</th></tr>
<tr><td>参加戏剧社</td><td>18</td></tr>
<tr><td>参加机器人社</td><td>15</td></tr>
<tr><td>参加桥牌社</td><td>18</td></tr>
<tr><td>同时参加戏剧社和机器人社</td><td>6</td></tr>
<tr><td>同时参加机器人社和桥牌社</td><td>5</td></tr>
<tr><td>同时参加戏剧社和桥牌社</td><td>7</td></tr>
<tr><td>同时参加戏剧社、机器人社和桥牌社</td><td>2</td></tr>
</table>
现在学校安排没有参加社团活动的同学参加社区公益活动，要求各班立刻上报参加公益活动的人数. 已知本班的人数是 40 人，请运用集合的知识，帮助班长算出参加社区公益活动的人数吧！
</td></tr>
<tr><td>活动类型</td><td>□知识建构活动　☑问题探究活动　□专题实践活动</td></tr>
<tr><td>核心素养</td><td>☑数学抽象　□数学运算　☑逻辑推理
☑直观想象　□数据分析　□数学建模</td></tr>
<tr><td>活动年级</td><td>☑高一　□高二　□高三</td></tr>
<tr><td>活动形式</td><td>☑课内活动　□课外活动　□课内外兼顾</td></tr>
<tr><td>活动方式</td><td>□自主学习　☑小组合作　☑班级研讨交流</td></tr>
<tr><td>活动资源</td><td>□工具学具　☑文本资料　□媒体资料</td></tr>
<tr><td>活动水平</td><td>☑理解与运用　□综合运用　□探究与发现</td></tr>
<tr><td>所需课时</td><td>0.5(课内)</td></tr>
<tr><td>评价方法</td><td>☑自我评价　☑小组评价　☑教师评价</td></tr>
<tr><td>活动品质评估</td><td>主体性 [A] B C　整体性 [A] B C　合作性 A [B] C　适切性 A [B] C　激励性 [A] B C</td></tr>
</table>

注：A 表示“很好”，B 表示“良好或较好”，C 表示“一般或较差”

三、活动实施、总结评价

（一）活动流程

1. 提出问题

高一新生要进行社团活动报名啦！

本次面向高一新生招生的社团分别是戏剧社、机器人社和桥牌社.

根据学校在社团活动方面的规定,每名同学自愿参加社团报名,但是每名同学至多同时报 3 个社团,不得重复填报.

班长正在统计班级的社团填报情况,但是粗心的他把原始报名表上交各个社团时,忘了记录每个同学的报名情况,只看到报名汇总数量如下:

社团报名情况	人数
参加戏剧社	18
参加机器人社	15
参加桥牌社	18
同时参加戏剧社和机器人社	6
同时参加机器人社和桥牌社	5
同时参加戏剧社和桥牌社	7
同时参加戏剧社、机器人社和桥牌社	2

现在学校安排没有参加社团活动的同学参加社区公益活动,要求各班立刻上报参加公益活动的人数. 已知本班的人数是 40 人,请运用集合的知识,帮助班长算出参加社区公益活动的人数吧!

2. 学生活动(环节一)

(1) 学生分组:以 3～4 人为一组,组成研究小组,共同完成探究活动;

(2) 独立思考,分析问题情境与集合知识之间的联系,并形成初步解决方案;

(3) 小组讨论、交流对问题情境的思考与运用集合知识形成的解决方案;

例如:全集 U 表示由全班所有同学组成的集合,

集合 A 表示由参加戏剧社的同学组成的集合,

集合 B 表示由参加机器人社的同学组成的集合,

集合 C 表示由参加桥牌社的同学组成的集合,

用 Venn 图表示这些集合,如下图:

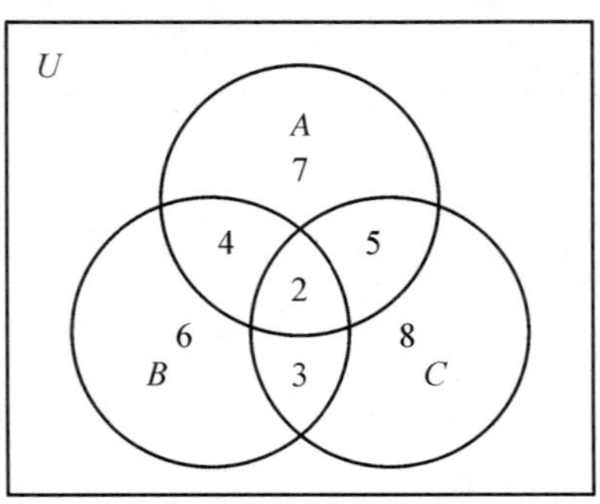

根据 Venn 图分析可知，集合 $A\cup B\cup C$ 共有 35 个元素，而全集 U 有 40 个元素，所以没参加社团的共有 5 人.

(4) 小组成员梳理，汇总想法，达成共识，推荐交流代表；

(5) 各组代表在全班交流本组想法，并回复其他各组同学质疑.

3. 教师活动(环节一)

(1) 本次活动是高中阶段的第一次探究学习活动，向学生介绍探究活动的基本流程；

(2) 评估学生的分组情况；

(3) 参与学生的小组讨论，引导学生逐渐熟悉小组合作探究学习的流程与步骤；

(4) 对学生提出的问题及时点拨，尤其注重引导学生运用集合的知识来分析研究问题；

(5) 指导学生规范完成交流报告；

(6) 点评各小组的交流活动，完成教师评价.

4. 学生活动(环节二)

在上一个问题解决的基础上，请各小组将问题进一步推广，提出新的问题.

(1) 小组交流，通过类比、一般化等方法，提出新的问题，如：改变班级社团人数、将人数一般化、增加社团数量等；

(2) 小组讨论，探究新问题的求解方法；

例如：将之前研究问题的人数一般化，以字母代替.

全集 U 的元素个数为 u，集合 A 的元素个数为 a，集合 B 的元素个数为 b，集合 C 的元素个数为 c，集合 $A\cap B$ 的元素个数为 p，集合 $B\cap C$ 的元素个数为 q，集合 $A\cap C$ 的元素个数为 r，集合 $A\cap B\cap C$ 的元素个数为 m，求 $\overline{A\cup B\cup C}$ 的元素个数.(也可以求其他集合的元素个数)

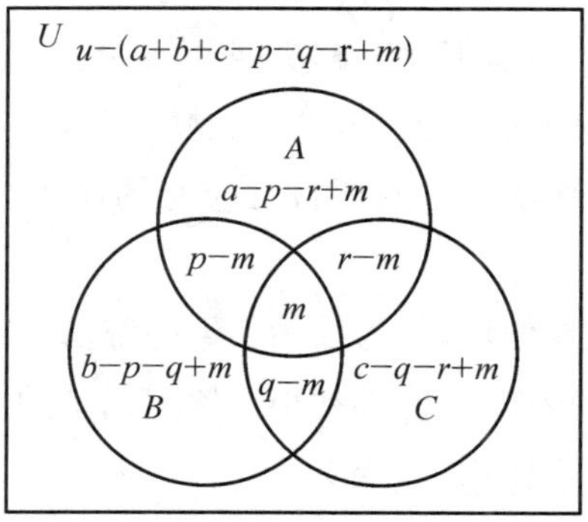

(3) 小组成员梳理，汇总想法，达成共识，推荐交流代表；

(4) 各组代表在全班交流本组想法，并回复其他各组同学质疑.

5. 教师活动(环节二)

(1) 参与小组讨论，对学生的提问进行引导；

(2) 及时解答学生提出的疑问;

(3) 点评各小组的交流活动,完成教师评价;

(4) 观察组间交流时,学生质疑的频数和质量,在评价时进行酌情加分.

(二) 活动评价

1. 评价原则

(1) 认真参加数学探究活动,积极思考,善于发现问题,勇于解决问题,逐步形成浓厚的数学学习兴趣.

① 积极参加活动,独立思考形成初步结论(20 分);

② 主动参加活动,独立思考有想法但尚未形成结论(15 分);

③ 能参加活动,尝试独立思考,但尚未形成具体想法(10 分);

④ 有参加活动的意愿,不愿独立思考(5 分);

⑤ 不愿意参加活动(0 分).

(2) 积极参加合作学习,勇于接受任务、勇于承担责任,逐步提高数学表达与交流能力.

① 主动在小组合作学习中承担重要任务,并高质量完成任务、积极发言交流(20 分);

② 能承担小组合作学习中分配到的任务,并完成任务、积极发言交流(15 分);

③ 能承担小组合作学习中分配到的任务,并完成任务,发言交流有待加强(10 分);

④ 能承担小组合作学习中分配到的任务,完成情况有待加强(5 分);

⑤ 不愿意承担小组合作学习中分配到的任务(0 分).

(3) 正确运用课堂所学的集合知识分析和解决实际问题,逐步形成严谨的科学态度.

① 正确运用课堂学习的集合知识分析问题,并高质量解决问题(20 分);

② 正确运用课堂学习的集合知识分析问题,并能解决问题(15 分);

③ 正确运用课堂学习的集合知识分析问题,问题解决情况有待加强(10 分);

④ 找到了正确的知识切入点,但没有解决问题(5 分);

⑤ 没有发现正确的知识切入点,没有解决问题(0 分).

(4) 加强小组合作,在合作学习中发挥自己应有的作用,取长补短,共同提高,逐步形成团队合作意识.

① 在小组合作中发挥主要作用,成为推动小组探究活动前进的主要力量(20 分);

② 在小组合作中发挥积极作用,能推动小组探究活动的前进(15 分);

③ 在小组合作中发挥一定作用(10 分);

④ 在小组合作中发挥作用较少(5 分);

⑤ 在小组合作中没有发挥作用(0 分).

(5) 公平、公正地进行自我评价和小组互评,评价过程认真、负责、有诚信,逐步形成良好的个人品质.

① 公平的开展自我评价、小组互评(20 分);

② 自我评价或小组互评中有一项有待改进(10 分)；

③ 自我评价和小组互评情况均有待改进(0 分).

(6) * 在小组合作探究和班级交流中有突出表现的,酌情加分.

2. 评价量表

小组姓名			
活动名称			
评价项目(分值)	自我评价	小组互评	教师评价
参加活动的态度兴趣(20 分)			
探究问题的思维水平(20 分)			
书面知识的应用情况(20 分)			
小组合作中发挥作用(20 分)			
探究结果的交流报告(20 分)			
特色加分(10 分)			
总　计			
总　分		等　第	

评价说明：

(1) 自我评价、小组互评、教师评价的总计满分均为 100+10 分,计总分时按自我评价 30%、小组互评 30%、教师评价 40%计；

(2) 等第划分：根据总分的分值,优秀[90,100]、良好[75,90)、一般[60,75)、须努力[0,60).

四、活动反思与体会

“Venn 图在实际问题中的应用”是对《普通高中教科书　数学　必修　第一册》(上教版)第 1 章学习内容的补充. 这是学生进入高中以来,第一次开展数学学科的问题探究活动. 通过活动,将 Venn 图的使用与学生学习生活中的实例相结合,提升学生对数学的应用价值和社会价值的认识.

1. 通过对活动中的情境问题分析,从中提炼出相关联的数学问题,提升数学抽象素养.

2. 本活动的问题解决方案不唯一,学生通过学习活动学会用正确的数学方法尝试分析问题和解决问题,提升数学建模能力.

3. 在小组合作的过程中,学会与他人交流和分享信息,明确自身在团队中的作用,通过取长补短,学会互助学习,同时提升数学知识的应用能力.

4. 在第一环节探究活动的基础上，尝试对原问题进行类比和推广，形成对一类相关问题的研究通法，提升逻辑推理素养.

5. 在评价的环节，通过自我评价和小组互评的过程，学会客观公正的评价自己的活动表现以及合作者的活动表现.

案例 1－1－2　集合论的发展史

一、设定活动目标、确定活动名称

单元名称	集合与逻辑
教材版本	上教社 2020 年版
活动目标	通过对集合论发展过程的研究和相关数学家的了解，了解集合论这一领域目前发展的情况，体会数学史和数学文化对数学学习的价值，提升数学学习的兴趣.
活动名称	集合论的发展史
活动意义	数学文化和数学史是高中数学学科德育的重要阵地. 通过对集合论发展过程的研究和相关数学家的了解，体会数学发展的艰难过程，对数学的发展有更加全面的认识，提升数学学习的兴趣，增强数学学习过程中坚韧不拔的精神. 通过主题研究活动的过程，体会信息收集过程，初步了解文献资料分析研究的方法.

二、活动方案设计

问题设计	阅读材料： 理发师悖论： 在某个城市中有一位理发师，他的广告词是这样写的：“本人的理发技艺十分高超，誉满全城.我将为本城所有不给自己刮脸的人刮脸，我也只给这些人刮脸.我对各位表示热诚欢迎！”来找他刮脸的人络绎不绝，自然都是那些不给自己刮脸的人.可是，有一天，这位理发师从镜子里看见自己的胡子长了，他本能地抓起了剃刀，你们看他能不能给他自己刮脸呢？如果他不给自己刮脸，他就属于“不给自己刮脸的人”，他就要给自己刮脸，而如果他给自己刮脸呢？他又属于“给自己刮脸的人”，他就不该给自己刮脸. 理发师悖论等价于罗素悖论.罗素悖论是由罗素发现的一个集合论悖论. 集合论中的悖论引发了数学史上的第三次危机，称为第三次数学危机. 那么第三次数学危机得到有效解决了吗？集合论的发展史是怎样的？数学家为了集合论的发展作出了怎样的贡献？目前集合论发展的情况又是如何的？同学们不妨带着这些问题，以集合论的发展史为主题，以小组合作的形式，做一个专题研究吧.		
活动类型	□知识建构活动	□问题探究活动	☑专题实践活动
核心素养	□数学抽象 □直观想象	□数学运算 □数据分析	☑逻辑推理 □数学建模
活动年级	☑高一	□高二	□高三
活动形式	□课内活动	□课外活动	☑课内外兼顾

续表

活动方式	☑自主学习		☑小组合作		☑班级研讨交流
活动资源	□工具学具		☑文本资料		☑媒体资料
活动水平	□理解与运用		□综合运用		☑探究与发现
所需课时	4(课外)+1(课内)				
评价方法	☑自我评价		☑小组评价		☑教师评价
活动品质评估	主体性 A B [C]	整体性 [A] B C	合作性 A [B] C	适切性 A [B] C	激励性 [A] B C

注：A表示“很好”，B表示“良好或较好”，C表示“一般或较差”

三、活动实施、总结评价

（一）活动流程

板块一　收集研究资料和形成研究报告(课外)

1. 提出问题

请同学们首先阅读以下材料：

理发师悖论：

在某个城市中有一位理发师，他的广告词是这样写的：“本人的理发技艺十分高超，誉满全城.我将为本城所有不给自己刮脸的人刮脸，我也只给这些人刮脸.我对各位表示热诚欢迎！”来找他刮脸的人络绎不绝，自然都是那些不给自己刮脸的人.可是，有一天，这位理发师从镜子里看见自己的胡子长了，他本能地抓起了剃刀，你们看他能不能给他自己刮脸呢？如果他不给自己刮脸，他就属于“不给自己刮脸的人”，他就要给自己刮脸，而如果他给自己刮脸呢？他又属于“给自己刮脸的人”，他就不该给自己刮脸.

理发师悖论等价于罗素悖论.罗素悖论是由罗素发现的一个集合论悖论. 集合论中的悖论引发了数学史上的第三次危机，称为第三次数学危机.

那么第三次数学危机得到有效解决了吗？集合论的发展史是怎样的？数学家为了集合论的发展作出了怎样的贡献？目前集合论发展的情况又是如何的？同学们不妨带着这些问题，以集合论的发展史为研究方向，选择一个主题，以小组合作的形式，做一个专题研究吧.

2. 学生活动

(1) 学生分组：以3～5人为一组，形成研究小组，选出组长.

(2) 方案设计：小组讨论，明确研究集合论发展史的路径，以及研究方法.

(3) 小组分工：根据研究方案，对每一名组员的职责进行分工，并明确职责要求.

例如：

组长：负责小组的统筹管理，根据研究任务的推进协调小组成员的工作比重.

信息采集 1：通过图书馆、采访数学教师等方式获取关于集合论方面的数学史材料.

信息采集 2：通过网络等信息技术途径，查阅关于集合论方面的数学史材料.

材料汇总整理：将组员采集获得的信息进行汇总梳理.

(4) 合作行动：组长统筹管理，在明确活动推进时间表的前提下，组织小组成员分头行动.

(5) 汇总信息：根据梳理汇总的信息，形成初步的文献综述.

(6) 形成报告：撰写研究活动的报告.

3. 教师活动

(1) 指导学生合理分组.

(2) 对学生的活动方案进行点评指导.

(3) 协助学生进行小组分工，并对分工情况进行评价.

(4) 学生活动过程中，提供相应的学科资源的支持.

例如：

阅读材料 1（摘自《普通高中教科书数学必修第一册》（人民教育出版社））

集合论是德国数学家康托尔于 19 世纪末创立的.当时，康托尔在解决涉及无限量研究的数学问题时，越过“数集”限制，提出了一般性的“集合”概念.关于集合论，希尔伯特赞誉其为“数学思想的惊人的产物，在纯粹理性的范畴中人类活动的最美的表现之一”，罗素描述其为“可能是这个时代所能夸耀的最伟大的工作”.

阅读材料 2（摘自《普通高中课程标准实验科教材数学 1（必修）》（北京师范大学出版社））

康托与集合论

研究集合的数学理论在现代数学中称为集合论.它不仅是数学的一个基本分支，在数学中占据着极其独特的地位，而且其基本概念已渗透到数学的所有领域.如果把现代数学比作一座无比辉煌的大厦，那么可以说集合论正是构成这座大厦的基石，其创始人康托也以其集合论的成就被誉为对 20 世纪数学发展影响最深的学者之一.

康托生于俄罗斯圣彼得堡，自幼对数学有浓厚兴趣.1867 年，22 岁的康托获博士学位，以后一直在哈雷大学任教，从事数学教学与研究.

人们把康托最早提出集合论思想的那一天 1873 年 12 月 7 日定为集合论诞生日.他把集合理解为：把若干确定的、有区别的（不论是具体的或抽象的）事物合并起来，看作一个整体，其中各事物称为该集合的元素.不到 30 岁的康托向神秘的“无穷”宣战，他靠着智慧和汗水，成功地证明了一条直线上的点能够和一个平面上的点一一对应，也能和空间中的点一一对应.这样看起来，1 cm 长的线段内的点与太平洋面上的点，以及整个地球内部的点都“一样多”.

事实证明，康托的集合论不仅为数学分析奠定了最终基础，而且对整个现代数学结构产生了重大而深远的影响.

(5) 指导学生开展文献综述.

(6) 指导学生撰写研究报告.

板块二　交流与评价（课内）

1. 小组汇报

(1) 确定汇报人选；

(2) 撰写发言稿，制作 PPT；

(3) 汇报研究成果.

例如：

交流汇报样例

小组成员姓名	
组　　长	
研究主题	集合论的发展史
研究方案	一、制定研究目标 1. 研究集合相关概念的发展过程； 2. 研究在集合论方面有贡献的数学家； 3. 研究集合论目前发展的现状. 二、确定人员分工 1. 组长： 2. 数学教师采访： 3. 书面材料信息收集： 4. 网络信息材料收集： 5. 信息汇总： 三、明确个人职责 1. 组长职责： 协调管理整个团队，确定研究推进的时间，根据信息收集汇总的情况及时调整研究方向和目标. 2. 数学教师采访： 通过对数学教师的采访，获取研究建议，明确研究推进的大方向. 3. 书面材料信息收集： 通过图书馆等渠道借阅相关书籍，并对与本研究有关的内容进行摘录. 4. 网络信息材料收集： 四、信息收集汇总 1. 收集信息梳理： 2. 相关文献综述：

续表

	五、研究报告撰写 1. 信息收集人： 2. 主要撰写人： 3. 报告撰写结构商讨： 六、汇报交流设计 1. 主要报告人： 2. PPT 制作人： 3. 汇报方案：
分工情况	
研究内容	一、研究主题与目标 二、研究框架流程 三、文献综述 四、研究过程 五、研究结果
体会收获	
值得进一步研究的问题	

2. 交流提问

（1）由其他小组成员进行提问；

（2）本小组所有成员均可回答问题.

（二）活动评价

1. 评价原则

（1）研究主题选择的适切性.

① 选择主题与集合的知识背景密切联系，具有较高专题研究的价值(20 分)；

② 选择主题与集合的知识背景有一定联系，具有一定专题研究的价值(10 分)；

③ 选择主题与集合的知识背景基本没有联系，或研究主题不具有专题研究的价值(0 分).

(2) 合作学习的分工有效性.

① 团队分工合理,成员能主动在小组合作学习中承担重要任务,并高质量完成任务(20分);

② 有团队分工,成员能基本承担小组合作学习中分配到的任务,并基本完成任务(10分);

③ 团队分工不明确,成员无法承担相应的专题研究任务(0分).

(3) 信息获取和处理的合理性.

① 能通过书籍、网络等渠道获得充分的有关集合专题研究的信息,并对获得的信息进行合理的删选、分类和整理(20分);

② 能通过书籍、网络等渠道获得一定的有关集合专题研究的信息,并对获得的信息进行初步分类整理(10分);

③ 基本没有获得与集合专题研究有关的信息,或者对获得的信息分析处理不合理(0分).

(4) 团队合作中发挥作用的积极性.

① 在小组合作中发挥主要作用,成为推动集合专题研究活动前进的主要力量(20分);

② 在小组合作中发挥一定作用,能助力集合专题研究的进行(10分);

③ 在小组合作中没有发挥作用(0分).

(5) 自我评价与小组互评的公正性.

① 公平地开展自我评价、小组互评(20分);

② 自我评价或小组互评中有一项有待改进(10分);

③ 自我评价、小组互评情况均有待改进(0分).

(6) * 在专题研究报告的撰写和班级交流中有突出表现的,酌情加分.

2. 评价量表

<table>
<tr><td>组长</td><td></td><td>组员</td><td colspan="2"></td></tr>
<tr><td colspan="2">评价项目(分值)</td><td>自我评价</td><td>小组互评</td><td>教师评价</td></tr>
<tr><td colspan="2">研究主题选择的适切性(20分)</td><td></td><td></td><td></td></tr>
<tr><td colspan="2">合作学习的分工有效性(20分)</td><td></td><td></td><td></td></tr>
<tr><td colspan="2">信息获取和处理的合理性(20分)</td><td></td><td></td><td></td></tr>
<tr><td colspan="2">团队合作中发挥作用的积极性(20分)</td><td></td><td></td><td></td></tr>
</table>

续表

评价项目(分值)	自我评价	小组互评	教师评价
自我评价与小组互评的公正性(20分)			
总计			
加分及理由			

注：总分＝自我评价×0.3＋小组互评×0.3＋教师评价×0.4

四、活动反思与体会

1. 本章是高中数学的第1章，在开展高中数学学习活动方面，学生第一次进行专题实践类活动，教师需要在活动开展的各个环节予以指导，从而对日后高中数学学习实践活动的开展起到引导和规范的作用.

2. 数学史和数学文化是帮助学生了解数学发展的重要内容，其中也蕴含了数学学科德育的重要内容.通过对集合论发展史的研究，或者是对相关数学家的研究，了解集合论发展的过程，体会数学发展的不易，培养学生学习数学时的攻坚克难和坚韧不拔的精神.

3. 信息时代，学习的途径和手段趋于多样化，合理引导学生通过网络等途径开展自主研究和学习，同时要注意引导学生对网络获取的信息进行合理分析与梳理，从中获得自己学习所需要的重要信息.

第2章　等式与不等式

一、学习内容分析

等式与不等式，作为初中数学向高中数学的过渡内容，属于高中数学预备知识板块，是今后进一步学习数学的基础，起着承上启下的作用.

等式与不等式是表示相等关系与不等关系的基本工具.本章的学习，让学生理解等式的性质与不等式的性质，积累类比方法的经验.

求使不等式成立的未知数的全体值的集合称为解不等式.本章介绍了常见不等式(组)的求解方法，强调不等式的性质在解不等式中的重要作用，培养学生运用集合语言即集合或区间表示不等式的解集的表达习惯.

基本而又十分重要的不等式被称为基本不等式.本章选取了平均值不等式和三角不等式，这也是本章的难点所在.在基本不等式的证明和应用中回顾并落实比较法、综合法、分析法等常用方法，同时贯穿了转化、分类和建模的思想.

二、学习活动设计

(一) 学习活动设计整体分析

1. 学习活动的目标

① 通过由等式的性质猜想不等式的性质，体会等式与不等式的异同，经历研究对象的类比，初步建立合情推理思想；

② 通过对等式性质的证明与不等式性质的证明进行对照，由解方程的方法猜想解不等式的方法；由等式的证明方法猜想不等式的证明方法；经历研究对象过程的类比，建立由类比寻找方法的思想；

③ 通过利用不等式的性质解不等式，用不等式的性质和数的运算性质证明不等式，建立按照逻辑推理的法则计算和证明的思想；

④ 通过本章的学习活动，提高条件、结论、方法上的类比能力，提高演绎推理的能力，提升逻辑推理素养.

2. 学习活动的意义

学习等式与不等式，等式的性质与方程的解集；一元二次方程的解集及根与系数的关系，不等式的相关概念；不等式的性质；一元一次不等式(组)的求解；一元二次不等式的求解;分式不等式的求解;含绝对值不等式的求解;平均值不等式及其应用;三角不等式及其应用.以这些内容为载体,通过类比推进学生的学习活动,积累类比经验.

在类比得到相关结论后,通过实例使学生意识到,结论的正确性需要演绎推理的确认,利用不等式的性质计算和证明所得的结论,锻炼数学的严谨性.

通过本章的学习活动,引导学生"大胆猜想,小心求证",提升学生的逻辑推理和数学运算素养.

3. 学习活动分析表

活动名称	活动目标	所需课时	活动类型			核心素养及其水平			评价方式		
			知识构建	问题探究	专题实践	核心素养	具体方面	水平	自我评价	小组评价	教师评价
类比等式的性质,研究不等式的性质	① ②	1+2	√			逻辑推理	知识与技能	二	√	√	√
三角不等式的类比、推广和应用	③	1		√		数学抽象 数学运算 逻辑推理	思维与表达 知识与技能 知识与技能	一 一 二	√	√	√
从几何视角研究一些不等式问题	④	1		√		逻辑推理 直观想象	情境与问题 知识与技能 思维与表达	二 二 二	√	√	√
总　计		3+2	1	2	0				3	3	3

(二) 学习活动案例

案例 1-2-1　类比等式的性质,研究不等式的性质

一、设定活动目标、确定活动名称

单元名称	等式与不等式
教材版本	上教社 2020 年版
活动目标	(1) 通过由等式的性质猜想不等式的性质,体会等式与不等式的异同,经历研究对象结果的类比,初步建立合情推理思想. (2) 通过对等式性质的证明与不等式性质的证明进行对照,由解方程的方法猜想解不等式的方法;由等式的证明方法猜想不等式的证明方法;经历研究对象过程的类比,建立由类比寻找方法的思想.
活动名称	类比等式的性质,研究不等式的性质
活动意义	通过本学习活动设计,引导学生通过观察、类比等式的性质发现一些规律,猜测某些结论,提高合情推理能力;通过实例使学生逐步意识到,结论的正确性需要演绎推理的确认.

二、活动方案设计

<table>
<tr><td>问题设计</td><td colspan="5">我们已经学习过等式的性质：
(1) 等式具有传递性，设 a，b，c 均为实数，如果 $a=b$，且 $b=c$，那么 $a=c$；
(2) 加法性质：设 a，b，c 均为实数，如果 $a=b$，那么 $a+c=b+c$；
(3) 乘法性质：设 a，b，c 均为实数，如果 $a=b$，那么 $ac=bc$.
在以上等式的性质基础上，我们又推广并证明了以下一些性质：
(1) 如果 $a=b$，且 $c=d$，那么 $a+c=b+d$；
(2) 如果 $a=b$，且 $c=d$，那么 $ac=bd$；
(3) 如果 $a=b\neq 0$，那么 $\frac{1}{a}=\frac{1}{b}$；
(4) 如果 $a=b$，那么 $a^n=b^n$，其中 n 是正整数.
利用等式的性质将等式进行代数变形，从而求方程的解.
根据研究不等式的基础：
$a>b\Leftrightarrow a-b>0$；
$a=b\Leftrightarrow a-b=0$；
$a<b\Leftrightarrow a-b<0$.
请同学们在自主学习的基础上，以小组为单位，通过合作讨论的方式，尝试类比等式的性质，来研究不等式的性质.</td></tr>
<tr><td>活动类型</td><td colspan="2">☑知识建构活动</td><td colspan="2">□问题探究活动</td><td>□专题实践活动</td></tr>
<tr><td>核心素养</td><td colspan="2">□数学抽象
□直观想象</td><td colspan="2">□数学运算
□数据分析</td><td>☑逻辑推理
□数学建模</td></tr>
<tr><td>活动年级</td><td colspan="2">☑高一</td><td colspan="2">□高二</td><td>□高三</td></tr>
<tr><td>活动形式</td><td colspan="2">☑课内活动</td><td colspan="2">□课外活动</td><td>□课内外兼顾</td></tr>
<tr><td>活动方式</td><td colspan="2">☑自主学习</td><td colspan="2">☑小组合作</td><td>□班级研讨交流</td></tr>
<tr><td>活动资源</td><td colspan="2">□工具学具</td><td colspan="2">☑文本资料</td><td>□媒体资料</td></tr>
<tr><td>活动水平</td><td colspan="2">☑理解与运用</td><td colspan="2">□综合运用</td><td>□探究与发现</td></tr>
<tr><td>所需课时</td><td colspan="5">1(课内)+2(课外，拓展)</td></tr>
<tr><td>评价方法</td><td colspan="2">☑自我评价</td><td colspan="2">☑小组评价</td><td>☑教师评价</td></tr>
<tr><td>活动品质评估</td><td>主体性
[A] B C</td><td>整体性
[A] B C</td><td>合作性
A [B] C</td><td>适切性
A [B] C</td><td>激励性
[A] B C</td></tr>
</table>

注：A 表示“很好”，B 表示“良好或较好”，C 表示“一般或较差”

三、活动实施、总结评价

（一）活动流程

1. 复习等式的性质

(1) 等式性质的符号语言和量词表述

① 等式具有传递性：设 a，b，c 均为实数，如果 $a=b$，且 $b=c$，那么 $a=c$；

② 加法性质：设 a，b，c 均为实数，如果 $a=b$，那么 $a+c=b+c$；

③ 乘法性质：设 a，b，c 均为实数，如果 $a=b$，那么 $ac=bc$.

(2) 常见的等式性质的推广

① 如果 $a=b$，且 $c=d$，那么 $a+c=b+d$；

② 如果 $a=b$，且 $c=d$，那么 $ac=bd$；

③ 如果 $a=b\neq 0$，那么 $\frac{1}{a}=\frac{1}{b}$；

④ 如果 $a=b$，那么 $a^n=b^n$，其中 n 是正整数.

2. 不等式的研究基础

$$a>b\Leftrightarrow a-b>0;$$

$$a=b\Leftrightarrow a-b=0;$$

$$a<b\Leftrightarrow a-b<0.$$

3. 自主探究

在以上两个环节的基础上，类比等式的性质，自主研究不等式的性质.

4. 小组合作

在自主研究的基础上，汇总小组各成员的研究结果，开展小组汇总讨论，并形成小组研究结论.

例如：

常见的结论：

(1) 传递性：设 a，b，c 均为实数，如果 $a>b$，$b>c$，那么 $a>c$；

(2) 加法性质：设 a，b，c 均为实数，如果 $a>b$，那么 $a+c>b+c$；

(3) 乘法性质：设 a，b，c 均为实数，如果 $a>b$，$c>0$，那么 $ac>bc$；如果 $a>b$，$c<0$，那么 $ac<bc$；

(4) 设 a，b，c，d 均为实数，如果 $a>b$，且 $c>d$，那么 $a+c>b+d$；

(5) 设 a，b，c，d 均为实数，如果 $a>b>0$，且 $c>d>0$，那么 $ac>bd$；

(6) 设 a，b 均为实数，如果 $a\neq 0$，$b\neq 0$，$a>b>0$，那么 $\frac{1}{a}<\frac{1}{b}$；

(7) 设 a，b 均为实数，如果 $a>b>0$，那么 $a^n>b^n$，其中 n 是正整数.

非常见的结论(参考)：

(1) 设 a，b，c，d 均为实数，如果 $a>b$，且 $c>d$，那么 $a-d>b-c$；

(2) 设 a，b，c，d 均为实数，如果 $a>b>0$，$c>d>0$，那么 $\frac{a}{d}>\frac{b}{c}$；

(3) 设 a，b，c 均为实数，如果 $a>b$，那么 $a(c^2+1)>b(c^2+1)$.

可能出现的错误结论：

(1) 设 a，b，c，d 均为实数，如果 $a>b$，且 $c>d$，那么 $ac>bd$；

(2) 设 a, b, c, d 均为实数,如果 $a<b$,且 $c<d$,那么 $ac<bd$;

(3) 设 a, b 均为实数,如果 $a\neq 0$, $b\neq 0$, $a>b$,那么 $\frac{1}{a}>\frac{1}{b}$;

(4) 设 a, b 均为实数,如果 $a\neq 0$, $b\neq 0$, $a>b$,那么 $\frac{1}{a}<\frac{1}{b}$;

(5) 设 a, b 均为实数,如果 $a>b$,那么 $a^n>b^n$,其中 n 是正整数.

5. 小组交流

(1) 各小组派代表交流本组研究结果;

(2) 组间提问,讨论研究结果正确与否.

6. 教师指导

(1) 提示 1:类比的结果是否一定正确?

(2) 提示 2:如何验证类比的结果是否正确?

(3) 引导学生对类比研究所得的结论进行证明.

7. 小组第二次研讨

(1) 对研究所得的结论进行证明;

(2) 梳理研究所得的结论哪些正确,哪些错误,错在哪里,是否可以改进;

(3) 形成小组研究成果.

8. * 拓展研究

类比运用等式的性质求解方程的过程,尝试运用不等式的性质求解不等式.

(二) 活动评价

1. 评价原则

(1) 认真进行自主探究的学习过程,积极思考,类比等式的性质研究不等式的性质,逐步形成浓厚的数学学习兴趣.

① 积极自主探究,类比形成 7 条及以上正确的不等式的性质(20 分);

② 主动自主探究,类比形成 5 条及以上正确的不等式的性质(15 分);

③ 能进行自主探究,类比形成 3 条及以上正确的不等式的性质(10 分);

④ 有自主探究的意愿,但没有得到正确的结论(5 分);

⑤ 不愿意自主探究(0 分).

(2) 积极参加合作学习,与组员交流自己的想法,逐步提高数学表达与交流能力.

① 积极在小组合作学习中交流自己的发现,并给予同伴有价值的建议(20 分);

② 主动在小组合作学习中交流自己的发现,并给予同伴一些建议(15 分);

③ 能在小组合作学习中交流自己的发现,在给予同伴建议方面有待加强(10 分);

④ 能在小组合作学习中交流自己的发现,但交流效果并不理想(5 分);

⑤ 不愿意在小组合作学习中交流自己的发现(0 分).

(3) 能对小组交流所得不等式的性质进行证明,逐步形成严谨的科学态度.

① 主动对小组讨论所得不等式的性质进行证明(20 分);

② 主动判断小组讨论所得不等式的性质是否正确,并有证明的想法(15 分);

③ 能尝试判断小组讨论所得不等式的性质是否正确(10 分);

④ 在同伴的提醒下,尝试判断小组讨论所得不等式的性质是否正确(5 分);

⑤ 完全没有判断小组讨论结果是否正确的意识(0 分).

(4) 在组间交流的基础上,取长补短,进一步修改本组原有的研究结果.

① 主动承担进一步修改原有结论的任务,成为推动小组探究活动前进的主要力量(20 分);

② 尝试对原有结论进行修改,能推动小组探究活动的前进(15 分);

③ 能够对原有结论的修改提出意见和建议(10 分);

④ 对原有结论的修改提出意见和建议较少(5 分);

⑤ 对原有结论的修改不提出任何意见和建议,也不参与修改的过程(0 分).

(5) 公平、公正地进行自我评价和小组互评,评价过程认真、负责、有诚信,逐步形成良好的个人品质.

① 公平的开展自我评价、小组互评(20 分);

② 自我评价或小组互评中有一项有待改进(10 分);

③ 自我评价与小组互评情况均有待改进(0 分).

(6) * 在小组合作探究和班级交流中有突出表现的,酌情加分.

2. 评价量表

基本信息	组员:			
研究所得基本数据	自主研究所得性质数量	正确______条	错误______条	修改______条
	小组研究所得性质数量	正确______条	错误______条	修改______条
过程评价	评价项目(分值)	自我评价	小组互评	教师评价
	主动探究、积极思考(20 分)			
	积极合作、有效交流(20 分)			
	论证说明、严谨求真(20 分)			
	取长补短、修正提升(20 分)			
	公正评价、诚信负责(20 分)			
总　分				

注:总分=自我评价 * 0.3+小组互评 * 0.3+教师价评 * 0.4

四、活动反思与体会

1. 类比是逻辑推理的重要内容之一,本活动通过组织学生在等式性质的基础上研究不等式性质的活动设计,培养学生类比推理的能力.

2. 在活动过程中,鼓励学生积极开展探究的同时,要注意提醒学生,数学中的猜测并非胡乱猜想，而是存在猜测依据的，从而引导学生理性的分析和研究问题.

3. 严谨性是数学的重要特点之一.学生在运用类比思想研究不等式性质的过程中，要注重对类比所得结论进行验证，大胆猜测、小心论证.本活动可培养学生严谨求真的科学品质，渗透数学学科育人价值.

4. 学会采纳他人的观点，弥补自己研究中的缺陷，形成良好的学习品质，将对三角不等式的类比、推广和应用等内容的学习以及其他学科的学习都有积极意义.

案例 1－2－2　三角不等式的类比、推广和应用

一、设定活动目标、确定活动名称

单元名称	等式与不等式
教材版本	上教社 2020 年版
活动目标	1. 通过对三角不等式的类比和推广研究，体会类比思想在研究不等式过程中的应用，提升逻辑推理素养； 2. 通过对类比所得结论的证明，体会数学的严谨性； 3. 通过对最值问题的研究，感受三角不等式及其类比和推广的结论在数学中的作用，体会数学的应用价值.
活动名称	三角不等式的类比、推广和应用
活动意义	1. 在已有知识和研究方法的基础上，通过类比等方法，经历探究新问题的过程，体会发现新问题的一般方法和路径，提升学生发现和提出问题的能力； 2. 在小组合作的过程中，培养团队合作意识，学会取长补短，养成良好的学习品质； 3. 通过对类比所得结果的分析和研究，提升数学学习的严谨性，体现数学学科的育人价值； 4. 在三角不等式类比推广和最值问题研究的基础上，通过编题和求解的过程，提升学生发现和提出问题、分析和解决问题的能力.

二、活动方案设计

问题设计	(1)已知 $a, b \in \mathbf{R}$，仿照教材第 50 页定理(三角不等式)的证明方法，证明：$\|a+b\| \geqslant \|\|a\|-\|b\|\|$，并指出等号成立的条件. (2) 由第(1)题可知：对于任意给定的实数 a, b，有 $\|\|a\|-\|b\|\| \leqslant \|a+b\| \leqslant \|a\|+\|b\|$ 成立，试探究 $\|a\|$，$\|b\|$，$\|a-b\|$ 之间的关系，例如 $\|a\|+\|b\|$ 与 $\|a-b\|$，$\|a\|-\|b\|$ 与 $\|a-b\|$ 之间的关系，并写出类似的结论. (3) 已知 $a, b, c \in \mathbf{R}$，证明：$\|a+b+c\| \leqslant \|a\|+\|b\|+\|c\|$，并指出等号成立的条件. (4) 探讨三角不等式能否推广到 n 个实数的情况.若能，请指出等号成立的条件；若不能，请举出反例. (5) 设 $x \in \mathbf{R}$，利用上述结论，求 $\|2x-1\|-\|2x+3\|$，$\|x+2\|+\|x-1\|+\|5-2x\|$ 的最小值. (6) 你能否模仿第(5)题设计两道最值问题，一道可以利用三角不等式及其推广结论解答，另一道无法利用三角不等式及其推广结论解答.后者是否可以借助其他学过的方法进行解答？在设计或解答过程中，你还遇到了哪些困难？

续表

活动类型	□知识建构活动	☑问题探究活动	□专题实践活动		
核心素养	☑数学抽象 □直观想象	☑数学运算 □数据分析	☑逻辑推理 □数学建模		
活动年级	☑高一	□高二	□高三		
活动形式	□课内活动	☑课外活动	□课内外兼顾		
活动方式	☑自主学习	☑小组合作	□班级研讨交流		
活动资源	□工具学具	☑文本资料	□媒体资料		
活动水平	□理解与运用	☑综合运用	☑探究与发现		
所需课时	1(课外)				
评价方法	☑自我评价	☑小组评价	☑教师评价		
活动品质评估	主体性 A [B] C	整体性 [A] B C	合作性 A [B] C	适切性 A [B] C	激励性 A [B] C

注：A 表示“很好”，B 表示“良好或较好”，C 表示“一般或较差”

三、活动实施、总结评价

（一）活动流程

1. 提出问题

教材内容回顾：

《普通高中教科书　数学　必修　第一册》第 50 页定理(三角不等式)及其证明.

阶段一：方法迁移

(1) 已知 $a, b\in\mathbf{R}$，仿照教材第 50 页定理(三角不等式)的证明方法，证明：$|a+b|\geqslant ||a|-|b||$，并指出等号成立的条件.

阶段二：类比探究

(2) 由第(1)题可知：对于任意给定的实数 a, b，有 $||a|-|b||\leqslant|a+b|\leqslant|a|+|b|$ 成立，试探究 $|a|$，$|b|$，$|a-b|$ 之间的关系，例如 $|a|+|b|$ 与 $|a-b|$，$|a|-|b|$ 与 $|a-b|$ 之间的关系，并写出类似的结论.

阶段三：推广探究

(3) 已知 $a, b, c\in\mathbf{R}$，证明：$|a+b+c|\leqslant|a|+|b|+|c|$，并指出等号成立的条件.

(4) 探讨三角不等式能否推广到 n 个实数的情况.若能，请指出等号成立的条件；若不能，请举出反例.

阶段四：应用深化

(5) 设 $x\in\mathbf{R}$，利用上述结论，求 $|2x-1|-|2x+3|$，$|x+2|+|x-1|+|5-2x|$ 的最小值.

(6) 你能否模仿第(5)题设计两道最值问题，一道可以利用三角不等式及其推广结论解答，另一道无法利用三角不等式及其推广结论解答.后者是否可以借助其他学过的方法进行解答？在设计或解答过程中，你还遇到了哪些困难？

2. 学生活动

(1) 阶段一：自主研究

回顾教材中三角不等式及其证明过程，并以此为范例将证明方法进行迁移，完成“已知 $a, b \in \mathbf{R}$，证明：$|a+b| \geqslant ||a|-|b||$，并指出等号成立的条件”的学习任务.该任务要求学生独立完成，提升逻辑推理素养.研究过程中如遇到问题可以向教师求助.

(2) 阶段二：自主研究＋小组合作

① 独立研究“对于任意给定的实数 a, b，有 $||a|-|b|| \leqslant |a+b| \leqslant |a|+|b|$ 成立，试探究 $|a|$，$|b|$，$|a-b|$ 之间的关系”并给出初步结论；

证明过程参考如下：

因为 $|a+b| \geqslant ||a|-|b||$ 等价于 $|a+b|^2 \geqslant ||a|-|b||^2$，

即 $a^2+2ab+b^2 \geqslant a^2-2|ab|+b^2$，

也即 $2ab \geqslant -2|ab|$，所以原不等式成立，

且当且仅当 $ab \leqslant 0$ 时等号成立.

以 3～4 人为一小组，分组交流之前独立探究的结果.

② 在小组交流的基础上，汇总梳理本组的研究结果，形成文本.

文本参考如下：

由第(1)题可知，对于任意给定的实数 a, b，有 $||a|-|-b|| \leqslant |a+(-b)| \leqslant |a|+|-b|$ 成立，且当且仅当 $a(-b) \leqslant 0$ 第一个等号成立，当且仅当 $a(-b) \geqslant 0$ 第二个等号成立.

所以，$||a|-|b|| \leqslant |a-b| \leqslant |a|+|b|$，且当且仅当 $ab \geqslant 0$ 第一个等号成立，当且仅当 $ab \leqslant 0$ 第二个等号成立.

(3) 阶段三：小组合作

① 小组合作讨论，研究“已知 $a, b, c \in \mathbf{R}$，证明：$|a+b+c| \leqslant |a|+|b|+|c|$，并指出等号成立的条件.”

证明过程参考如下：

$$|a+b+c| \leqslant |a+b|+|c| \leqslant |a|+|b|+|c|,$$

且当且仅当 $\begin{cases}(a+b)c \geqslant 0, \\ ab \geqslant 0,\end{cases}$ 即 a, b, c 都非正或都非负时等号成立.

② 小组合作讨论，研究“探讨三角不等式能否推广到 n 个实数的情况.若能，请指出等号成立的条件；若不能，请举出反例.”并形成文本.

研究结果参考如下：

三角不等式能推广到 n 个实数的情况，即：设 $x_1, x_2, \cdots, x_n \in \mathbf{R}$，则 $|x_1+x_2+\cdots+x_n| \leqslant |x_1|+|x_2|+\cdots+|x_n|$，且当且仅当 $x_1, x_2, \cdots, x_n$ 都非正或非负时等号成立.

③ 小组推选代表，参加班级交流.

④ 根据交流体会，梳理本组研究成果，总结本组成果的优点和需要改进的地方，并加以修正.

(4) 小组合作+组间互动

① 小组合作完成"设 $x\in\mathbf{R}$，利用上述结论，求 $|2x-1|-|2x+3|$，$|x+2|+|x-1|+|5-2x|$ 的最小值"的学习任务.

解答参考如下：

因为 $||2x-1|-|2x+3||\leqslant|(2x-1)-(2x+3)|=4$，

所以 $-4\leqslant|2x-1|-|2x+3|\leqslant4$，第一个等号成立的条件是 $x\geqslant\dfrac{1}{2}$，第二个等号成立的条件是 $x\leqslant-\dfrac{3}{2}$.

所以，$|2x-1|-|2x+3|$ 的最小值是 -4，最大值是 4.

因为 $|x+2|+|x-1|+|5-2x|\geqslant|x+2+x-1+5-2x|=6$，

且当且仅当 $x\in\left[1,\dfrac{5}{2}\right]$ 时等号成立，所以，$|x+2|+|x-1|+|5-2x|$ 的最小值为 6.

② 小组合作研究"你能否模仿第(5)题设计两道最值问题，一道可以利用三角不等式及其推广结论解答，另一道无法利用三角不等式及其推广结论解答.后者是否可以借助其他学过的方法进行解答?"

学生探究结果参考如下：

此处有些学生可能会给出类似于这样的结论："求 $|x+2|+|x-1|+|x-5|$ 的最小值"无法用三角不等式及其推广结论解答.其实这道题可以利用三角不等式求解，其过程为：$|x+2|+|x-1|+|x-5|=|x+2|+|5-x|+|x-1|\geqslant|x+2+5-x|+0=7$，且当且仅当 $\begin{cases}(x+2)(5-x)\geqslant0,\\x-1=0,\end{cases}$ 即 $x=1$ 时等号成立，所以 $|x+2|+|x-1|+|x-5|$ 的最小值是 7. 此时也可提示学生使用绝对值的几何意义求解，也可在学了函数之后，用函数的方法解答.无法利用三角不等式及其推广结论求解的最值问题的设计可以类似于"求 $|x+2|+|x-1|+|3x-5|$ 的最小值"，此处可提示学生在学了函数之后，用函数的方法解答，即将此题转化为"求函数 $y=|x+2|+|x-1|+|3x-5|$ 的最小值"，也就是"求函数 $y=\begin{cases}4-5x, & x<-2,\\8-3x, & -2\leqslant x<1,\\6-x, & 1\leqslant x<\dfrac{5}{3},\\5x-4, & x\geqslant\dfrac{5}{3}\end{cases}$ 的最小值"，并布置深度学习任务"请你在学习了函数之后，从函数的角度求解本大题，并

归纳这两种解题思路”.

③ 组间交流，提出本组的问题供其他小组研究，同时尝试回答其他小组提出的问题.

④ 小组反思：“在设计或解答过程中，你还遇到了哪些困难?”并撰写研究体会.

3. 教师活动

(1) 第一阶段

① 引导学生开展自主学习，并提供必要的学习支持；

② 对学生的自主学习活动予以及时的点评，引导学生理性对待探究所得结果，并及时调整学习状态.

(2) 第二阶段

① 指导学生的自主学习，并及时提供必要的学习支持；

② 对学生的分组情况进行评估，并根据实际情况在必要时对小组成员进行微调；

③ 在小组合作学习中加强对学生行为的引导，引导学生开展探究学习；

④ 对小组成员的学习情况进行及时评价.

(3) 第三阶段

① 指导学生开展小组合作探究学习，提供必要的学习支持；

② 指导学生选取代表，并明确交流内容，形成文本；

③ 组织班内各小组就研究成果进行交流；

④ 指导小组在交流基础上，取长补短，修正本组的研究结果；

⑤ 对小组合作学习的情况及时进行评价.

(4) 第四阶段

① 对学生开展问题研究进行指导，并引导小组对前阶段研究经验进行回顾；

② 引导学生在前阶段研究基础上，根据任务要求，发现和提出问题；

③ 组织班级各小组进行交流，并指导小组分析和解决其他小组提出的问题；

④ 引导各小组反思和回顾学习过程，总结优点和问题，形成学习体会的文本材料.

(二) 活动评价

1. 评价原则

同“案例 1-2-1”评价原则.

2. 评价量表

组长		组员				
阶段	评价项目(分值)	自我评价	小组互评	教师评价	阶段总分	权重、备注
一	主动探究、积极思考(20分)					自我评价 * 0.5＋教师评价 * 0.5
二	主动探究、积极思考(20分)					自我评价 * 0.3＋小组互评 * 0.3＋教师评价 * 0.4 取两行得分的平均数
	积极合作、有效交流(20分)					

续表

阶段	评价项目(分值)	自我评价	小组互评	教师评价	阶段总分	权重、备注
三	积极合作、有效交流(20分)					自我评价 * 0.3+小组互评 * 0.3+教师评价 * 0.4 取三行得分的平均数
	论证说明、严谨求真(20分)					
	取长补短、修正提升(20分)					
四	积极合作、有效交流(20分)					自我评价 * 0.3+小组互评 * 0.3+教师评价 * 0.4 取两行得分的平均数
	取长补短、修正提升(20分)					
评价	公正评价、诚信负责(20分)					自我评价 * 0.3+小组互评 * 0.3+教师评价 * 0.4
加分	加分理由			分值		由教师评价
总　分						各阶段总分相加

四、活动反思与体会

1. 让学生再一次经历使用分析法证明不等式、由证明结果得出相应的数学结论(三角不等式),再应用得出的结论解决数学问题(求最值)的过程,让学生回忆起课堂学习的情景,从而加深对教材内容的理解,形成深度学习的习惯.

2. 三角不等式的延伸题,在证明过程中需提醒学生注意等号同时成立的条件.在解答第(2)题时,会有学生提出推广的三角不等式如何证明,此处可为之后数学归纳法的学习留下伏笔.

3. 开放型问题探究主旨:一是考验学生的深度学习能力,只有学生深刻了解了三角不等式的结构特征,才能成功地设计这两道最值问题;二是为之后函数的学习做准备,培养学生主动探索与学习的良好习惯.

4. 如果涉及学生还未接触的知识点,教师可适当地引出研究方向,并布置跨单元学习任务,等学生学到相关知识点时,再提醒学生用"新知"解"旧问",让学生形成深度学习的习惯.

5. 有些学生可能会给出类似于这样的结论:"求 $|x+2|+|x-1|+|x-5|$ 的最小值",无法用三角不等式及其推广结论解答.其实这道题可以利用三角不等式求解,其过程为:$|x+2|+|x-1|+|x-5|=|x+2|+|5-x|+|x-1|\geqslant|x+2+5-x|+0=7$,且当且仅当 $\begin{cases}(x+2)(5-x)\geqslant 0,\\ x-1=0,\end{cases}$ 即 $x=1$ 时等号成立,所以 $|x+2|+|x-1|+|x-5|$ 的最小值是7.此时也可提示学生使用绝对值的几何意义求解,也可在学了函数之后,用函数的方法解答.无法利用三角不等式及其推广结论求解的最值问题的设计可以

类似于“求 $|x+2|+|x-1|+|3x-5|$ 的最小值”，此处可提示学生等学了函数之后，用函数的方法解答，即将此题转化为“求函数 $y=|x+2|+|x-1|+|3x-5|$ 的最小值”，也就是“求函数 $y=\begin{cases}4-5x, & x<-2,\\ 8-3x, & -2\leqslant x<1,\\ 6-x, & 1\leqslant x<\dfrac{5}{3},\\ 5x-4, & x\geqslant\dfrac{5}{3}\end{cases}$ 的最小值”，并布置深度学习任务：“请你在学习了函数之后，从函数的角度求解本题，并归纳这两种解题思路”. 这可以作为一个跨单元学习任务.

案例 1-2-3　从几何视角研究一些不等式问题

一、设定活动目标、确定活动名称

单元名称	等式与不等式
教材版本	上教社 2020 年版
活动目标	1. 通过对“赵爽弦图”及其相关不等式的研究，初步感受运用几何视角研究代数问题的过程，提升直观想象和逻辑推理素养； 2. 运用几何的方法研究一些不等式，经历从代数和几何两个不同视角分析同一个问题的过程，提升应用数学知识的内在联系的灵活性； 3. 通过问题串的设计，体会数学方法的可迁移性和应用的广泛性.
活动名称	从几何视角研究一些不等式问题
活动意义	1. 等式和不等式单元侧重于代数运算和证明，但是几何方法也可以作为研究不等式的一个手段，从而帮助学生从多个角度分析和研究问题，避免思考问题的方式过于单一； 2. 在运用几何方法分析不等式问题的过程中，体会数学知识的内在联系，学会运用已有知识和方法融会贯通地分析和解决问题； 3. 通过“赵爽弦图”的引入，展现中国数学发展史上的优秀成果，提升学生的学习热情和民族自豪感； 4. 问题设计的最后一个环节，将不等式的研究进一步深入到函数中，为学生学习函数内容提出要求，打下伏笔，进一步体会数学知识的整体性和系统性.

二、活动方案设计

问题设计	教材第 52 页“探究与实践”中介绍了我国古代数学家赵爽绘制的“弦图”，并从几何视角介绍了运用“弦图”来进行相关等式和不等式的证明. 教材中平均值不等式和三角不等式都是从代数角度出发进行证明的，请在阅读教材第 52 页内容的基础上，做以下尝试： (1) 以直角三角形及其斜边上的中线和高为研究对象，尝试从几何的视角来研究平均值不等式；

续表

	(2) $\vert x\vert$ 表示实数 x 在数轴上对应的点到坐标原点的距离.请尝试从几何视角来研究三角不等式; (3) 教材第 43 页例 17 是通过分类讨论的方法求解含绝对值的不等式的.请在第(2)小题研究的基础上,从几何视角(数轴)尝试求解该不等式; (4) 除了分类讨论和运用数轴,教材第 43 页例 17 还有没有其他的求解方法? 请同学们在学习完教材第五章《5.3 函数的应用》后,尝试探究该题的其他求解方法.
活动类型	□知识建构活动　☑问题探究活动　□专题实践活动
核心素养	☑数学抽象　□数学运算　☑逻辑推理 ☑直观想象　□数据分析　□数学建模
活动年级	☑高一　□高二　□高三
活动形式	□课内活动　☑课外活动　□课内外兼顾
活动方式	☑自主学习　☑小组合作　□班级研讨交流
活动资源	□工具学具　☑文本资料　□媒体资料
活动水平	□理解与运用　☑综合运用　☑探究与发现
所需课时	1(课外)
评价方法	☑自我评价　☑小组评价　☑教师评价
活动品质评估	主体性 [A] B C　整体性 [A] B C　合作性 A [B] C　适切性 A [B] C　激励性 A [B] C

注: A 表示"很好",B 表示"良好或较好",C 表示"一般或较差"

三、活动实施、评价总结

(一) 活动流程

1. 问题提出

教材第 52 页"探究与实践"中介绍了我国古代数学家赵爽绘制的"弦图"(图 1),并从几何视角介绍了运用"弦图"进行相关等式和不等式的证明.教材中平均值不等式和三角不等式都是从代数角度出发进行证明的,请在阅读教材第 52 页内容的基础上,尝试从几何视角来研究以下问题:

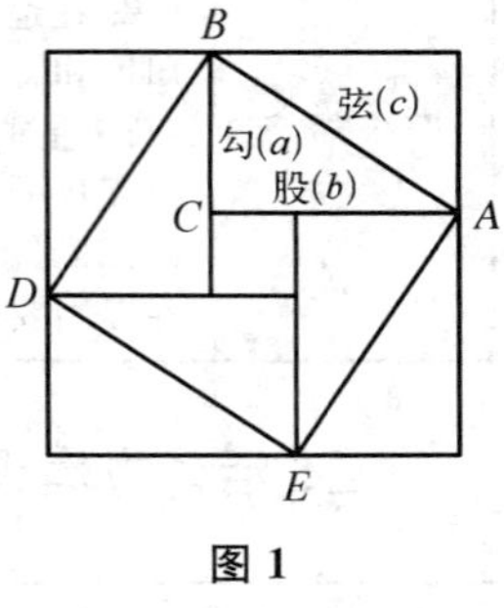

图 1

(1) 以直角三角形及其斜边上的中线和高为研究对象,尝试从几何视角来研究平均值不等式;

(2) $|x|$ 表示实数 x 在数轴上对应的点到坐标原点的距离.请尝试从几何视角来研究三角不等式;

(3) 教材第 43 页例 17 是通过分类讨论的方法求解含绝对值的不等式的.请在第(2)小题研究的基础上,从几何视角(数轴)尝试求解该不等式;

(4) 除了分类讨论和运用数轴，教材第43页例17还有没有其他的求解方法？请同学们在学习完教材第5章“5.3 函数的应用”后，尝试探究该题的其他求解方法.

2. 学生活动

(1) 学生分组，以3～4人为一组，形成研究小组，共同完成探究活动；

(2) 任务分配，组内成员明确各自分工，分头开展探究活动；

(3) 小组交流，根据各自探究的情况进行汇报，并听取其他组员的意见和建议；

小组研究结果参考如下：

① 如图2，CD 是 $\mathrm{Rt}\triangle ABC$ 中斜边 AB 上的高，OC 是斜边 AB 上的中线，设 $AD=a$，$BD=b$，于是，

$$OC=\frac{1}{2}AB=\frac{1}{2}(a+b).$$

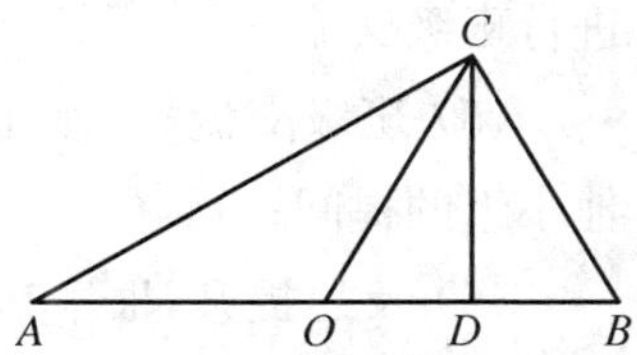

图 2

由 $\mathrm{Rt}\triangle DCA\backsim\mathrm{Rt}\triangle DBC$，得 $\dfrac{AD}{CD}=\dfrac{CD}{BD}$，即 $\dfrac{a}{CD}=\dfrac{CD}{b}$，

所以 $CD=\sqrt{ab}$.

由 $OC\geqslant CD$，得 $\dfrac{a+b}{2}\geqslant\sqrt{ab}$，当且仅当 $a=b$ 等号成立.

② 当 $ab>0$ 时，如图3，可得 $|a+b|=|a|+|b|$.

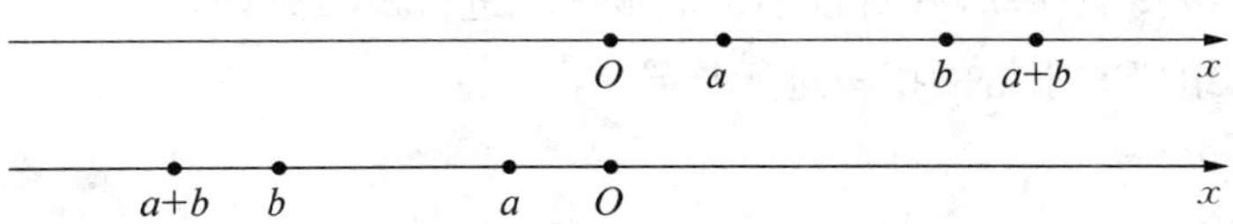

图 3

当 $ab<0$ 时，如图4，可得 $|a+b|<|a|+|b|$.

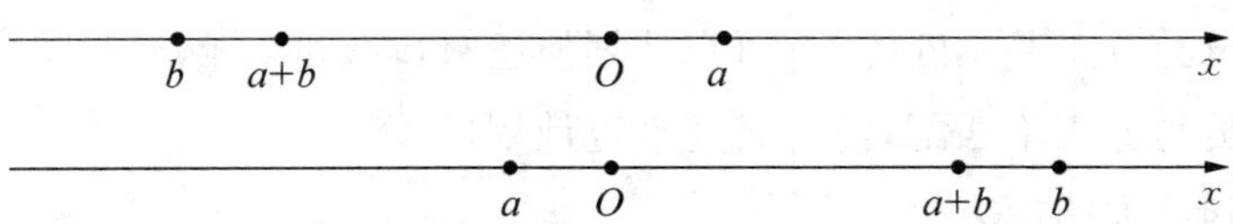

图 4

当 $ab=0$ 时，即 $a=0$ 或 $b=0$，易得 $|a+b|=|a|+|b|$.

综上可得 $|a+b|\leqslant|a|+|b|$ 当且仅当 $ab\geqslant 0$ 时，等号成立.

③ 解：$|x-3|+|x-5|<4$.

$|x-3|$ 和 $|x-5|$ 表示 x 在数轴上对应的点到3和5对应的点之间的距离.当 $x=2$ 或6时，x 到3和5的距离之和为4，由数形结合得 $x\in(2,6)$.

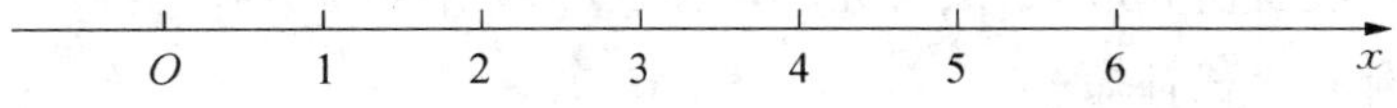

图 5

④ 例如：令 $y=f(x)=|x-3|+|x-5|=\begin{cases}2x-8, & x>5, \\ 2, & 3\leqslant x\leqslant 5, \\ 8-2x, & x<3.\end{cases}$

作图 6，由数形结合得 $x\in(2,6)$.

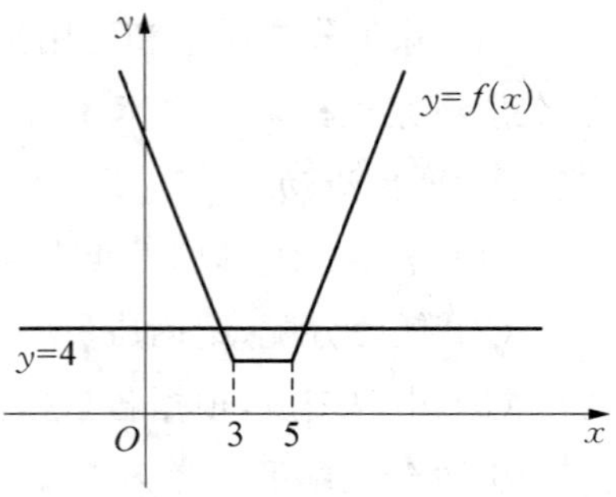

图 6

(4) 汇总梳理，形成小组的研究结果，并选取代表进行班级交流；

(5) 班级交流，小组汇报本组研究结果，并回答其他小组的提问；

(6) 反思提升，根据其他小组的意见和建议，取长补短，形成小组研究报告.

3. 教师活动

(1) 对学生分组情况进行评估，并指导各小组制订初步研究计划，从而保证课外研究活动的顺利开展；

(2) 对各小组学生的分工情况进行评估，对个别没有分工或者分工情况不合理的小组予以指导和任务调整，并安排组长形成课外活动进度汇报机制；

(3) 对各小组的研究进展进行跟踪和评估，并提供相应几何知识的学习支持；

(4) 指导各小组的探究结果汇总梳理；

(5) 进行班级交流活动，并对各小组汇报情况进行及时点评；

(6) 对各小组研究报告的撰写进行指导.

（二）活动评价

1. 评价细则

(1) 合理分组、形成规划

① 小组人员与分工匹配，有明确的研究任务和推进计划(20 分)；

② 小组人员与分工基本匹配，有研究计划但还有待改进(10 分)；

③ 小组人员与分工不匹配，没有研究推进计划(0 分).

(2) 分工明确、大胆探究

① 组内每个人都有明确分工，且努力运用几何方法探究自己所负责的问题(20 分)；

② 组内成员基本有分工，并开展相关研究，但是推进较缓慢或方法上还有待改进(10 分)；

③ 组内成员没有分工，研究没有推进或方法完全偏离主题(0 分).

(3) 成果丰富、结论严谨

① 小组汇总研究成果内容丰富严谨，阐述有条理(20 分)；

② 小组汇总后有一定的研究成果，内容严谨性还有待商榷(10 分)；

③ 小组基本没有研究成果，或研究成果存在严重错误(0 分).

(4) 交流顺畅、取长补短

① 小组汇报交流内容丰富且语言流畅，能听取其他小组建议，并修正研究成果(20 分)；

② 能基本完成小组交流，有一定的内容(10 分)；

③ 不能进行小组交流(0 分).

(5) 公正评价、诚信负责

① 公平的开展自我评价、小组互评(20 分)；

② 自我评价或小组互评中有一项有待改进(10 分)；

③ 自我评价、小组互评情况均有待改进(0 分).

2. 评价量表

组　长		组　员		
评价维度(分值)		自我评价	小组互评	教师评价
合理分组、形成规划(20 分)				
分工明确、大胆探究(20 分)				
成果丰富、结论严谨(20 分)				
交流顺畅，取长补短(20 分)				
公正评价、诚信负责(20 分)				
汇　总				
加分及理由			总　分	

注：总分＝自我评价 * 0.3＋小组互评 * 0.3＋教师评价 * 0.4

四、活动反思与体会

1. 在回顾例题整理代数证明方法的基础上，从另一个视角审视本章学习的内容.

2. 教材上采用的证明方法都是代数视角的.而在“探究与实践”中，提出用“弦图”证明等式和不等式，将几何视角引入到学生的视野当中，自然会联想到平均值不等式和三角不等式是否也有相应的几何解释.

3. 以“探究与实践”的内容作为线索引出几何视角，并从这一视角反观本章学习内容，思考平均值不等式和三角不等式的几何意义，并借助数形结合的方式寻求解不等式的其他方法.

4. 通过搭设脚手架的方式，为学生提供一定的研究方向和线索，在代数证明的基础上，让学生再从几何视角对相同的问题进行分析研究，学会运用数学方法多角度思考问题，加深对所学知识的理解.

5. 在从几何视角研究三角不等式的基础上，引导学生用类似的方法研究含绝对值不等式的求解，通过方法的迁移，明确数学知识的内在联系，提升数学抽象、逻辑推理和直观想象素养，做到深度学习.

6. 在第(4)小题中提出了一个跨单元的研究，将同一个问题又从函数的视角进行分析，帮助学生发现数学知识之间的内在联系，为学生形成数学知识体系提供一定的辅助.

第3章　幂、指数与对数

一、学习内容分析

本章通过定义整数指数幂、将指数从整数拓展到有理数，再引入无理数指数幂，最终将指数从有理数拓展到实数.同时，本章还将定义一个新的概念——指数运算的逆运算，并进一步研究了这一新运算的运算性质.

指数幂是数学运算的重要组成部分.本章是在初中所学正整数指数幂、整数指数幂的基础上，通过对有理数指数幂的实际意义、实数指数幂含义的认识，了解指数幂的拓展，掌握指数幂的运算规律以及运算性质，从而为用函数的观点研究变量之间的关系做好准备.而对数运算是指数运算的逆运算，是人类为认识世界和改造世界的必然产物，具有重大的作用和意义.本章在实数指数幂的基础上，由实例引入，形成对数的概念、证明运算性质，知道用换底公式能将一般对数转化成自然对数或常用对数.须了解对数对简化运算的作用；理解对数运算是指数运算的逆运算，形成幂、指数与对数的知识体系，在知识链上形成闭环.

同时，经历数学知识体系的发生发展过程可以了解拓展知识的基本方法，感受过程中的科学方法和严谨态度，积累相关经验.

二、学习活动设计

（一）学习活动设计整体分析

1. 学习活动的目标

① 能基于指数幂的运算性质和对数的概念，研究并掌握对数的运算性质及其证明；

② 能通过对大数的乘除运算和相关史料的学习，知道对数运算的历史意义和作用，感受对数运算对推动社会发展、改造世界的重要作用；

③ 在小组合作学习过程中，能用数学语言清晰、有逻辑地表达自己的看法，同时善于听取其他小组成员的意见.

2. 学习活动的意义

通过本章的学习，学生不仅要理解指数幂、对数的定义，掌握运算性质，知道两种运算之间的关系，还要对数学知识学习从特殊到一般的过程有一定认识，积累拓展知识体系的经验.

对数运算对学生而言是全新的一种运算，理解概念、掌握运算性质需要一定的时间.只有阐明对数运算的意义和作用，才会激发学生学习的动力和兴趣；强调与指数运算的关系，并类比已掌握的互逆运算(例如乘方和开方等)，才能消除学生对对数运算的陌生感，掌握解决对数问题的根本方法.

3. 学习活动分析表

活动名称	活动目标	所需课时	活动类型			核心素养及其水平			评价方式		
			知识构建	问题探究	专题实践	核心素养	具体方面	水平	自我评价	小组评价	教师评价
基于指数幂运算性质，研究对数的运算性质	① ③	1	√			逻辑推理	情境与问题 知识与技能 思维与表达 交流与反思	二 二 二 二	√	√	√
对数的应用价值初探	② ③	0.5		√		逻辑推理 数学运算 数学抽象	情境与问题 知识与技能 思维与表达	二 二 二	√	√	√
总　计		1.5	1	1	0				2	2	2

(二) 学习活动案例

案例 1－3－1　基于指数幂的运算性质，研究对数的运算性质

一、设定活动目标、确定活动名称

单元名称	幂、指数与对数
教材版本	上教社 2020 年版
活动目标	1. 能基于指数幂的运算性质和对数的概念，通过类比的方法，猜想对数的运算性质； 2. 能够通过小组讨论或者独立思考，推导对数的运算性质，提升逻辑推理素养； 3. 在小组合作研究的过程中，能用数学语言清晰、有逻辑地表达自己的看法，提升数学语言表达的能力.
活动名称	基于指数幂的运算性质，研究对数的运算性质
活动意义	充分调动学生的积极性，鼓励其参与到基于已有知识研究新知识的过程中来.激发学生主动探究对数运算性质的兴趣和热情，从而体会数学知识在发展过程中的严谨和不易，提升逻辑推理素养和数学语言表达能力，积累相关的活动经验，体会数学知识体系是不断发生发展的，感悟世界的变化，形成正确的科学观与世界观.

二、活动方案设计

问题设计	请梳理指数幂的运算性质，回顾对数的定义，并在此基础上，尝试猜想对数的运算性质，并加以证明.

续表

活动类型	☑知识建构活动		□问题探究活动		□专题实践活动
核心素养	□数学抽象 □直观想象		□数学运算 □数据分析		☑逻辑推理 □数学建模
活动年级	☑高一		□高二		□高三
活动形式	☑课内活动		□课外活动		□课内外兼顾
活动方式	☑自主学习		☑小组合作		□班级研讨交流
活动资源	□工具学具		☑文本资料		□媒体资料
活动水平	☑理解与运用		□综合运用		□探究与发现
所需课时	1课时				
评价方法	☑自我评价		☑小组评价		☑教师评价
活动品质评估	主体性 [A] B C	整体性 [A] B C	合作性 A [B] C	适切性 A [B] C	激励性 A [B] C

注：A表示“很好”，B表示“良好或较好”，C表示“一般或较差”

三、活动实施、总结评价

（一）活动流程

1. 问题提出

（1）请独立梳理指数幂的运算性质，并回顾对数的定义；

（2）请以小组合作的形式，基于已有知识，猜想对数的运算性质；

（3）请尝试证明小组猜想的对数运算性质.

2. 学生活动

（1）独立完成梳理指数幂的运算性质，回顾对数的定义.

指数幂的运算性质：

对于任意给定的正数 a，b 及实数 s，t，有

① $a^s a^t = a^{s+t}$；

② $(a^s)^t = a^{st}$；

③ $(ab)^t = a^t b^t$.

幂的基本不等式：

当实数 $a > 1$，$s > 0$ 时，不等式 $a^s > 1$.

对数定义及相关概念：

① 若 $a^b=N$，则记 $b=\log_a N$，b 称为 N 以 a 为底 N 的对数，其中 $a>0$，且 $a\neq 1$，$N\in(0,+\infty)$，N 称为真数；

② 负数与零没有对数；

③ $\log_a 1=0$，$\log_a a=1$；

④ $a^{\log_a N}=N$.

(2) 学生分组，以 3～4 人形成一个小组，共同研究探讨.

(3) 小组讨论，形成对数运算性质的初步猜想.

设 $a>0$，且 $a\neq 1$.

① 当 $M>0$，$N>0$ 时，$\log_a(MN)=\log_a M+\log_a N$；

② 当 $M>0$，$N>0$ 时，$\log_a \dfrac{M}{N}=\log_a M-\log_a N$；

③ 当 $N>0$ 时，对任何给定的实数 c，$\log_a N^c=c\log_a N$.

(4) 分工合作，对猜想所得的结果进行证明.

设 $a>0$，且 $a\neq 1$.

① 当 $M>0$，$N>0$ 时，$\log_a(MN)=\log_a M+\log_a N$.

证明：当 $M>0$，$N>0$ 时，令 $b=\log_a M$，$c=\log_a N$，则 $a^b=M$，$a^c=N$，因此 $MN=a^b a^c=a^{b+c}$.

从而，由对数的定义，有

$$\log_a(MN)=b+c=\log_a M+\log_a N.$$

由此，得到下述对数运算的基本性质：

对数性质 1：当 $M>0$，$N>0$ 时，$\log_a(MN)=\log_a M+\log_a N$.

② 当 $M>0$，$N>0$ 时，$\log_a \dfrac{M}{N}=\log_a M-\log_a N$.

证明：由性质 1 可以推出

$$\log_a M=\log_a\left(\frac{M}{N}\cdot N\right)=\log_a \frac{M}{N}+\log_a N.$$

从而得到

对数性质 2：当 $M>0$，$N>0$ 时，$\log_a \dfrac{M}{N}=\log_a M-\log_a N$.

③ 当 $N>0$ 时，对任何给定的实数 c，$\log_a N^c=c\log_a N$.

证明：设 $N>0$，令 $b=\log_a N$，则 $N=a^b$.

由指数运算和幂的乘方的性质，$(a^b)^c=a^{bc}$，得 $a^{bc}=N^c$，

由对数的定义，$bc=\log_a N^c$，就得到

对数性质 3：当 $N>0$ 时，对任何给定的实数 c，$\log_a N^c = c\log_a N$.

(5) 组间交流，取长补短.

3. 教师活动

(1) 指导学生梳理指数幂的运算性质和回顾对数定义，及时纠正学生出现的问题.

(2) 指导学生分组，必要时对小组成员进行微调.

(3) 指导学生开展对数运算性质的猜想，并及时评价.

例如，对于猜想中，每个字母是否有相应的范围要求，又如对数运算性质 3，教师可以提示.

特别的，当 c 为大于 1 的正整数 n 时，乘方转化为乘法；当 $c=\frac{1}{n}$ 时，开方转化为除法.

(4) 指导学生开展对数运算性质的证明.

例如：对数性质 2 的证明，既可以借鉴性质 1 证明的方法，也可以应用性质 1 的结论.

(5) 引导学生开展小组之间的交流，并及时评价.

（二）活动评价

1. 评价原则

(1) 独立回顾、梳理知识

① 能独立正确地完成梳理指数幂的运算性质和对数的定义(20 分)；

② 能基本独立完成已有知识的梳理，部分内容的严密性还有待提高(10 分)；

③ 无法独立完成已有知识的梳理(0 分).

(2) 小组合作、探究性质

① 能够在小组合作的基础上，猜想得到对数性质 1～3，内容正确(30 分)；

② 能够在小组合作的基础上，猜想得到对数性质 1～3 中的 2 条，内容正确(20 分)；

③ 能够在小组合作的基础上，猜想得到对数性质 1～3 的 1 条，内容正确(10 分)；

④ 没有猜想得到对数的运算性质(0 分).

(3) 严谨证明、交流表达

① 完成对数性质 1～3 的证明，过程严谨，组间交流表达流畅(30 分)；

② 完成对数性质 1～3 中 2 条的证明，过程严谨，组间交流表达基本流畅(20 分)；

③ 完成对数性质 1～3 中 1 条的证明，过程严谨，组间交流表达有待提高(10 分)；

④ 没有完成对数性质 1～3 的任何证明(0 分).

(4) 公正评价、诚信负责

① 公平的开展自我评价、小组互评(20 分)；

② 自我评价或小组互评中有一项有待改进(10 分)；

③ 自我评价与小组互评情况均有待改进(0 分).

2. 评价量表

组 长		组 员		
评价项目(分值)		自我评价	小组互评	教师评价
独立回顾、梳理知识(20 分)				
小组合作、探究性质(30 分)				
严谨证明、交流表达(30 分)				
公正评价、诚信负责(20 分)				
汇 总				
加分及理由			总 分	

注：总分＝自我评价 * 0.3＋小组互评 * 0.3＋教师评价 * 0.4

四、活动反思与体会

1. 学生接触对数运算不久，理解尚不深入，熟悉程度不足.要推导出新的运算性质，应当以学生的已有知识为基础，复习相关运算性质，继而作为工具进行合理自然的演绎推理，通过复习回顾给予学生一个思维的起点.

2. 第一个运算性质的推导，从指数和对数的关系出发，通过设中间量和恒等变形，达到转化的目的.对于第二个和第三个运算性质，可建议学生类比第一个性质的推导过程，自主探索，教师关注并给予适当指导.

3. 在对数运算性质的猜想和推导过程中，学生容易忽视相关字母的范围要求，教师要予以及时提醒.

4. 在探究过程中，学生可能提出除了 3 条对数运算性质以外的其他结论，教师应予以鼓励，并引导其分析所得结论的对错，以及这些结论与对数的 3 条运算性质之间的内在联系.

案例 1－3－2　对数的应用价值初探

一、设定活动目标、确定活动名称

单元名称	幂、指数与对数
教材版本	上教社 2020 年版
活动目标	1. 通过对大数的乘除等运算，体会到对数在简化大数的乘除等运算中的作用； 2. 通过学习对数的相关史料和实际问题探究，了解对数运算的历史意义和作用，感受对数运算对推动社会发展、改造世界的重要作用.
活动名称	对数的应用价值初探
活动意义	通过对情境中问题的分析与解决，运用对数的知识，体会对数在大数的乘除等运算中的重要简化作用，提升数学运算素养. 通过研究对数的发明过程，进一步体会对数的重要社会价值，体会数学知识对于推动社会发展和进步的重要意义，加深对数学学习的兴趣和认同感.

二、活动方案设计

问题设计	1. 请同学们算算看下列运算所得的数是几位数? (1) 123456789×123456789;(2) $123456789^{123456789}$. 2. 完成第1题计算后,请回答如下问题: (1) 在运算过程中,你用到了什么数学知识?它在运算中起到了什么作用? (2) 这个数学知识产生和发展的历史过程是怎样的?你能找一找在生活中运用到这个知识问题的例子吗?(小组合作完成,每个小组在两个问题中至少研究一个)								
活动类型	□知识建构活动			☑问题探究活动			□专题实践活动		
核心素养	□数学抽象 □直观想象			☑数学运算 □数据分析			☑逻辑推理 □数学建模		
活动年级	☑高一			□高二			□高三		
活动形式	□课内活动			☑课外活动			□课内外兼顾		
活动方式	□自主学习			☑小组合作			☑班级研讨交流		
活动资源	□工具学具			☑文本资料			☑媒体资料		
活动水平	□理解与运用			☑综合运用			□探究与发现		
所需课时	2课时(课外)								
评价方法	☑自我评价			☑小组评价			☑教师评价		
活动品质评估	主体性 [A] B C		整体性 A [B] C		合作性 A [B] C		适切性 A [B] C		激励性 A B [C]

注:A表示"很好",B表示"良好或较好",C表示"一般或较差"

三、活动实施、总结评价

(一) 活动流程

1. 问题提出

(1) 请同学们算算看下列运算所得的数是几位数?

① 123456789×123456789; ② $123456789^{123456789}$.

(2) 完成第(1)题计算后,请回答如下问题:

① 在运算过程中,你用到了什么数学知识?它在运算中起到了什么作用?

② 这个数学知识产生和发展的历史过程是怎样的?你能找一找在生活中运用到这个知识问题的例子吗?(小组合作完成,每个小组在两个问题中至少研究一个)

2. 学生活动

(1) 学生分组3~4人一组;

(2) 小组讨论,研究第(1)小题;

学生研究情况参考如下:

高中阶段允许使用计算器,所以在研究123456789×123456789时,可以直接使用计算器得到如下结果：

可得结果是一个 17 位数.

由于第一个运算可以通过计算器立刻得到结论，所以在研究 $123456789^{123456789}$ 时，起初也会尝试直接用计算器研究，但是由于计算器内存的问题，会出现以下结果：

所以必须运用对数的知识来简化以上运算.

$\lg 123456789^{123456789}=123456789\lg 123456789$.

再使用计算器，可得

所以，最后结果应该是一个 998952458 位数.

(3) 小组讨论，研究第(2)题；

学生研究结果参考如下：

① 运用到了对数的相关知识；

对数知识的应用，使得大数的乘除等运算得到了简化.即便是使用了计算器，也会受到内存和显示器等局限. 通过取常用对数的方法，可以使指数幂的运算转化为乘法运算，从而简化大数的乘除等运算.

② 对数概念的形成和发展[①].

对数是由苏格兰数学家纳皮尔(J. Napier, 1550—1617)发明的，纳皮尔为了简化天文学问题的球面三角计算，在没有指数概念的情况下发明了对数，并于 1614 年在《奇妙对数定律说明书》中，介绍了他的方法和研究成果.

① 本内容选自《普通高中教科书数学必修第一册》(苏教版)

18世纪的欧拉(L. Euler, 1707—1783)深刻地揭示了指数与对数的密切联系,他曾说"对数源出于指数".

在纳皮尔的著作发表40年后,对数传入我国,logarithm一词被译成"比例数",后又逐步演变成"对数",意指"对(照)表中的数".清代数学家戴煦(1805—1860)等,经过独立的刻苦研究,也取得了很多成就.

现在通用的"常用对数",是与纳皮尔同时期的英国数学家布里格斯(H. Briggs, 1561—1631)引入的,并于1617年出版了常用对数表.1622年,英国数学家斯皮德尔(J. Speidell)给出了以e为底的自然对数表.

恩格斯在他的著作《自然辩证法》中,曾经把笛卡儿的坐标系、纳皮尔的对数、牛顿和莱布尼茨的微积分共同称为17世纪的三大数学发明.法国著名的数学家、天文学家拉普拉斯(P.S. Laplace, 1749—1827)曾说:对数可以缩短计算时间,"在实效上等于把天文学家的寿命延长了许多倍".

由此可见,对数的发明对于人们研究科学和了解自然起了重大作用.

(4) 小组推选代表,交流研究成果.

3. 教师活动

(1) 指导学生合理分组,控制人数,必要的时候对小组成员进行微调;

(2) 指导学生探究第(1)题,引导学生合理使用计算器,当学生探究遇到困难时可适当提示运用对数知识简化运算;

(3) 引导学生研究对数的相关数学史或者对数在生活中的实际应用;

可以推荐给学生的书目,例如:

①《普通高中教材数学必修第一册》(人教版);

②《普通高中教材数学必修第一册》(苏教版);

③《普通高中教材数学必修第一册》(北师大版);

④《中学数学中的数学史》,科学出版社,汪晓勤、韩祥临编著;

⑤《这才是好读的数学史》,北京时代华文书局,【美】比尔·柏林霍夫、费尔南多·辜维亚著.

可以推荐给学生的网站,例如:

① 中国知网:https://www.cnki.net/;

② 必应:https://cn.bing.com/.

(4) 引导班级开展小组间的交流,并及时评价.

(二) 活动评价

1. 评价原则

(1) 合理分组、形成规划

① 小组人员与分工匹配,有明确的研究任务和推进计划(20分);

② 小组人员与分工基本匹配,有研究计划但还有待改进(10分);

③ 小组人员与分工不匹配，没有研究推进计划(0 分).

(2) 探究方法、解决问题

① 能根据所学的对数知识，找到合适的方法，给出第(1)题的正确解答(30 分)；

② 能根据所学的对数知识，尝试探究解决问题的方法，过程还有待改进(20 分)；

③ 有运用所学的对数知识尝试解决问题的意识，但尚未找到合适的方法(10 分)；

④ 完全没想法(0 分).

(3) 合理分工，合作探索

① 能在小组合作的基础上，进行合理分工，通过文本材料和网络媒体等多渠道开展研究，积累丰富材料，并将研究成果撰写成文(30 分)；

② 能在小组合作的基础上，分工较合理，查阅了文本材料或者网络媒体等其中一个渠道，积累一定材料，并将研究成果撰写成文(20 分)；

③ 小组分工合作情况有待改进，查阅了文本材料或者网络媒体等其中一个渠道，积累一定材料，但没有将研究结果撰写成文(10 分)；

④ 小组分工不合理或者没有分工，没有开展研究(0 分).

(4) 公正评价、诚信负责

① 公平地开展自我评价、小组互评(20 分)；

② 自我评价或小组互评中有一项有待改进(10 分)；

③ 自我评价、小组互评情况均有待改进(0 分).

2. 评价量表

组　长		组　员	
研究主题			
分工情况			
评价项目(分值)	自 我 评 价	小 组 互 评	教 师 评 价
合理分组、形成规划(20 分)			
探究方法、解决问题(30 分)			
合理分工、合作探索(30 分)			
公正评价、诚信负责(20 分)			
汇　总			
加分及理由		总　分	

注：总分＝自我评价 * 0.3＋小组互评 * 0.3＋教师评价 * 0.4

四、活动反思与体会

1. 对数的发明，具有重要的应用价值和社会意义，恩格斯曾经将对数作为最重要的数学方法之一. 目前高中数学可以使用计算器辅助运算,使得部分学生过度依赖计算器,这对体会对数在数学运算上的重大意义产生了一定障碍. 本活动通过设置无法用计算器解决的数学情境,通过在大数的乘除等运算中运用对数简化运算,让学生体验对数学习的重要意义.

2. 通过研究对数概念的产生和发展,体会数学与实际生活的紧密联系,感受数学对推动社会发展起到的重要作用,形成正确的世界观和价值观,增加数学学习的积极性.

第 4 章　幂函数、指数函数与对数函数

一、学习内容分析

幂函数、指数函数与对数函数是最基本的、应用最广泛的函数，是进一步学习数学的基础.本章的学习，可以帮助学生学会用函数图像和代数运算的方法研究这些函数的性质，理解这些函数中所蕴含的运算规律，运用这些函数建立模型，解决简单的实际问题，体会这些函数在实际生活中的作用.

通过上一章"幂、指数与对数"的学习，学生们已经掌握了幂、指数和对数的运算，本章将继续学习：固定等式 $a^b=c$ 中三个量 a，b，c 中的一个量，研究另两个量的相互关系和变化规律，定义三种基本函数：幂函数、指数函数和对数函数.

教材中通过创设情境引入这三类函数的概念，之后通过描点作图作出具体函数的大致图像，最后通过图像归纳猜测这三类函数的性质并给予证明，为研究一般函数的性质提供了方法.

1. 幂函数

通过具体实例，结合 $y=x$，$y=\dfrac{1}{x}$，$y=x^2$，$y=\sqrt{x}$，$y=x^3$ 的图像，理解它们的变化规律，理解幂函数的概念.

2. 指数函数

(1) 通过具体实例，了解指数函数的实际意义，理解指数函数的概念；

(2) 能用描点法或借助计算工具画出具体指数函数的大致图像，探索并理解指数函数的单调性和图像中的特殊点.

3. 对数函数

(1) 通过具体实例，了解对数函数的概念.能用描点法或借助计算工具画出具体对数函数的大致图像，探索并了解对数函数的单调性和图像中的特殊点；

(2) 知道对数函数 $y=\log_a x$ 与指数函数 $y=a^x$ 互为反函数 $(a>0,\ a\neq 1)$.

本章的学习要求是能够从两个变量之间的依赖关系和变化规律中理解幂函数、指数函数和对数函数的意义和数学表达；能够从函数图像的几何直观等多个角度理解幂函数、指数函数和对数函数的性质特点，并且针对简单的实际问题，能够选择适当的函数建立数学模型，解决问题；能够从函数的观点认识幂、指、对不等式，并运用函数的性质解不等式.

二、学习活动设计

(一) 学习活动设计整体分析

1. 学习活动的目标

① 通过具体实例，结合幂函数、指数函数与对数函数的图像，懂得它们的变化规律，理解幂、指、对函数的概念；

② 能用描点法或借助计算工具画出具体指数函数、对数函数的大致图像，探索并理解指数函数和对数函数的单调性和图像中的特殊点；

③ 通过对幂函数、指数函数、对数函数性质的证明，经历知识迁移和方法类比的过程，培养逻辑推理能力；

④ 借助数学软件、计算器绘制函数图像，通过观察，从图像变化趋势、图形呈现特征等多角度归纳函数性质、运算特点、变化规律；

⑤ 经历从实际问题中抽象出函数模型的过程，选择合适的函数模型进行拟合，提升数学抽象、数据分析、数学建模、数学运算素养.

2. 学习活动的意义

通过学习活动设计创设具体函数情境，关注学习方法的迁移.新教材将幂函数、指数函数与对数函数放在一般函数之前，通过初中函数的学习以及上一章幂、指数和对数的运算知识，结合具体实例引入幂函数、指数函数与对数函数的概念，结合图像探究具体函数的性质，使学生在学习活动中经历由具体到抽象、由特殊到一般的过程，从而习得研究函数一般问题的方法，并能将其运用于下一章的学习之中.

转变教学观念，调整教学方法，从教师教到学生学.新教材必修一函数的教学顺序是先学习幂函数、指数函数与对数函数，再由它们作为具体函数的实例抽象出一般函数的概念.这样的调整，符合学生的认知规律，体现了由具体到抽象、由特殊到一般的原则，这为教师设计学习活动提供了理论依据.

本章学习活动设计更加关注和利用幂函数、指数函数和对数函数的现实背景和应用价值.《普通高中数学课程标准》(2017 版 2020 年修订)提出，通过高中课程的学习，学生能学会用数学模型解决实际问题，积累数学实践经验；认识数学模型在科学、社会、工程技术诸多领域的作用，提升实践能力，增强创新意识和科学精神.本章学习的三类函数具有丰富的现实背景和应用价值，这不仅有利于幂函数、指数函数和对数函数的概念和性质的理解，同时又通过建立数学模型，解决一些简单的实际问题，体会这些函数在解决实际问题中的作用.

科学合理地使用计算器，促进学生综合能力提升.计算器不能替代传统运算，我们可以借助计算器观察函数变化规律，采集数据，分析数据，提升数据分析素养.

3. 学习活动分析表

活动名称	活动目标	所需课时	活动类型			核心素养及其水平			评价方式		
			知识构建	问题探究	专题实践	核心素养	具体方面	水平	自我评价	小组评价	教师评价
指数函数的性质	① ② ③	1	√			数学抽象 数学运算 逻辑推理	知识与技能 知识与技能 思维与表达	二 一 二	√	√	√
一道易错题引发的思考	① ④	1		√		数学抽象 数学运算 逻辑推理 数据分析	知识与技能 情境与问题 知识与技能 情境与问题 思维与表达 思维与表达	三 一 三 一 二 一	√	√	√
指数函数模型构建	④ ⑤	1			√	数学抽象 数学运算 数学建模 数据分析	情境与问题 知识与技能 情境与问题 思维与表达 知识与技能 思维与表达	三 二 二 三 二 二	√	√	√
总　计		3	1	1	1				3	3	3

（二）学习活动案例

案例1-4-1　指数函数的性质[①]

一、设定活动目标、确定活动名称

单元名称	幂函数、指数函数与对数函数
教材版本	上教社2020年版
活动目标	1. 能利用从特殊到一般的方法，归纳指数函数的图像特征，提升数学抽象能力； 2. 掌握用代数运算的方法研究指数函数的性质，进一步体会图像和代数运算是研究函数性质的一般方法； 3. 能建立相应的指数函数模型解决问题，提升数学建模能力； 4. 进一步形成严谨的推理习惯，提升逻辑推理能力.
活动名称	指数函数的性质
活动意义	从教学实际和学生情况出发，以问题为线索，串联课本内容，通过小组讨论、合作交流，进行观察、猜测、论证，从而掌握指数函数的性质.

① 本案例由上海市宝山中学苏建茹老师提供

二、活动方案设计

问题设计	在同一坐标系中画出函数 $y=2^x$，$y=3^x$，$y=4^x$，$y=\left(\frac{1}{2}\right)^x$，$y=\left(\frac{1}{4}\right)^x$ 的图像，观察这些函数图像有什么特点？可以证明你的猜测吗？				
活动类型	☑知识建构活动	□问题探究活动	□专题实践活动		
核心素养	☑数学抽象 ☑直观想象	☑数学运算 □数据分析	☑逻辑推理 □数学建模		
活动年级	☑高一	□高二	□高三		
活动形式	☑课内活动	□课外活动	□课内外兼顾		
活动方式	☑自主学习	☑小组合作	☑班级研讨交流		
活动资源	☑工具学具	☑文本资料	☑媒体资料		
活动水平	☑理解与运用	☑综合运用	☑探究与发现		
所需课时	1 课时				
评价方法	☑自我评价	☑小组评价	☑教师评价		
活动品质评估	主体性 [A] B C	整体性 [A] B C	合作性 A [B] C	适切性 A [B] C	激励性 [A] B C

注：A 表示“很好”，B 表示“良好或较好”，C 表示“一般或较差”

三、活动实施、总结评价

（一）活动流程

1.提出问题

类比幂函数性质的研究过程，通过具体的指数函数图像，归纳出指数函数图像的特征.我们已经画过 $y=2^x$，$y=3^x$，$y=4^x$，$y=\left(\frac{1}{2}\right)^x$，$y=\left(\frac{1}{4}\right)^x$ 这几个指数函数的图像，现在将这些函数图像放在同一个平面直角坐标系中.

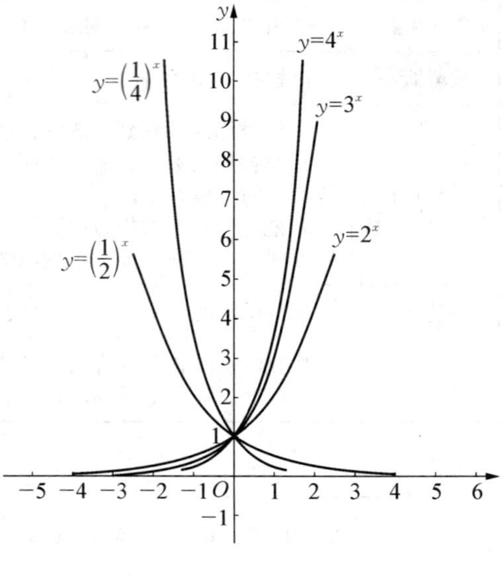

请同学们观察这些函数图像有什么特点？小组讨论并记录下来.

2. 学生活动（环节一）

（1）通过观察图像，发掘相同点和不同点.

相同点	① 图像都在 x 轴上方，且无限趋近于 x 轴，但与 x 轴不相交； ② 过点(0,1).
不同点	①当 $a>1$ 时，由左至右图像上升；$0<a<1$ 时，由左至右图像下降； ② 当 $a>1$ 时，y 轴右侧图像，函数值大于 1，y 轴左侧图像，函数值大于 0 且小于 1； 当 $0<a<1$ 时，y 轴右侧图像，函数值大于 0 且小于 1，y 轴左侧图像，函数值大于 1； ③ 底数互为倒数时，函数图像关于 y 轴对称； ④ 当 $a>1$ 时，底数越大，y 轴右侧的函数图像越靠近 y 轴； 当 $0<a<1$ 时，底数越小，y 轴左侧的函数图像越靠近 y 轴.

（2）学习过程说明

① 学生分组，3～4 人为一组，组成研究小组；

② 成员分工：组长 1 人，组织讨论；记录员 1 人，负责记录汇总讨论结果；发言代表 1 人，交流探究成果；

③ 独立思考和小组讨论相结合，交流所得结论；

④ 分类汇总结论，推荐代表发言；

⑤ 彼此倾听、仔细思考、提出质疑，尝试释疑；

⑥ 完善结论，得到指数函数的性质.

3. 教师活动(环节一)

（1）教师巡视课堂，对学生的学习情况进行评估，根据实际情况做出调整；

（2）教师把握学习活动时间，控制课堂节奏；

（3）教师对学生出现的问题及时点拨，引导学生对问题解决和计算结果进行理性思考与分析.

4. 学生活动(环节二：性质归纳)

问题思考：这些图像特点能否用数学语言描述？

（1）通过观察图像，发现相同点和不同点.

相同点	① 定义域为 $\mathbf{R}$，函数值恒正； ② 当 $x=0$ 时，$y=1$.
不同点	① 当 $a>1$ 时，在 $\mathbf{R}$ 上是严格增函数；当 $0<a<1$ 时，在 $\mathbf{R}$ 上是严格减函数； ② 若 $a>1$，当 $x>0$ 时，$y>1$，当 $x<0$ 时，$0<y<1$； 若 $0<a<1$，当 $x>0$ 时，$0<y<1$，当 $x<0$ 时，$y>1$； ③ 底数互为倒数时，函数图像关于 y 轴对称； ④ 若 $a>b>1$，当 $x>0$ 时，$a^x>b^x$；若 $0<a<b<1$，当 $x<0$ 时，$a^x>b^x$.

（2）学习过程说明

延续刚才的研讨方式，完成观察图形到数学抽象的过程.

5. 学生活动(环节三：性质证明)

问题思考：由特殊的指数函数归纳猜测的性质是否对所有指数函数都成立？

（1）性质证明

性　质	学　生　活　动
① 求证：若 $a>1$，当 $x>0$ 时，$y>1$，当 $x<0$ 时，$0<y<1$；若 $0<a<1$，当 $x>0$ 时，$0<y<1$，当 $x<0$ 时，$y>1$.	证明：当 $a>1$，$x>0$ 时，由幂的基本不等式，$a^x>1$，即函数值 $y>1$； 当 $a>1$，$x<0$ 时，$-x>0$，$a^{-x}>1$，再由指数幂的运算性质，$a^{-x}=\dfrac{1}{a^x}$，得 $\dfrac{1}{a^x}>1$，所以 $0<a^x<1$，即函数值 $0<y<1$； 当 $0<a<1$，$x>0$ 时，$\dfrac{1}{a}>1$，$\left(\dfrac{1}{a}\right)^x>1$，得 $\dfrac{1}{a^x}>1$，所以 $0<a^x<1$，即函数值 $0<y<1$； 当 $0<a<1$，$x<0$ 时，$\dfrac{1}{a}>1$，$-x>0$，得 $\left(\dfrac{1}{a}\right)^{-x}>1$，所以 $a^x>1$，即函数值 $y>1$.
② 求证：两个指数函数 $y=a^x$ 与 $y=\left(\dfrac{1}{a}\right)^x$ 的图像关于 y 轴对称.	证明：由指数幂的运算性质得 $a^{x_0}=(a^{-1})^{-x_0}=\left(\dfrac{1}{a}\right)^{-x_0}$. 若 (x_0, y_0) 为指数函数 $y=a^x$ 的图像上的一点，即 $y_0=a^{x_0}$，则 $y_0=\left(\dfrac{1}{a}\right)^{-x_0}$ 也成立，即 $(-x_0, y_0)$ 必为指数函数 $y=\left(\dfrac{1}{a}\right)^x$ 的图像上的点.反之亦然. 由于 (x_0, y_0) 与 $(-x_0, y_0)$ 两点关于 y 轴对称，因此，指数函数 $y=a^x$ 与 $y=\left(\dfrac{1}{a}\right)^x$ 的图像必关于 y 轴对称.
③ 求证：当 $a>1$ 时，在 $\mathbf{R}$ 上是严格增函数；当 $0<a<1$ 时，在 $\mathbf{R}$ 上是严格减函数.	证明：当 $a>1$ 时，若 $x_2>x_1$，则 $x_2-x_1>0$，由指数幂的运算性质，$a^{x_2-x_1}>1$，即 $a^{x_2}>a^{x_1}$，此时，指数函数 $y=a^x(a>1)$ 在 $\mathbf{R}$ 上是严格增函数. 当 $0<a<1$ 时，同理可证.

（2）学习过程说明

① 学生独立思考，尝试完成性质证明；

② 对有困难的问题展开团队合作、小组探究；

③ 教师在学生中巡视，及时解答学生出现的问题；

④ 让学生上黑板板演，并关注格式规范性.

6. 学生活动（环节四：性质应用）

（1）应用实践

① 实践 1：利用指数函数的性质，比较下列各题中两个数的大小.

（1）$1.7^{2.5}$ 与 1.7^3；

（2）$\left(\dfrac{3}{4}\right)^{\frac{1}{6}}$ 与 $\left(\dfrac{4}{3}\right)^{-\frac{1}{5}}$；

（3）$a^{\frac{1}{2}}$ 与 $a^{\frac{1}{3}}(a>0, a\neq 1)$.

② 实践2：求下列关于 x 的不等式的解集.

(1) $3^x > \dfrac{1}{27}$；

(2) $a^{x^2-2x+3} > a^6(0 < a < 1)$.

③ 实践3：已知 $a>0$，$a\neq 1$，且当 $x\in\mathbf{R}$ 时，不等式 $a^{x^2+1}>a^{2x}$ 恒成立，求 a 的取值范围.

(2) 学习过程说明

① 学生独立思考，利用指数函数的图像和性质，构造函数模型，求解问题；

② 遇到问题，及时请教老师，协助解决.

7. 课堂小结

回顾梳理整节课，学生们从以下几个方面对本节课进行小结：

(1) 得出指数函数的性质，经历了怎样一个过程？

(2) 指数函数的性质中，需要特别注意什么？

(3) 如何利用指数函数的性质，解决同底指数幂的大小比较问题？还能解决什么问题？

（二）活动评价

1. 评价原则

评价分为自我评价、小组互评和教师评价三部分，包含课堂思维表现，合作交流、独立思考与探究，课堂反馈以及课后检测这五个项目，每个项目20分.

(1) 在自主探究学习活动过程中，积极思考，类比探究幂函数性质的方法，逐步形成指数函数性质的知识体系.

① 积极主动探究，正确得到指数函数的性质(20分)；

② 积极主动探究，正确得到部分指数函数的性质(15分)；

③ 有主动探究意愿，但仅得到1～2条指数函数的性质(10分)；

④ 有自主探究意愿，但没有得到正确的结论(5分)；

⑤ 不愿意自主探究(0分).

(2) 积极参加合作学习，与组员交流自己的想法，逐步提高数学表达与交流能力.

① 积极在小组合作学习中交流自己的发现，并给予同伴有价值的建议(20分)；

② 主动在小组合作学习中交流自己的发现，并给予同伴一些建议(15分)；

③ 能在小组合作学习中交流自己的发现，在给予同伴建议方面有待加强(10分)；

④ 能在小组合作学习中交流自己的发现，但交流效果并不理想(5分)；

⑤ 不愿意在小组合作学习中交流自己的发现(0分).

(3) 在学习活动中，兼具独立思考的习惯和探究精神.

① 通过独立思考与探究，正确完成全部指数函数性质的证明(20分)；

② 通过独立思考与探究，正确完成至少2条指数函数性质的证明(15分)；

③ 有独立思考与探究的意识，正确完成1条指数函数性质的证明(10分)；

④ 有独立思考与探究的意识，但没有正确完成指数函数性质的证明(5 分)；

⑤ 不愿意进行独立思考和探究(0 分).

(4) 理解和掌握学习活动过程中所学习的指数函数性质，并能对其进行基本应用.

① 能按要求完成课堂反馈训练，并且结果正确、格式规范(20 分)；

② 能按要求完成课堂反馈训练，至少一半的问题结果正确且格式规范(15 分)；

③ 能按要求完成课堂反馈训练，但仅 1～2 题的问题结果正确且格式规范(10 分)；

④ 能按要求完成课堂反馈训练，但问题结果不正确或者格式不规范(5 分)；

⑤ 不按照要求进行课堂反馈训练(0 分).

(5) 独立完成课后作业，准确率高，条理清晰，书写端正，格式规范.

① 能独立完成课后作业，全部正确，条理清晰，书写端正，格式规范(20 分)；

② 能独立完成课后作业，1～3 题错误，其余解答条理清晰，书写端正，格式规范(15 分)；

③ 没有独立完成课后作业，或者独立完成作业但是超过 3 题出现错误，其余解答条理清晰，书写端正，格式规范(10 分)；

④ 没有独立完成课后作业，并且错误超过 3 题(5 分)；

⑤ 未完成课后作业(0 分).

2. 评价量表

小组成员姓名			
活动名称			
评价项目(分值)	自我评价	小组互评	教师评价
“知识建构”活动的思维水平(20 分)			
合作学习、表达交流的水平和能力(20 分)			
独立思考，探究学习的水平能力(20 分)			
本节课涉及的知识建构完成度和掌握情况(20 分)			
课后评价与检测完成情况(20 分)			
总计			
总分			

注：总分＝自我评价 * 0.3＋小组互评 * 0.3＋教师评价 * 0.4

四、活动反思与体会

这节课是研究指数函数的性质，在第 1 课时，掌握指数函数的概念及几个具体指数函数图像的基础上，沿用研究幂函数性质的方法，由具体的指数函数图像特点，抽象出指数函数的图像特点，概括出指数函数的性质，最后用代数的方法给予证明，可以让学生再次体会图像与代数运算是研究函数性质的重要方法.

本节课的内容在教材体系中承上启下，具有重要的地位.与“二期课改”教材不同的是，本教材中指数函数在 **R** 上是严格单调函数这一结论，不再是从特殊到一般的推广，而是通过幂的基本不等式给予了证明，这实现了从观察图像到用数学符号语言表述、再到严格论证的过程，体现了数学思维的严谨性.

学生是本节课的主体，让学生动起来是本节课活动设计的目标，整节课学生们积极主动地围绕教师提出的问题展开讨论，并能形成正确的结论，课堂气氛热烈.但是，如果能引导学生主动提出问题，而不是由教师提出问题的话，对学生理解概念，提升思辨能力会更有帮助.

案例 1-4-2　一道易错题引发的思考

一、设定活动目标、确定活动名称

单元名称	幂函数、指数函数与对数函数
教材版本	上教社 2020 年版
活动目标	1. 掌握对数的运算性质； 2. 进一步熟练操作图形计算器，并能利用图形计算器分析等式 $\lg(m+n)=\lg m\cdot\lg n$ 成立的条件，逐渐形成利用数形结合思想解决问题的思维习惯； 3. 体会求解“含双变量”问题的思路：从中选取一个字母为变量，另一个暂作常量； 4. 体会处理复杂问题的步骤方法，培养学生的团结协作精神，以及分析问题、解决问题的能力，提升学生数学抽象、数学运算、逻辑推理、数据分析素养.
活动名称	一道易错题引发的思考
活动意义	根据学生作业中出现的问题，结合教学实际和课本内容，利用图形计算器辅助，通过独立思考、合作交流，分析错因、解决问题，并从中领悟求解问题的习惯与方法.

二、活动方案设计

问题设计：

下表中的对数值，有且仅有一个是错误的，

x	3	5	8	9	15
$\lg x$	$a-b$	$a+b$	a^2-b^2	$2a-2b$	$2a$

请指出这个错误.

续表

活动类型	□知识建构活动	☑问题探究活动	□专题实践活动		
核心素养	☑数学抽象 □直观想象	☑数学运算 ☑数据分析	☑逻辑推理 □数学建模		
活动年级	☑高一	□高二	□高三		
活动形式	□课内活动	□课外活动	☑课内外兼顾		
活动方式	☑自主学习	☑小组合作	☑班级研讨交流		
活动资源	☑工具学具	☑文本资料	□媒体资料		
活动水平	□理解与运用	□综合运用	☑探究与发现		
所需课时	1 课时				
评价方法	☑自我评价	☑小组评价	☑教师评价		
活动品质评估	主体性 [A] B C	整体性 [A] B C	合作性 A [B] C	适切性 A [B] C	激励性 [A] B C

注：A 表示“很好”，B 表示“良好或较好”，C 表示“一般或较差”

三、活动实施、总结评价

（一）活动流程

1. 提出问题

下表中的对数值，有且仅有一个是错误的，

x	3	5	8	9	15
$\lg x$	$a-b$	$a+b$	a^2-b^2	$2a-2b$	$2a$

请指出这个错误.

设计意图：此题是学生错误率很高的一道题.错误原因主要在于：一是学生不知道分析问题的切入点，二是学生们对于“对数的运算性质”的掌握有误，因此本节课，以此作为开端，引导学生合理分析问题，纠正学生的错误解法，并引入本节课的教学重点.

课堂活动

学生：不知解决问题的切入点在哪？

教师：任选一个对数值假设其错误，再作进一步探究.

学生：

① 假设当 $x=3$ 时，$\lg 3=a-b$ 是错误的，则 $\lg 9=\lg 3^2=2\lg 3$，可知 $\lg 9=2a-2b$ 也是错误的，这与“有且仅有一个是错误的”矛盾，故 $\lg 3=a-b$，$\lg 9=2a-2b$ 都是正确的.

② 假设当 $x=5$ 时，$\lg 5=a+b$ 是错误的，则 $\lg 15=\lg(3\cdot 5)=\lg 3+\lg 5=2a$，可知 $\lg 15=2a$ 也是错误的，同上理可知，$\lg 5=a+b$，$\lg 15=2a$ 都是正确的.

因此，当 $x=8$ 时，$\lg 8=a^2-b^2$ 是错误的.

教师：很好，有哪位同学能总结一下本题错误原因呢？

学生：上述错误原因在于错用等式：$\lg 8=\lg(3+5)=\lg 3 \cdot \lg 5$，也即错记等式为：$\log_a(m+n)=\log_a m \cdot \log_a n$.

2. 探究问题

探究思考：$\log_a(m+n)=\log_a m \cdot \log_a n(a>0,\ a\neq 1, m, n>0)$ 是错误的等式，但是否存在 $a>0$，$a\neq 1$，m，$n>0$，使 $\log_a(m+n)=\log_a m \cdot \log_a n(a>0,\ a\neq 1,\ m,\ n>0)$ 成立呢？

(1) 课堂活动

① 问题简化

为方便起见，取 $a=10$，则问题转化为：是否存在 m，$n>0$，使 $\lg(m+n)=\lg m \cdot \lg n$ 成立.

② 问题分析

原等式等价于 $10^{\lg(m+n)}=10^{\lg m \cdot \lg n}$，则 $m+n=m^{\lg n}$.

从而，原命题等价于是否存在 m，$n>0$，使 $m+n=m^{\lg n}$ 成立，可以转化为关于 x 的方程 $x+n=x^{\lg n}(x,\ n>0)$ (*)随着 n 的变化是否有解，这是一个超越方程，中学阶段是无法用传统的方法解决的.考虑到中学数学中常用的数学思想方法——数形结合，该问题也可以转化为直线 $y=x+n$ 和幂函数 $y=x^{\lg n}(x,\ n>0)$ 的图像是否有交点.

我们可以借助图形计算器强大的作图功能来探索该问题.

(2) 学生活动

① 学生 4 人一组，针对问题进行分析和探究；

② 提出先取常用对数的简化方案，制定求解方法.

(3) 问题求解

学生：幂函数中，指数 $\lg n$ 的正负会影响幂函数图像的类型，所以，应该分类讨论.讨论如下：

① 当 $0<n<1$ 时，$\lg n<0$，例如，取 $n=\dfrac{1}{2}$，如图 1.

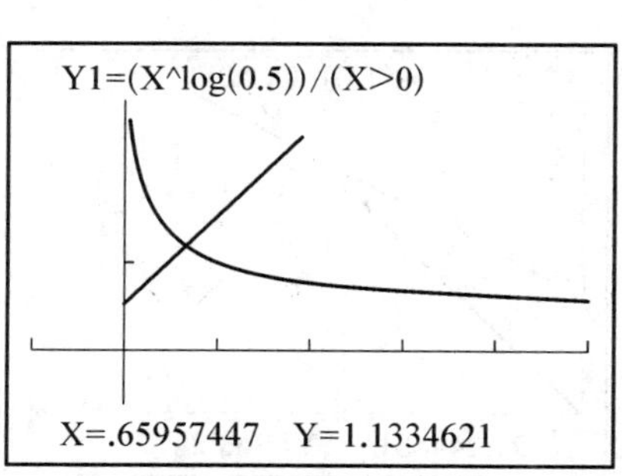

图 1

② 当 $n=1$ 时，$\lg n=0$，如图 2.

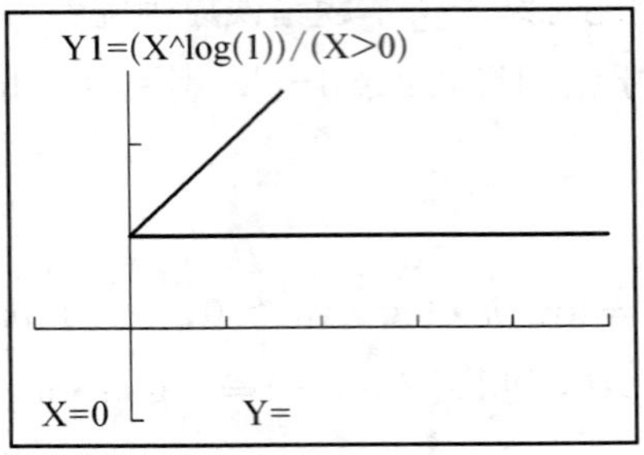

图 2

③ 当 $1<n<10$ 时，$0<\lg n<1$，例如，取 $n=5$，如图 3.

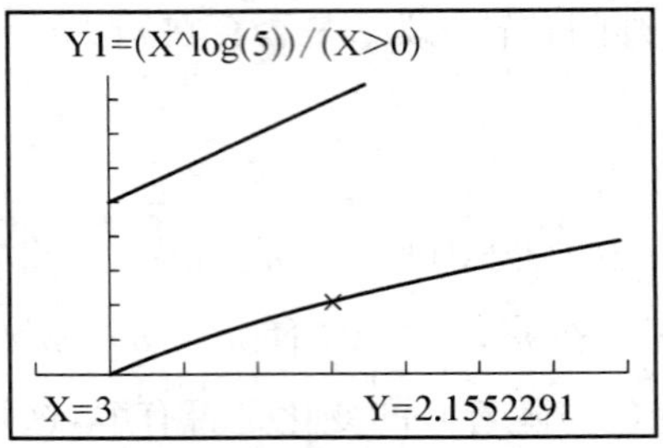

图 3

④ 当 $n=10$ 时，$\lg n=1$，如图 4.

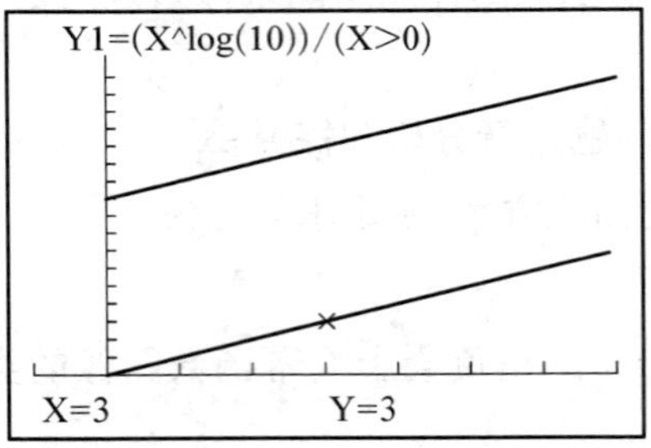

图 4

⑤ 当 $n>10$ 时，$\lg n>1$，例如，取 $n=15$，如图 5.

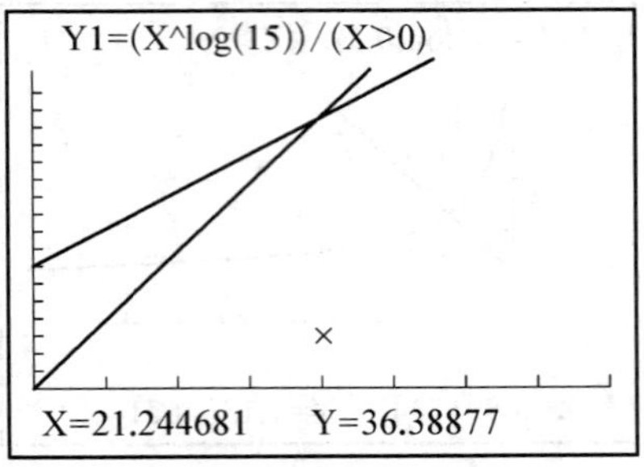

图 5

学生：从上述分析可知：当 $n \in [1, 10]$ 时，两个函数的图像没有交点；当 $n \in (0, 1) \cup (10, +\infty)$ 时，一定存在一组 (m, n) $(m, n > 0)$ 使得等式成立.

3. 归纳小结

学生：为了考察方程 $\lg(m+n)=\lg m \cdot \lg n(m, n>0)$ 是否有解，我们选择了将等式等价变形为 $m+n=m^{\lg n}$，这是一个双变量问题，通常情况下，我们的思路是从中选取一个字母为变量，另一个暂作常量，比如选择 m 为变量 x，n 暂作常量，从而问题简化为单变量问题，利用数形结合的方法，转而探究两函数的图像是否存在交点.

学生活动：

① 学生小组讨论，从具体到抽象，归纳相应结论；

② 教师在学生中巡视，为学生提供帮助.

（二）活动评价

1. 评价原则

评价分为自我评价、小组互评、教师评价三部分，从多个项目逐一考察学生的达成效果.

(1) 能从对数运算的角度解释情境中提出的问题，并展开拓展深化研究.

① 积极参与学习活动，能提出有价值的问题，并对所提出的问题进行解释说明(20 分)；

② 积极参与学习活动，但提出的问题比较普通或者对所提出的问题没有解释说明(10 分)；

③ 不愿意参加学习活动(0 分).

(2) 积极参加合作学习，与组员交流自己的想法，逐步提高数学表达与交流能力.

① 积极在小组合作学习中交流自己的发现，并给予同伴有价值的建议(30 分)；

② 主动在小组合作学习中交流自己的发现，并给予同伴一些建议(15 分)；

③ 能在小组合作学习中交流自己的发现，在给予同伴建议方面有待加强(10 分)；

④ 能在小组合作学习中交流自己的发现，但交流效果并不理想(5 分)；

⑤ 不愿意在小组合作学习中交流自己的发现(0 分).

(3) 能熟练使用图形计算器探究问题.

① 能主动使用图形计算器探究问题，通过观察函数图像得到正确的结论(30 分)；

② 没有或不完全使用图形计算器，通过观察函数图像得到正确的结论(10 分)；

③ 不愿意参加学习活动(0 分).

(4) 理解和掌握学习活动中所生成的知识，并能对其进行基本应用.

① 能按要求完成课堂反馈训练，并且结果正确、格式规范(20 分)；

② 能按要求完成课堂反馈训练，至少一半的问题结果正确且格式规范(15 分)；

③ 能按要求完成课堂反馈训练，但仅 1～2 题的问题结果正确且格式规范(10 分)；

④ 能按要求完成课堂反馈训练，但问题结果不正确或者格式不规范(5 分)；

⑤ 不按照要求进行课堂反馈训练(0 分).

2. 评价量表

小组成员姓名			
活动名称			
评价项目(分值)	自我评价	小组互评	教师评价
“问题探究活动”的思维水平(20 分)			
合作学习、表达交流的水平和能力(15 分)			
独立思考,探究学习的水平能力(15 分)			
学科知识掌握情况(20 分)			
图形计算器使用能力(10 分)			
课后评价与检测完成情况(20 分)			
总　计			
总　分			

注：总分＝自我评价 * 0.3＋小组互评 * 0.3＋教师评价 * 0.4

四、活动反思与体会

学生作业反馈发现引例中问题的错误率较高,这是学生混淆了指对数的运算性质.于是,设计寻找符合条件的正数 m, n,使得等式 $\lg(m+n)=\lg m\cdot\lg n$ 成立,并力图在探寻的过程中,使学生明确该等式不是恒成立的,进而强化学生正确理解并记忆对数的运算性质.

本节课的教学旨在引导学生养成思考和探究问题的习惯.在传授学生知识的同时也要注重学生能力的培养,培养学生探究的兴趣和习惯比单纯讲授知识更重要.本课通过图形计数器强大的绘图功能,给学生提供了探索的平台,借助于图形计算器,再辅之教师的指导,学生的探究能力得到锻炼和提高.

课堂中,学生们使用现代技术进行学习活动,教师通过一道易错题和学生展开讨论,将学生存在的问题层层剥离剖析,对公式记忆不准确的同学循循善诱,利用 TI 图形计算器结合幂函数图像,使学生知道分析问题和解决问题的切入方法.从课堂的效果来看,对 TI 计算器使用熟练的同学收获更大一些,所以如果设计的活动内容能更贴近学生的学习习惯和高考要求,可能会有更多的同学受益.

案例 1-4-3　指数函数模型构建

一、设定活动目标、确定活动名称

单元名称	幂函数、指数函数与对数函数
教材版本	上教社 2020 年版
活动目标	1. 能运用指数函数求解生活中的实际问题； 2. 经历数学建模的过程，初步了解数学建模的步骤与方法； 3. 培养合作意识，学会沟通、表达和交流； 4. 通过对实际问题的探究，提升数学抽象、数学建模、数据分析素养.
活动名称	指数函数模型构建
活动意义	幂函数、指数函数与对数函数在实际生活中的应用非常广泛，例如人口模型、地震强度模型、辐射衰变模型等.本节课是一堂指数函数应用的专题实践活动课，也是学生初次接触数学建模的实践课，通过学习活动和建立数学模型分析问题、解决问题，体验数学在实际生活中的应用，感受学习数学的乐趣，培养学生的科学精神和创新意识.

二、活动方案设计

问题设计	央视报道：2019 年 7 月 15 日，平顶山市文物管理局有关人士表示，郏县北大街古墓群抢救性发掘工作结束，共发现古墓 539 座，已发掘墓葬 93 座.该墓地是一处大型古墓群，在已发掘的 93 座墓葬中，有战国时期墓葬 32 座、两汉时期墓葬 56 座、唐墓 2 座、宋墓 3 座.生物体死亡后，它机体内原有的碳 14 会按确定的规律衰减，大约每经过 5 730 年衰减为原来的一半，这个时间称为“半衰期”.检测一墓葬女尸出土时碳 14 的残余量约占原始含量的 79%，请推断该墓葬所属时期.				
活动类型	□知识建构活动	□问题探究活动	☑专题实践活动		
核心素养	☑数学抽象 □直观想象	☑数学运算 ☑数据分析	□逻辑推理 ☑数学建模		
活动年级	☑高一	□高二	□高三		
活动形式	□课内活动	□课外活动	☑课内外兼顾		
活动方式	☑自主学习	☑小组合作	☑班级研讨交流		
活动资源	☑工具学具	☑文本资料	☑媒体资料		
活动水平	☑理解与运用	☑综合运用	☑探究与发现		
所需课时	1 课时				
评价方法	☑自我评价	☑小组评价	☑教师评价		
活动品质评估	主体性 [A] B C	整体性 [A] B C	合作性 A [B] C	适切性 A [B] C	激励性 [A] B C

注：A 表示“很好”，B 表示“良好或较好”，C 表示“一般或较差”

三、活动实施、总结评价

（一）活动流程

1. 提出问题

央视报道：2019 年 7 月 15 日，平顶山市文物管理局有关人士表示，郏县北大街古墓群抢救性发掘工作结束，共发现古墓 539 座，已发掘墓葬 93 座.该墓地是一处大型古墓群，在已发掘的 93 座墓葬中，有战国时期墓葬 32 座、两汉时期墓葬 56 座、唐墓 2 座、宋墓 3 座.生物体死亡后，它机体内原有的碳 14 会按确定的规律衰减，大约每经过 5 730 年衰减为原来的一半，这个时间称为“半衰期”.检测一墓葬女尸出土时碳 14 的残余量约占原始含量的 79%，请推断该墓葬所属时期.

参考时间轴：

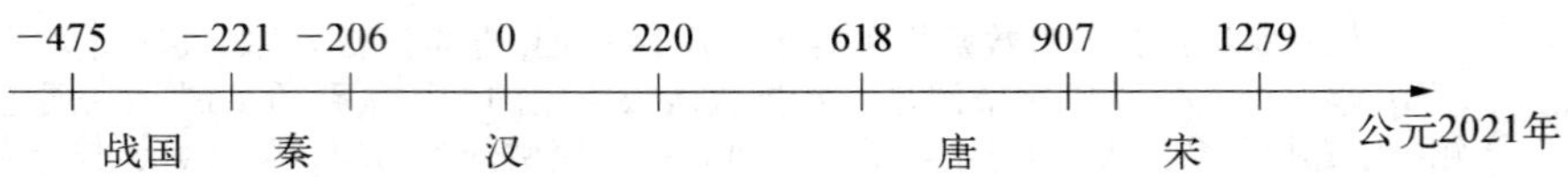

2. 分析问题

（1）学生活动

① 学生 4～5 人一组，选定一人为组长，并且分工明确；

② 讨论情境所指，并及时记录所得结论；

③ 围绕问题，要求小组内的每名同学都有发言，其余同学互相补充.

（2）问题分析

教师：请每个小组派一位代表对本题进行阐述，说一说你的思考过程.

学生：要推断墓葬的所属时期，关键在于计算女尸出土时碳 14 的残余量.

教师：怎么计算残余量呢？

学生：在化学课上，我们已经学习过具有相同质子数，不同中子数的同一元素的不同核素互称为同位素.例如：氕、氘和氚，它们原子核中都有 1 个质子，但是它们的原子核中却分别有 0 个中子、1 个中子及 2 个中子，所以它们互为同位素.

教师：这和本题的关联在哪里呢？

学生：同一元素的同位素，许多是稳定的，但也有一些同位素是不稳定的，这些不稳定的同位素具有放射性，它们通过放射粒子而变为同一元素的不同的同位素，或者不同元素的同位素，被称为同位素的衰变.如 $^{14}_{6}\mathrm{C}$ 通过放射粒子衰变成为 $^{14}_{7}\mathrm{N}$. 放射性元素的原子核有半数发生衰变时所需要的时间，叫半衰期.根据这个过程，我们可以构造指数函数.

学生：我觉得不能直接看成指数函数，因为用碳 14 测年法最大测算时间不超过 6 万年，还有很多其他因素对残留量产生影响，就像环境的变化，如火山爆发等因素，易导致所测得的年代有较大的误差.

学生：那么对于本题，我们可以考虑简单的放射性衰变，先保留主干部分.

3. 求解问题

（1）问题假设

假设 1　放射性同位素中的粒子是同质的；

假设 2　在衰变的过程中元素总量的变化是连续且光滑的；

假设 3　除去放射性衰变之外，元素本身没有其他的粒子迁移行为；

假设 4　只考虑单位时间同位素放射粒子的平均放射效应；

假设 5　每个粒子放射的行为相互独立（衰减率固定）.

基于以上假设可知，解决本题的关键是，发现随着时间 t 的变化，机体内所含有碳 14 的残余量的变化情况.因为机体内原有的碳 14 大约 5 730 年衰减为原来的一半，所以可首先计算出每年的衰减率，进而计算出该生物体的死亡年数，就可以推断该墓葬所属时期.

（2）模型建构

假设机体内原有的碳 14 含量是 1，每年的平均衰减率是 x，

由已知得 $1\cdot(1-x)^{5\,730}=\frac{1}{2}$，所以 $1-x=\left(\frac{1}{2}\right)^{\frac{1}{5\,730}}$.

又假设该墓葬生物体内碳 14 的含量是 y，死亡年数为 t，

则 $y=(1-x)^{t}$，即 $y=\left(\frac{1}{2}\right)^{\frac{t}{5\,730}}\ (t>0)$.

当 $\left(\frac{1}{2}\right)^{\frac{t}{5\,730}}=0.79$ 时，可得 $t=5\,730\times\log_{\frac{1}{2}}0.79\approx 1\,948$.

因此，该墓葬内的生物体死亡年数约为 1948 年，由问题情境可知该墓葬是于 2019 年被发掘的，所以该墓葬内的生物体死亡的时间约为 2019－1948＝71 年，即约为公元 71 年，此时对应的朝代是汉.

4. 求解反思

本题属于数学建模类问题，从实际情境中抽象出数学问题，构建函数模型，在模型构建的过程中，需要针对实际情况做出合理假设，以达到简化模型的作用.本题是指数函数的实际应用，除了测定碳含量之外，指数函数还被应用在很多领域中，例如人口增长、细菌繁殖、声波强度、复利计息、种群增长等.当然，本题的探究，不仅仅服务于指数函数，目的是让学生形成用函数知识解决实际问题的意识，提升他们的数学抽象、数据分析和数学建模素养.

5. 随堂练习

通过对引例问题的分析和求解，学生们初步了解了数学建模的过程与方法，并且发现大多数学生都可以通过独立思考或者通过小组讨论的方式正确求解问题.于是，在课堂教

学时间许可的情况下，对学生进行随堂检测.检测的目的是观察学生本节课的学习情况：是否已初步具备数学建模意识，是否可以运用数学知识解决实际问题，是否可以正确且规范地书写表达.在检测的形式上，采用小组合作的方式，允许成员之间互相交流，以小组为单位，每个小组上交一份作业（作业可以以报告的形式提交）.

（1）案例呈现

某地区调查 18 岁以下未成年男性体重与身高的情况所得平均数据如下表：

身高/cm	60	70	80	90	100	110	120	130	140	150	160	170
体重/kg	6.13	7.90	9.99	12.15	15.02	17.50	20.92	26.86	31.11	38.85	47.25	55.05

经查阅有关资料发现，如果体重超过相同身高男性平均体重的 1.2 倍为偏胖，低于 0.8 倍为偏瘦，请判断这个地区一名身高 175 cm，体重 78 kg 的在校男生的体重是否正常？

（2）学生案例赏析

问题分析：

图表中并未给出身高 175 cm 所对应平均体重，从而无法直接判断该男生的体重情况，因此需要首先估算出身高 175 cm 男生的平均体重.分别以身高和体重作为横坐标和纵坐标，在坐标平面内画出这些点.

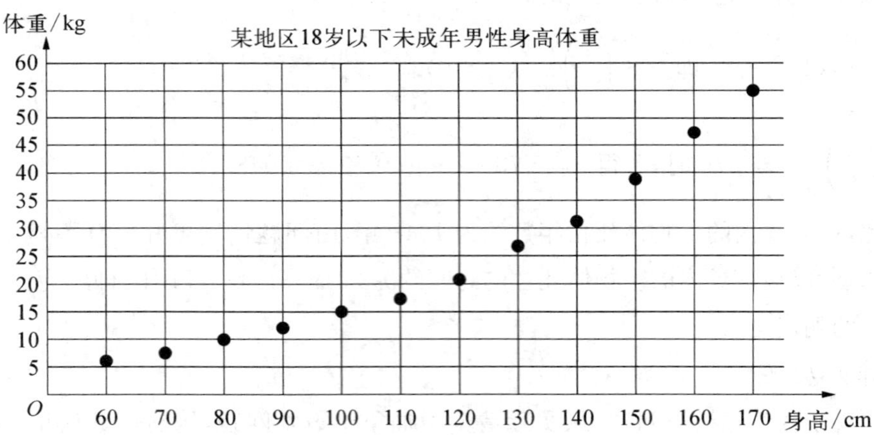

图 1

根据点的分布情况，猜测未成年男性的身高与体重可能符合指数函数或者二次函数，至于选择哪个函数作为最终的模型，可以根据实际检验情况判断.

模型构建：

模型一（指数函数模型）

根据点的分布特点，猜测以 $y=k\cdot a^x(a>0,\ a\neq 1)$ 为身高和体重关系的函数模型（图 2）.

观察点和曲线的位置关系，选择将点(90，12.15)，(110，17.5)代入函数模型得，

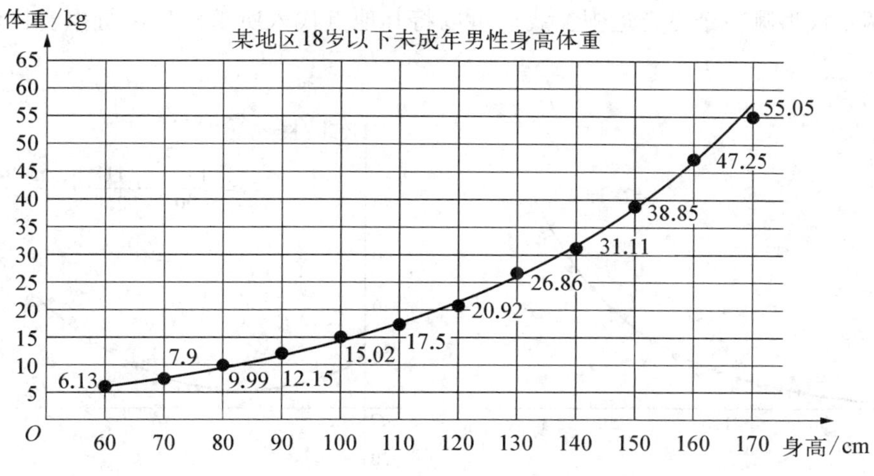

图 2

$\begin{cases} k \cdot a^{90}=12.15, \\ k \cdot a^{110}=17.5, \end{cases}$ 解得 $\begin{cases} a \approx 1.02, \\ k \approx 2, \end{cases}$ 所以指数函数模型是 $y=2\times 1.02^x$.

模型二(一元二次函数模型)

根据图像,选择一元二次函数作为模型也比较合理(图 3),设函数 $y=ax^2+bx+c(a>0)$,将点(70, 7.9),(110, 17.5),(130, 26.86)代入函数模型得,

$$\begin{cases} 70^2a+70b+c=7.9, \\ 110^2a+110b+c=17.5, \\ 130^2a+130b+c=26.86, \end{cases}$$

解得 $a=\frac{19}{5\,000}$, $b=-\frac{111}{250}$, $c=\frac{509}{25}$,所以一元二次函数模型是 $y=\frac{19}{5\,000}x^2-\frac{111}{250}x+\frac{509}{25}$.

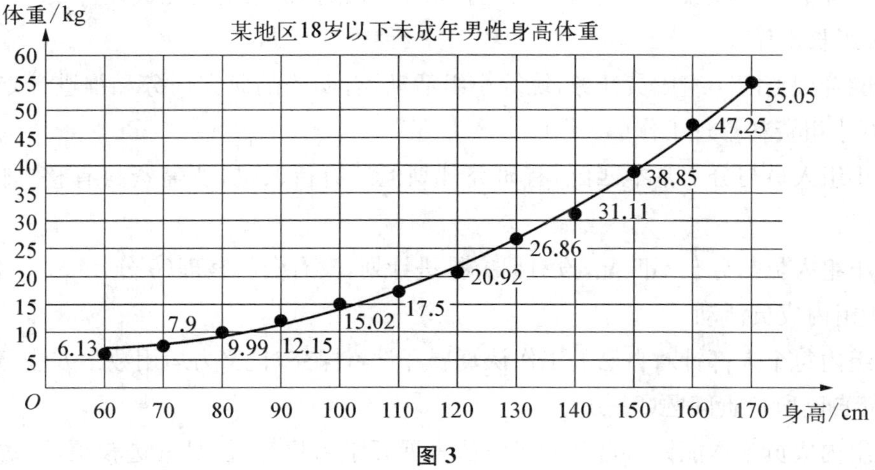

图 3

这两个模型哪一个更合适呢？我们可以将其他点代入所求模型进行拟合检验(图 4、图 5).

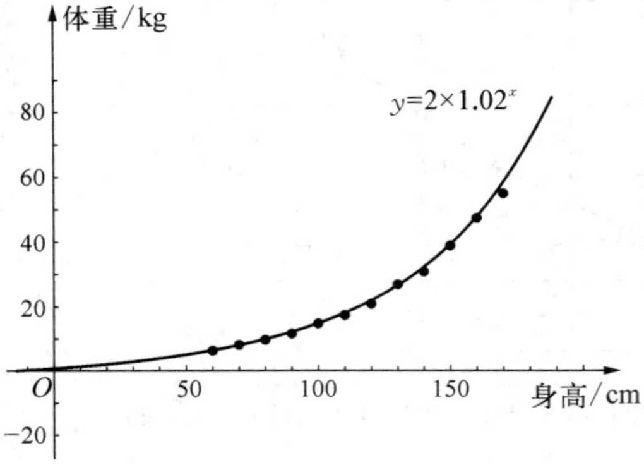

图 4

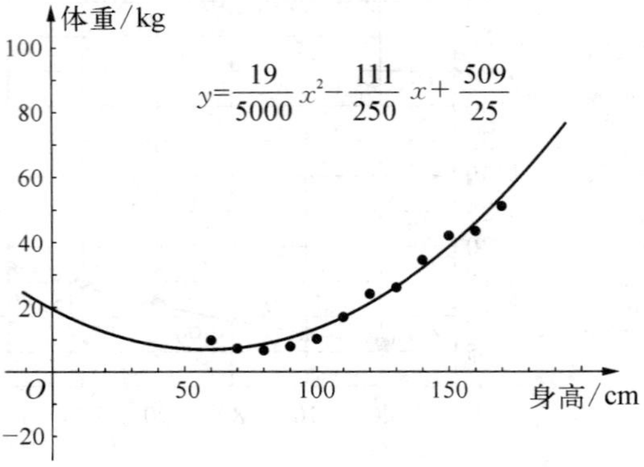

图 5

通过对比可知指数函数模型能满足更多的点，所以选择指数函数模型进行模拟.所以 175cm 的同学体重约为 $2\times1.02^{175}\approx64$ kg，因为 $\frac{78}{64}\approx1.22>1.2$，所以这个男生偏胖.

(3) 设计反思

本题仅仅给出了实际数据，并没有给出函数模型，需要根据题目中的有关数据绘制草图，然后根据直观想象，和已经学过的知识做对比，抽象转化为函数模型并结合实际进行检验.在比较本题的两个模型时，观察到指数函数模型能够满足更多的点，所以选择了指数函数作为本题的模型，但是仔细观察，可发现当 $x\geqslant150$ 时，一元二次函数的拟合度似乎更好，然而这还需要有更多的数据做支撑.

(二) 活动评价

1. 评价原则

评价分为自我评价、小组互评和教师评价三部分，其中小组互评是在小组汇报交流的基础上，其余各组围绕汇报内容给出补充和意见，并根据汇报情况完成评价表.

(1) 组长工作

① 能合理分配小组成员任务，统筹小组活动，有明确的研究任务和推进计划，能安排人员做好小组资料整理工作(30 分)；

② 小组人员与分工基本匹配，有研究计划但还有待改进，所需资料有整理但不全面(10 分)；

③ 小组人员与分工不匹配，没有研究推进计划，没有资料整理(0 分).

(2) 组内成员活动

① 组内每个人都针对自己的工作认真展开学习探究，且努力运用数学方法、建模手段方法探究自己所负责问题(20 分)；

② 组内成员基本能针对自己的工作认真展开学习探究，但是推进较缓慢或方法上还

有待改进(10 分)；

③ 组内成员没有加入研究活动的过程，研究没有推进或方法完全偏离主题(0 分).

(3) 交流汇报

① 小组汇报交流内容丰富且语言流畅，能听取其他小组建议，并修正研究成果(20 分)；

② 能基本完成小组交流，有一定的内容(10 分)；

③ 不能进行小组交流(0 分).

2. 评价量表

组　长		组　员			
活动时间					
评 价 内 容	评价项目	分值	自我评价	小组互评	教师评价
组长工作	能合理分配小组任务	10			
	能有效统筹小组活动	10			
	能做好小组材料的整理工作	10			
总　分		30			
组内成员活动	小组活动中的角色扮演	20			
	小组活动中的发言讨论	20			
	小组活动中的贡献程度	20			
	小组活动中的进步程度	20			
	实践活动的全班交流汇报	20			
总　分		100			

四、活动反思与体会

本节课是指数函数实际应用的专题实践活动，设计了 2 个情境：引例和课堂实践.引例的目的在于初步了解数学建模的过程，能灵活使用指数函数求解问题，第二个情境作为课堂实践检测，一是题目难度与引例类似，考察学生从实际问题中抽象出数学问题的能力；二是本题在引例单一函数模型的基础上，融入多种函数模型的对比和辨析，对数学模型的灵活选择具有一定的要求.两个问题的共同之处在于对学生建立数学模型意识的考察，以及思考问题广度与深度检测，同时也是对数学建模怎么考的初探.虽然本节课只有 2 个问题，但对学生的主动参与实践活动有很高的要求，因此一节课的时间显得较为紧迫，学生讨论不是很充分，比较理想的学习时间是 1.5～2 课时.

第 5 章　函数的概念、性质及应用

一、学习内容分析

本章学习的主题是函数的概念、性质及应用.众所周知,函数是现代数学最基本的概念之一,是描述客观世界中变量关系和规律的最为基本的数学语言和工具.函数是贯穿高中数学课程的主线,在解决实际问题中发挥重要的作用.

之前学生们已经学习了幂函数、指数函数与对数函数,了解了具体函数的概念、性质,掌握了研究具体函数的方法,本章将根据从具体到一般的认知规律,对一般函数的概念性质和应用展开研究.

对于函数的概念和性质,需要学生能建立完整的函数概念,不仅把函数理解成刻画变量之间依赖关系的数学语言和工具,也把函数理解为实数集合之间的对应关系;用代数运算和函数图像揭示函数的主要性质;在现实问题中,利用函数构建模型,解决问题.

函数的应用则不仅体现在用函数解决数学问题,更重要的是用函数解决实际问题.掌握运用函数性质求方程近似解的基本方法(二分法);用函数构建数学模型的基本过程;用模型思想发现和提出问题、分析和解决问题.

二、学习活动设计

(一) 学习活动设计整体分析

1. 学习活动的目标

① 用集合的语言与对应关系刻画函数,建立完整的函数概念,体会集合语言和对应关系在刻画函数概念中的作用.了解构成函数的要素,能求简单函数的定义域;

② 在实际情境中,会根据不同的需要选择恰当的方法(如图像法、列表法、解析法)表示函数,理解函数图像的作用;通过具体实例,了解函数的分段表示,并能进行应用;

③ 结合具体函数,了解奇偶性的概念和几何意义;借助函数图像,会用符号语言表达函数的单调性、最大值、最小值,理解它们的作用和实际意义;

④ 结合函数图像,了解函数的零点与方程的解之间的关系.能借助函数的性质研究函数的零点,能借助计算工具及图表运用二分法求方程近似解,了解用二分法求方程近似解具有一般性;能借助一元二次函数求解一元二次不等式,理解一元二次函数与一元二次不等式的关系;利用函数的单调性与零点解不等式;

⑤ 在现实问题中，利用函数构建模型，解决问题，经历用函数构建数学模型的基本过程；能用模型思想发现和提出问题、分析和解决问题；

⑥ *类比函数研究的过程与方法对反函数展开研究，了解反函数的概念，探究反函数的性质，培养学生的探索精神.

2. 学习活动的意义

从具体到一般，符合学生的认知规律.函数的概念可以通过初中学习过的函数以及在第 4 章中学习的幂函数、指数函数与对数函数的定义引入，抽象出这些函数的共性.在直观体验的基础上，归纳概括出函数的奇偶性、(严格)单调性的定义，通过初中学习的知识、不等式章节中代数式的最值等引出函数的最值.为学生学会学习、终身学习提供了有效引导和方法推介.

以直观感受为辅助，以准确的符号语言为目标，关注数学科学性、严谨性的特征.函数的图像贯穿了整个函数性质以及函数应用的教学，帮助学生体会从直观到抽象的过渡.对于函数的奇偶性，在直观体验的基础上，从图形语言翻译成严格的符号语言，并证明图形语言与符号语言的等价性，从而得到偶函数和奇函数的概念.从细节处培养学生严谨说理、规范表达，以及用数学的眼光、数学的思维观察思考问题的能力.

渗透情境教学，体验数学建模和数学问题探究过程. 通过实际问题或者数学问题，体会建立适当的函数模型来解决问题的过程.从而提升学生数学抽象、数学建模素养.

3. 学习活动分析表

活动名称	活动目标	所需课时	活动类型			核心素养及其水平			评价方式		
			知识构建	问题探究	专题实践	核心素养	具体方面	水平	自我评价	小组评价	教师评价
函数的奇偶性	③	1	√			数学抽象 数学运算 逻辑推理 直观想象	知识与技能 知识与技能 思维与表达 情境与问题	二 一 二 二	√	√	√
原函数与反函数的交点问题	⑥	1		√		数学抽象 逻辑推理 直观想象	知识与技能 思维与表达 情境与问题	三 二 二	√	√	√
函数关系的建立	⑤	1			√	数学抽象 数学运算 数学建模	知识与技能 情境与问题 知识与技能 思维与表达 知识与技能 情境与问题	二 一 二 三 二 二	√	√	√
总　计		3	1	1	1				3	3	3

（二）学习活动案例

案例 1－5－1　函数的奇偶性[①]

一、设定活动目标、确定活动名称

单元名称	函数的概念、性质及应用
教材版本	上教社 2020 年版
活动目标	1. 理解偶函数和奇函数的概念； 2. 掌握判断函数奇偶性的方法； 3. 理解函数的奇偶性与函数图像的对称性之间的关系； 4. 培养学生观察比较、抽象和概括的能力，提升数学抽象、逻辑推理、数学运算素养.
活动名称	函数的奇偶性
活动意义	从教学实际和学生情况出发，以问题为线索，串联课本内容，通过小组讨论、合作交流，进行观察、猜测、论证，从而掌握函数的奇偶性.

二、活动方案设计

问题设计	在现实生活中，许多事物给我们以“对称”的感觉，人的轮廓、天安门城楼、射箭用的弓……它们关于某条直线对称；道家的太极八卦图等给我们以“中心对称”的感觉.那么什么是轴对称图形？什么是中心对称图形？				
活动类型	☑知识建构活动		□问题探究活动		□专题实践活动
核心素养	☑数学抽象 □直观想象		☑数学运算 □数据分析		☑逻辑推理 □数学建模
活动年级	☑高一		□高二		□高三
活动形式	☑课内活动		□课外活动		□课内外兼顾
活动方式	☑自主学习		☑小组合作		☑班级研讨交流
活动资源	☑工具学具		☑文本资料		☑媒体资料
活动水平	☑理解与运用		□综合运用		□探究与发现
所需课时	1 课时				
评价方法	☑自我评价		☑小组评价		☑教师评价
活动品质评估	主体性 [A] B C	整体性 [A] B C	合作性 A [B] C	适切性 A [B] C	激励性 [A] B C

注：A 表示“很好”，B 表示“良好或较好”，C 表示“一般或较差”

① 本教学设计由上海市行知中学高振严老师提供

三、活动实施、总结评价

（一）活动流程

1. 创设情景引入新课

教师：在现实生活中，许多事物给我们以“对称”的感觉，人的轮廓、天安门城楼、射箭用的弓……它们关于某条直线对称；道家的太极八卦图等给我们以“中心对称”的感觉. 那么，究竟什么是轴对称图形？什么是中心对称图形呢？

学生：在平面内，如果一个图形沿一条直线翻折后与原图形重合，那么这个图形关于这条直线成轴对称，这条直线叫做该图形的对称轴. 如果一个图形绕着一个点旋转 180°后与原图形重合，那么这个图形关于这个点成中心对称，这个点叫做该图形的对称中心.

(1) 提出问题

利用绘图软件画出函数 $y=\sqrt{1-(|x|-1)^2}$ 与函数 $y=\arccos(1-|x|)-\pi$ 的图像.

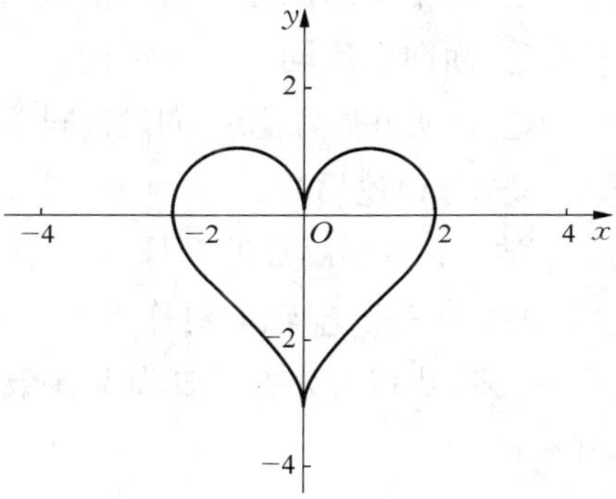

学生：展示绘制的作品，如图所示.

教师：你能描述这幅图的特点吗？

学生：这两个函数的图像组成了爱心的图样，并且分别就两个函数的图像本身而言，它们都关于 y 轴对称，是轴对称图形.

结论获得：

由图像的对称性引入偶函数图像的特点：图像关于 y 轴对称的函数是偶函数.

设计意图：通过作图，让学生领略函数图像的对称之美，并通过函数图像关于 y 轴对称，引出偶函数图像的特征，从而为偶函数的代数形式定义做好铺垫.

(2) 学生活动

① 上课地点在数学实验室，每 2 名同学有一台电脑，电脑装有几何画板、GGB 等数学常用软件；

② 学生 2～4 人一组，小组交流合作，探究函数的性质；

③ 教师在学生中巡视，及时处理学生操作时出现的问题.

2. 探索研究

教师：学过的函数中，有哪些是偶函数？

学生：函数 $y=x^2$，$y=|x|$ 等.

教师：你的判断依据是什么呢？

学生：我根据函数的图像来判断，它们的图像关于 y 轴对称，所以是偶函数.

教师：大家看看这个函数 $y=x^8-x^6+x^4-x^2+1$，它是偶函数吗？

学生活动：

① 大家不会画该函数的图像，学生陷入沉思；

② 有的学生利用电脑开始作图；

③ 教师静静等待，给学生思考的时间和空间.

（等待片刻后）

学生：利用几何画板作图可以发现，该函数的图像关于 y 轴对称，所以是偶函数.

教师：很好，但是考试时是没有电脑的，换言之，在没有技术辅助的情况下，我们怎么判断函数的奇偶性呢？

既然利用偶函数的图像特征来判断是否为偶函数不便利，那么下面就请同学们研究一下偶函数的代数特性.

学生活动：

① 每个小组推选一名小组长负责记录和组织讨论；

② 面向全班同学交流结论；

③ 倾听并做好记录，向发言同学提出问题，同时也解释其他同学对本组同学提出的疑问.

（充分讨论后）

学生：由偶函数的图像关于 y 轴对称可知，任取偶函数 $y=f(x)$ 图像上一点 $(x, f(x))$，它关于 y 轴的对称点 $(-x, f(x))$ 也在函数的图像上，对称点也可以写成 $(-x, f(-x))$. 由以上分析可知，如果函数 $y=f(x)$ 是偶函数，那么对于任意 $x\in D$，都有 $f(x)=f(-x)$.

设计意图：由图像的对称性，学生联系到函数值的变化，为进一步学习定义奠定基础.

3. 概念形成与辨析

（1）概念形成

教师：你能根据偶函数的代数特征，得出偶函数的概念吗？

学生：一般地，如果对于函数 $y=f(x)$ 定义域内任意一个 x，都有 $f(x)=f(-x)$，那么函数 $y=f(x)$ 就叫做偶函数.

（2）概念辨析

学生思辨活动：

辨析 1：概念中“任意”可以改成“存在”吗？

学生：不可以.如分段函数：当 $x\in[-1, 1]$ 时 $f(x)=x^2$，当 $x\in(-\infty, -1]\cup[1, +\infty)$ 时，$f(x)=x$. 虽然有 $f(-1)=f(1)$，但该函数并不是偶函数.

辨析 2：概念中“任意”可以改成“无数”吗？如果认为不可以请举反例.

学生：不可以，反例同上.

辨析 3：由上可知，“任意”即“每一个”，也就是说 $f(-x)=f(x)$ 恒成立.若存在 $x\in D$，$f(-x)\neq f(x)$，那么该函数还可能是偶函数吗？

学生：不可以，由偶函数的概念可知，任意一个 $x\in D$，都有 $f(x)=f(-x)$. 因此只要有一个 $x\in D$，$f(-x)\neq f(x)$，那么该函数就不是偶函数.

辨析4：由偶函数的概念我们得出了偶函数解析式满足的性质，那么偶函数的定义域的特征呢？反过来定义域关于原点对称的函数是否一定为偶函数？

学生：由函数图像关于 y 轴对称可知，偶函数的定义域关于原点对称，这个特征也可由偶函数的概念 $f(x)=f(-x)$ 可知.定义域关于原点对称的函数不一定为偶函数，反例如上. 若定义域关于原点不对称，则函数一定不是偶函数.

辨析5：由偶函数的概念，可以得出偶函数的图像关于 y 轴对称吗？

学生：可以.只要在函数图像上任取一点 $(x, f(x))$，证明它关于 y 轴的对称点 $(-x, f(x))$ 也在函数的图像上即可.因为点 $(-x, f(-x))$ 在函数图像上，由偶函数 $f(x)=f(-x)$ 可知，对称点 $(-x, f(x))$ 也在函数的图像上.

设计意图：指导学生对偶函数从直观认识过渡到利用数学符号进行初步表述，在前面的基础上进一步探讨偶函数的特征.

4. 概念应用

应用1：判断函数 $y=x^8-x^6+x^4-x^2+1$ 是否为偶函数，并说明理由.

学生：是的.首先定义域为 $D=\mathbf{R}$，其次任意 $x\in D$，都有 $f(x)=f(-x)$，故该函数为偶函数.

应用2：证明：函数 $y=\sqrt{1-(|x|-1)^2}$ 为偶函数.

学生：由已知，函数的定义域为 $[-2, 2]$，对任意 $x\in[-2, 2]$，都有 $f(x)=f(-x)$，故该函数为偶函数.

应用3：判断下列函数是否为偶函数.

(1) $f(x)=x^2$，$x\in[-1, 1)$；(2) $f(x)=x^2-2x+1$.

学生：(1) 定义域关于原点不对称，不是偶函数.

(2) 由于 $f(1)=0$，$f(-1)=4$，则 $f(1)\neq f(-1)$，所以 $f(x)$ 不是偶函数.

提出问题：总结判断(证明)函数是偶函数的方法.

学生：先考虑函数的定义域，在定义域关于原点对称的情况下，利用定义展开证明.

5. 类比探究

(1) 提出问题：

在函数中，除了关于图像 y 轴对称的偶函数，还有图像关于原点对称的函数，我们称之为奇函数.你能根据偶函数的概念和性质类比得出奇函数的概念和性质吗？

(2) 学生活动：

类比对偶函数的研究，学生们以小组为单位对奇函数展开探究，并完成研究报告.

学生结论分享：

① 奇函数的概念：一般的，如果对于函数 $y=f(x)$ 定义域中任意一个 x，都有 $f(-x)=-f(x)$，那么 $y=f(x)$ 叫做奇函数；

② 定义域关于原点对称是函数为奇函数的必要非充分条件；

③ 若定义域关于原点不对称，则函数不是奇函数，也不是偶函数；

④ 若存在 $x \in D$，$f(-x) \neq -f(x)$，那么该函数不是奇函数；

⑤ 奇函数的图像关于原点对称.

设计意图：学生类比偶函数的概念和性质，自主得出奇函数的概念和性质，进一步加深学生对函数奇偶性的理解.

6. 随堂检测

问　题　区	答　题　区
1. 判断下列函数的奇偶性并说明理由. (1) $f(x)=\dfrac{1}{x+1}$； (2) $f(x)=x+\dfrac{1}{x}$； (3) $f(x)=x^3+x+1$； (4) $f(x)=0$，$x\in[-1,1]$.	
2. 已知下列函数的奇偶性，求参数的值. (1) 若函数 $y=\dfrac{1}{x+a}$ 为奇函数，求 a 的值； (2) 若 $f(x)=(m-1)x^2+6mx+2$ 是偶函数，求 m 的值.	
检测说明：① 每小题 5 分，共 30 分；② 建议答题时间：10 分钟.	

（二）活动评价

1. 评价原则

评价分为自我评价、小组互评和教师评价三部分，从课堂思维表现，合作交流、独立思考与探究，以及课后检测这五个项目，每个项目 20 分.最后，计算自我评价、小组互评、教师评价的平均分作为学生的总分.

(1) 能从函数对称性的角度解释情境中提出的问题，并展开拓展深化研究.

① 积极参与学习活动，能提出有价值的问题，并对所提出的问题进行解释说明(20 分)；

② 积极参与学习活动，但提出的问题比较普通或者对所提出的问题没有解释说明(10 分)；

③ 不愿意参加学习活动(0 分).

(2) 积极参加合作学习，与组员交流自己的想法，逐步提高数学表达与交流能力.

① 积极在小组合作学习中交流自己的发现，并给予同伴有价值的建议(20 分)；

② 主动在小组合作学习中交流自己的发现，并给予同伴一些建议(15 分)；

③ 能在小组合作学习中交流自己的发现，在给予同伴建议方面有待加强(10 分)；

④ 能在小组合作学习中交流自己的发现，但交流效果并不理想(5分)；

⑤ 不愿意在小组合作学习中交流自己的发现(0分).

(3) 能熟练使用信息技术探究问题.

① 能主动使用信息技术探究问题，通过观察函数图像形成正确的结论(20分)；

② 没有或不完全使用信息技术，通过观察函数图像形成正确的结论(10分)；

③ 不愿意参加学习活动(0分).

(4) 理解和掌握学学习活动中所生成的知识，并能对其进行基本应用.

① 能按要求完成课堂反馈训练，并且结果正确、格式规范(20分)；

② 能按要求完成课堂反馈训练，至少一半的问题结果正确且格式规范(15分)；

③ 能按要求完成课堂反馈训练，但仅1～2题的问题结果正确且格式规范(10分)；

④ 能按要求完成课堂反馈训练，但问题结果不正确或者格式不规范(5分)；

⑤ 不按照要求进行课堂反馈训练(0分).

(5) 课后评价与检测完成情况(20分).

2. 评价量表

小组成员姓名			
活动名称			
评价项目(分值)	自我评价	小组互评	教师评价
“知识建构”活动的思维水平(20分)			
合作学习、表达交流的水平和能力(20分)			
使用信息技术的能力(20分)			
本节课涉及的知识建构完成度和掌握情况(20分)			
课后评价与检测完成情况(20分)			
总　计			
总　分			

四、活动反思与体会

教育家杜宾斯基认为：“活动”是指个体通过一步步的外显性(或记忆性)指令去变换

一个客观的数学对象.这里的活动泛指所有的数学活动，如操作、归纳、演绎、讨论等.由此可见，“活动”不仅涉及外显的行为操作，也涉及内隐的思维操作.所以，学生只有在活动中才能加深对知识的理解，活动能重现知识的发生发展过程，可以培养学生的数学探究能力和抽象概括能力.但在活动中不能丢掉数学的本质，不能“去数学化”，活动的目的是为了更好的理解数学知识，因而在经历活动后，应及时将活动抽象到数学层面.

本节课，通过设计“函数奇偶性任务实验单”及三大任务，引导学生的思维活动经历操作、归纳、演绎、讨论等过程，又有三大任务予以约束，在活动中没有丢掉数学概念的本质.在经历活动后，及时将活动抽象到数学层面上，没有进入形式化的泥潭.

反思本节课还有以下几个方面值得改进：

(1) 在否定一个函数是偶函数或奇函数时学生明显脱节，课后觉得还是在几个具体函数的引入部分做得不够到位，如果通过对具体函数的变式，给出有若干个点不关于轴(原点)对称的函数图像，我们还能不能称它关于轴(原点)对称的设计，这节课就要完美得多.

(2) 在偶函数概念的形成时，直接将学生的说法板书了.学生的说法与课本严格定义略有区别，但已经把学生的说法写到了黑板上了，确有不妥.所以今后还要加强课堂的驾驭能力.

(3) 与多媒体的整合还不够，虽然上课也用了 PPT，但只局限在内容展现上，只有一处使用了几何画板，参与的同学与老师均认为处理得很好，个人觉得这样的多媒体效果亮点应该更多一些才好.

案例 1-5-2　函数与其反函数图像的交点问题

一、设定活动目标、确定活动名称

单元名称	函数的概念、性质及应用
教材版本	上教社 2020 年版
活动目标	1. 利用数学软件绘制函数图像，体会函数与其反函数图像的交点个数及交点位置的变化情况； 2. 结合互为反函数的两个函数的图像特征，进一步探究这两个函数的性质之间的关系； 3. 培养学生勇于探究的精神和团队研究的能力，提升数学抽象、直观想象、逻辑推理素养.
活动名称	函数与其反函数图像的交点问题
活动意义	通过对作业中错误较集中的题目的分析求解、深化探究，经历思维拓展的过程，享受独立思考、合作交流的乐趣，建立互为反函数的两个函数的图像交点问题的模型意识.

二、活动方案设计

<table>
<tr><td>问题设计</td><td colspan="5">作业反馈：
设函数 $y=f(x)$ 的定义域是 $\mathbf{R}$，对于以下四个命题：
(1) 若 $y=f(x)$ 是奇函数，则 $y=f(f(x))$ 也是奇函数；
(2) 若 $y=f(x)$ 是周期函数，则 $y=f(f(x))$ 也是周期函数；
(3) 若 $y=f(x)$ 是严格减函数，则 $y=f(f(x))$ 也是严格减函数；
(4) 若 $y=f(x)$ 存在反函数 $y=f^{-1}(x)$，且函数 $y=f(x)-f^{-1}(x)$ 有零点，则函数 $y=f(x)-x$ 也有零点.
其中正确的命题共有(　　).
(A) 1 个　　(B) 2 个　　(C) 3 个　　(D) 4 个
说明：本题的正确答案选 B.但是学生们普遍选了 C，主要问题集中在对(4)的判断上，请学生们对命题(4)展开探究.</td></tr>
<tr><td>活动类型</td><td colspan="2">☐知识建构活动</td><td colspan="2">☑问题探究活动</td><td>☐专题实践活动</td></tr>
<tr><td>核心素养</td><td colspan="2">☑数学抽象
☑直观想象</td><td colspan="2">☐数学运算
☐数据分析</td><td>☑逻辑推理
☐数学建模</td></tr>
<tr><td>活动年级</td><td colspan="2">☑高一</td><td colspan="2">☐高二</td><td>☐高三</td></tr>
<tr><td>活动形式</td><td colspan="2">☐课内活动</td><td colspan="2">☐课外活动</td><td>☑课内外兼顾</td></tr>
<tr><td>活动方式</td><td colspan="2">☑自主学习</td><td colspan="2">☑小组合作</td><td>☑班级研讨交流</td></tr>
<tr><td>活动资源</td><td colspan="2">☑工具学具</td><td colspan="2">☐文本资料</td><td>☐媒体资料</td></tr>
<tr><td>活动水平</td><td colspan="2">☐理解与运用</td><td colspan="2">☐综合运用</td><td>☑探究与发现</td></tr>
<tr><td>所需课时</td><td colspan="5">1 课时</td></tr>
<tr><td>评价方法</td><td colspan="2">☑自我评价</td><td colspan="2">☑小组评价</td><td>☑教师评价</td></tr>
<tr><td>活动品质评估</td><td>主体性
[A] B C</td><td>整体性
[A] B C</td><td>合作性
A [B] C</td><td>适切性
A [B] C</td><td>激励性
[A] B C</td></tr>
</table>

注：A 表示“很好”，B 表示“良好或较好”，C 表示“一般或较差”

三、活动实施、总结评价

(一) 活动流程

1. 错解呈现

题目：设函数 $y=f(x)$ 的定义域是 $\mathbf{R}$，对于以下四个命题：

(1) 若 $y=f(x)$ 是奇函数，则 $y=f(f(x))$ 也是奇函数；

(2) 若 $y=f(x)$ 是周期函数，则 $y=f(f(x))$ 也是周期函数；

(3) 若 $y=f(x)$ 是严格减函数，则 $y=f(f(x))$ 也是严格减函数；

(4) 若 $y=f(x)$ 存在反函数 $y=f^{-1}(x)$，且函数 $y=f(x)-f^{-1}(x)$ 有零点，则函数 $y=f(x)-x$ 也有零点.

其中正确的命题共有(　　).

(A) 1 个　　(B) 2 个　　(C) 3 个　　(D) 4 个

设计意图：本题的正确答案选 B.但是学生们普遍选了 C，主要问题集中在对(4)的判断上，为了能使学生形成更加直观、深刻和准确的认知，组织同学们前往数学实验室，利用画图软件，使学生通过数学实验活动，得出结论并展开探究，使大家对互为反函数的两个函数认知更上一层楼.

2. 提出问题

问题：判断下面的命题是否是真命题，并说明理由.

"若 $y=f(x)$ 存在反函数 $y=f^{-1}(x)$，且函数 $y=f(x)-f^{-1}(x)$ 有零点，则函数 $y=f(x)-x$ 也有零点."

学生活动：

① 学生独立思考为主，相邻同学轻声讨论；

② 有的学生在草稿纸上尝试作草图观察，有的学生则利用数学软件作图观察；

③ 教师在学生中巡视，查看学生解法，但不发表意见.

教师：有哪名同学来说说你的结论？

课堂表现：

学生 1：在黑板上画了一组互为反函数的两个函数的图像(图 1)，用以说明该命题是真命题.

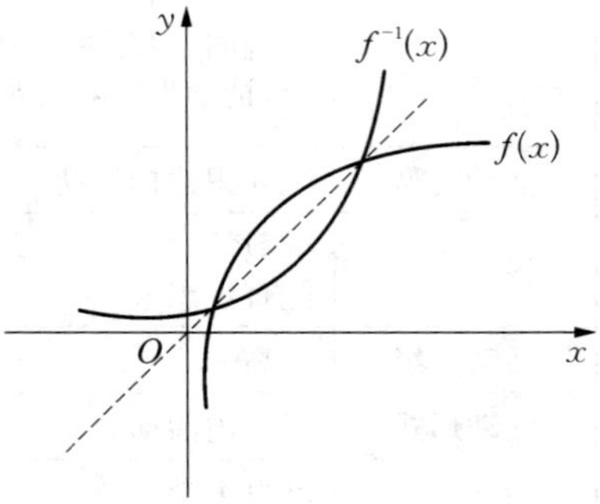

图 1

教师：一个例子是正确的就能判断一个命题是真命题吗？有没有其他的可能呢？

(学生们继续思考，有的独立进行，也有的以小组合作的方式利用软件在电脑上开始了尝试，马上又有学生得出了结论)

学生 2：展示了自己的"作品"(图 2～图 4)，并得出结论："我觉得该命题是真命题，因为我找不到反例."

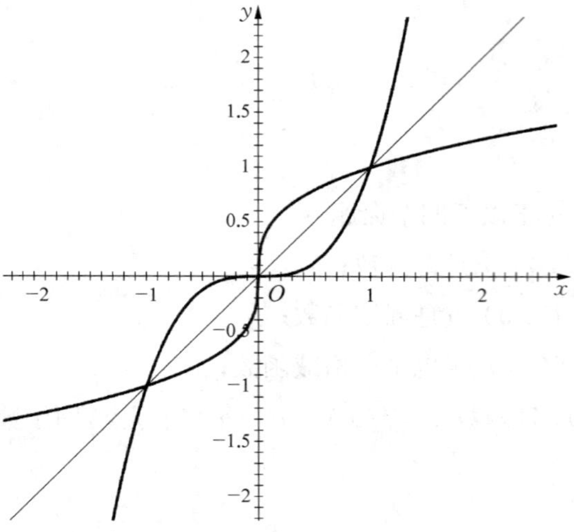

图 2

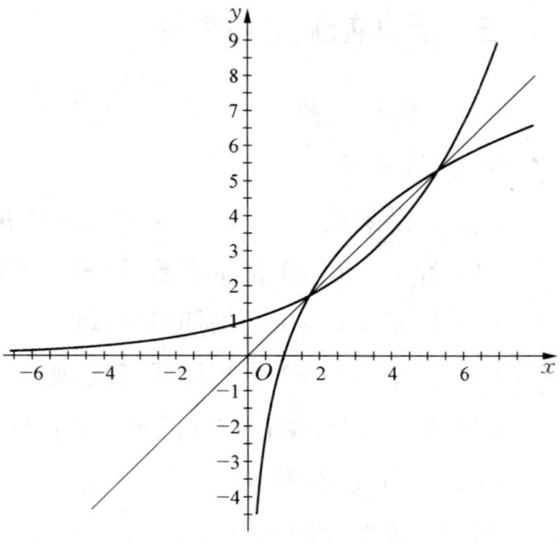

图 3

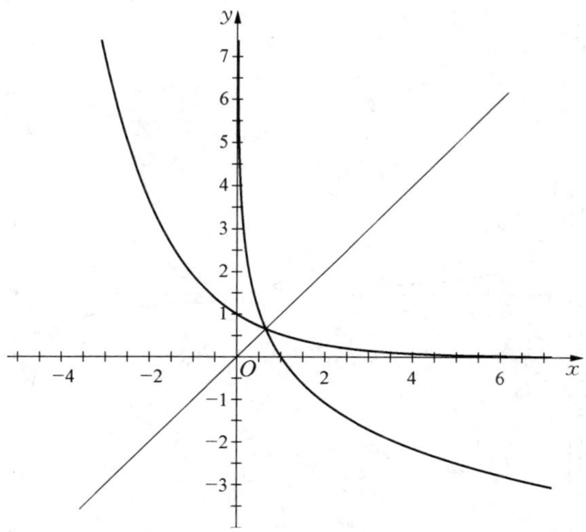

图 4

学生 3：你还是在举例子啊！

学生 4：我这有个反例！$y=\frac{1}{x}$，它和它的反函数是一样的，因此图像的交点不一定在直线 $y=x$ 上.

（该生显得很兴奋，向大家展示绘制的图像（图 5）. 可是，很快该生就自我否定：“哦，不对，定义域要求是 **R**，而且这个例子只能说明互为反函数的两个函数图像的交点不一定都在直线 $y=x$ 上，但不能说明 $y=f(x)-x$ 没有零点.”）

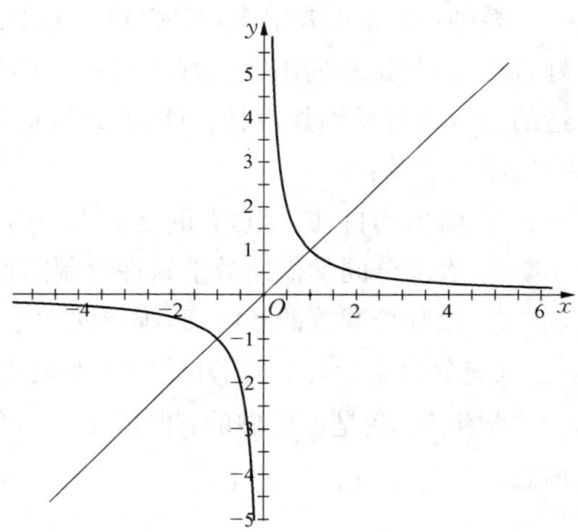

图 5

学生 5：那把不合适的地方挖掉呢？

（大家纷纷表示不理解，于是，该生开始边操作，边讲解）

将 $y=f(x)-x$ 的零点先挖去，这样的话就形成了 $y=f(x)$ 的图像与 $y=f^{-1}(x)$ 的图像有交点，但是 $y=f(x)-x$ 却没有零点的状况.

学生 6：那就不满足定义域为 **R** 了呀？

学生 5：再把缺失的补上（图 6、图 7），构造新的函数不可以吗？如 $f(x)=\begin{cases}\frac{1}{x}, & x\neq 0, 1, -1, \\ 0, & x=0, 1, -1.\end{cases}$

（学生们情不自禁地发出赞叹之声，然而，不一会儿，就有人提出质疑）

学生 7：不对呀，你构造的函数没有反函数呀！

（课堂气氛一下子沉闷了下来，刚才回答问题的同学甚至浮现出“沮丧”的神情）

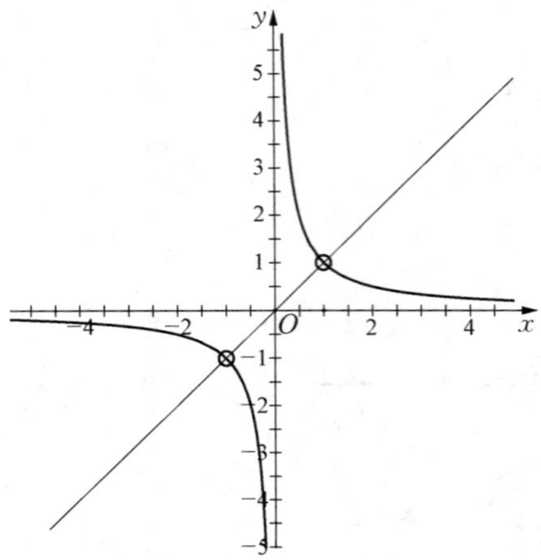

图 6

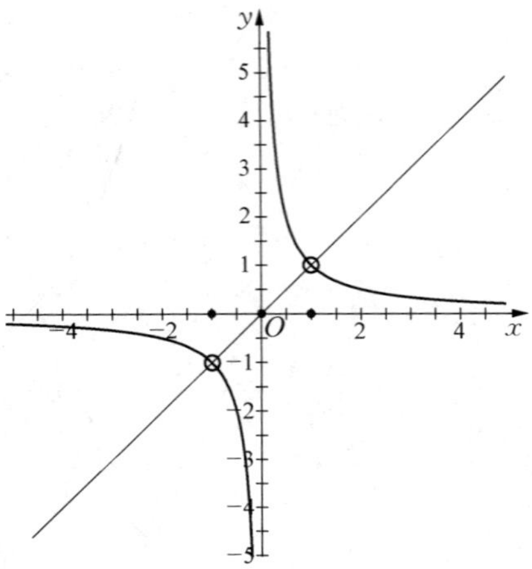

图 7

教师：大家不要沮丧，其实你们做的已经很好，就差一点点了！构造函数的想法非常好，遗憾的是选择的函数恰好不具有反函数，所以想请大家思考一下，是什么原因导致构造的函数没有反函数，我们可以怎么调整呢？

学生活动：

① 学生们自动分组，有的是 2 人一组，有的 4 人一组；

② 大部分同学借助数学软件绘制图像，在构造函数时则选择在草稿纸上演算；

③ 教师控制着课堂时间，维持课堂纪律；

（充分讨论后，同学们开始纷纷发表意见）

学生 8：我是这样做的：保留 $x>0$ 的部分，替换 $x\leqslant 0$ 的部分（图 8）．所以命题是假命题．

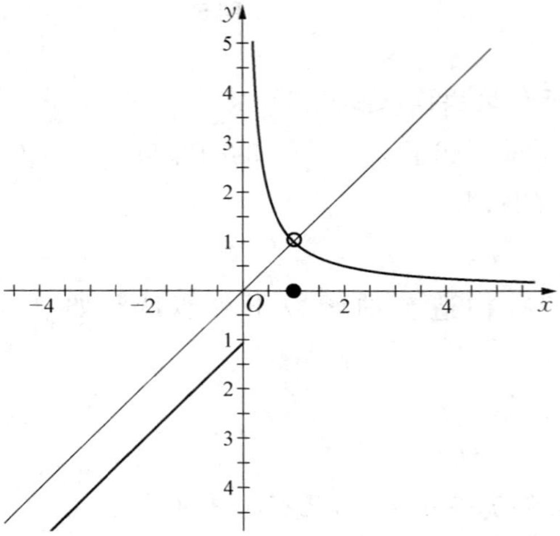

$$\Rightarrow f(x)=\begin{cases}\dfrac{1}{x}, & x>0\text{ 且 }x\neq 1,\\ 0, & x=1,\\ x-1, & x\leqslant 0.\end{cases}$$

图 8

3. 问题深化

学生 9：函数与其反函数的图像不一定存在交点，即使存在交点，交点也未必在直线 $y=x$ 上，尽管它们关于直线 $y=x$ 对称.

教师：虽然只是一个小题，但是希望学生们通过实际操作、尝试，可以体会到寻找反例的方法，那就是从错误的例子开始，注意删减、添加元素，直到达成目标.

学生活动：

经过上述求解过程的分析，通过讨论，学生们逐渐得出结论.

教师活动：

利用数学软件，教师也向大家演示一对互为反函数的两个函数的图像(图 9～图 13)，带领学生一起感受互为反函数的两个函数图像的交点的变化情况.

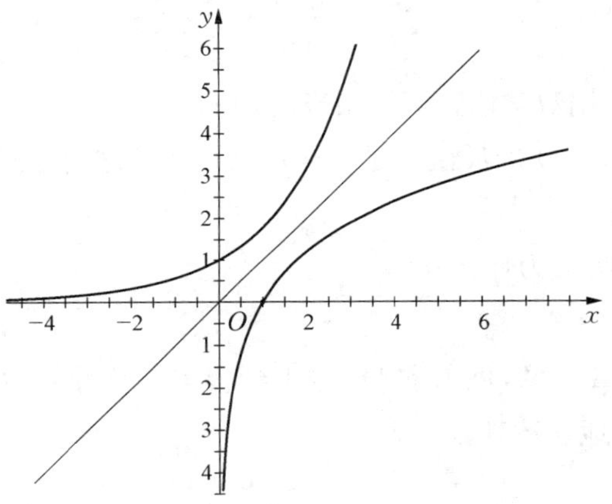

图 9

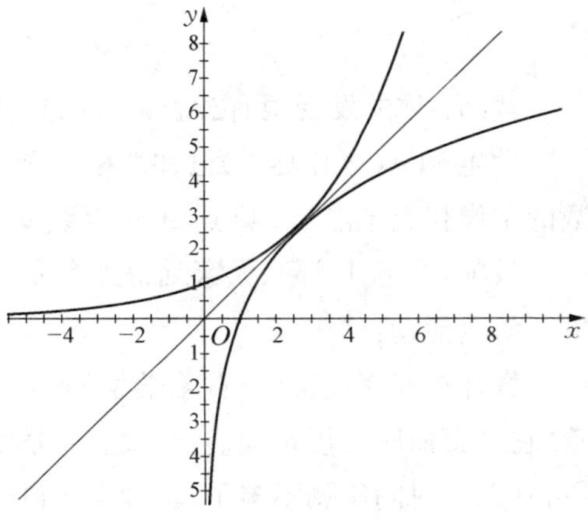

图 10

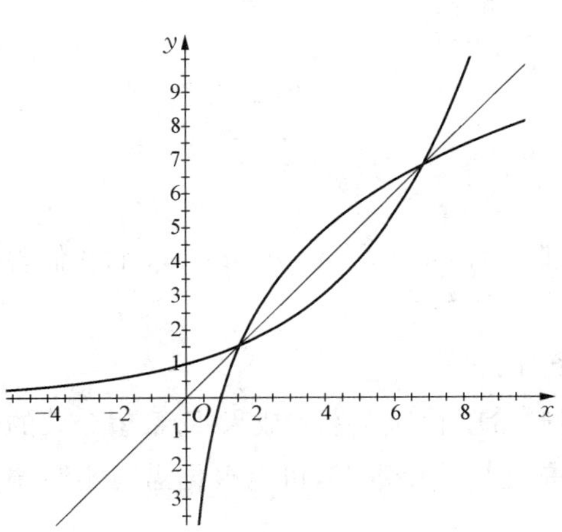

图 11

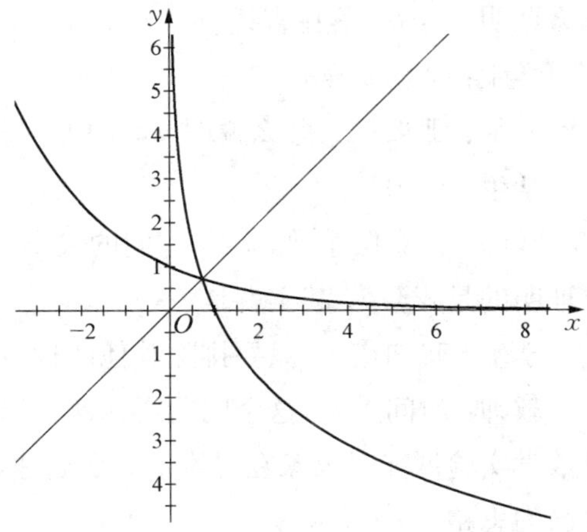

图 12

学生 10：老师，我发现若一个函数是严格增函数，且这个函数与它的反函数的图像有交点，那么交点就在直线 $y=x$ 上，而一个函数如果是严格减函数，那么这个结论就不一定成立了.

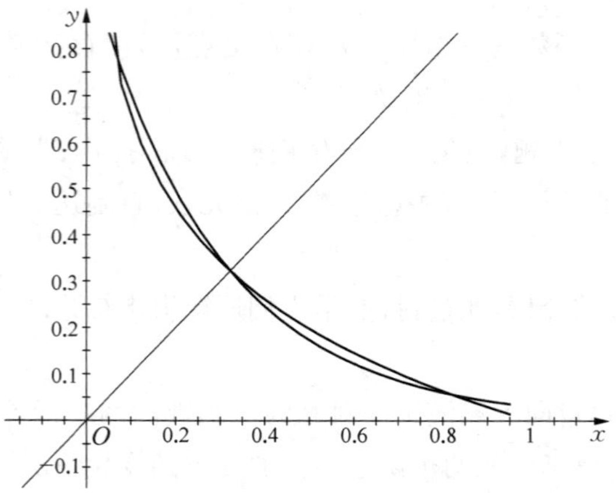

图 13

教师：你的发现很有意思，老师想请你将它用数学语言表达出来.

学生 11：（略作思考）已知严格增函数 $y=f(x)$ 的反函数是 $y=f^{-1}(x)$，若这两个函数的图像相交于点 A，则点 A 在直线 $y=x$ 上.

教师：漂亮！那么大家觉得这个命题正确吗？为什么呢？

学生活动：

教师在巡视过程中，看见学生们不停地画着图像，做着实验，也听到很多学生小声说着"它是真命题"，可是很遗憾，没有同学能严谨地表述理由.

（课堂时间所剩不多了，教师走上讲台）

教师：首先，大家的判断是正确的，它确实是真命题.不妨设交点 A 的坐标是 (a, b)，怎么证明 (a, b) 落在直线 $y=x$ 上呢？

学生：证明 $b=a$.

教师：那么你又怎么说明 a，b 相等呢？

学生：……

教师：任意两个数 a，b，它们的大小关系无非三种：$a>b$，$a=b$，$a<b$，而我们现在要证明的是 $a=b$，其实就是……

学生：我知道了，只要排除其他两种情况就行了.

教师：时间关系，这个问题留在课后思考，老师希望看到大家的成果哦.希望今天的这节数学实验课能对大家在思维上有所启迪，特别是在构造函数时，可以根据需要不断调整自己的思路.

4. 课后反馈

本节课的学习探究活动一直延续到了课外，对于本题的思考，同学们充满了热情，放学前，好多同学以小组为单位上交了研究成果，以下选择一位学生的解答展示如下：

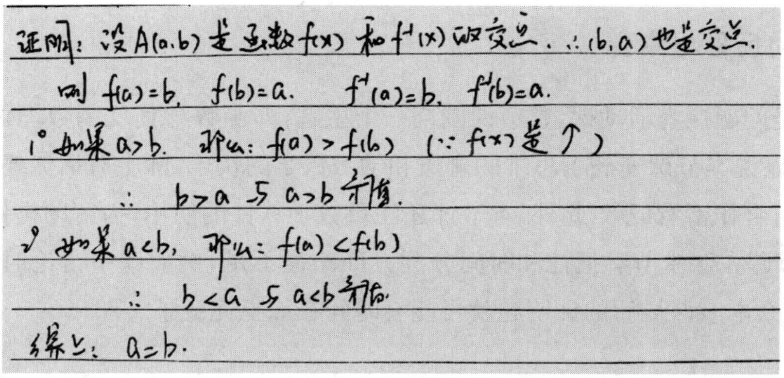
证明：设$A(a,b)$是函数$f(x)$和$f^{-1}(x)$的交点，$\therefore (b,a)$也是交点.

则 $f(a)=b$, $f(b)=a$. $f^{-1}(a)=b$, $f^{-1}(b)=a$.

1° 如果$a>b$，那么：$f(a)>f(b)$ ($\because f(x)$是↑)

$\therefore$ $b>a$ 与 $a>b$ 矛盾.

2° 如果$a<b$，那么：$f(a)<f(b)$

$\therefore$ $b<a$ 与 $a<b$ 矛盾

综上：$a=b$.

真的很高兴，看到学生们兴奋、激动、积极与高涨的热情，这就是数学的魅力，是学生主动学习的真正意义！

（二）活动评价

1. 评价原则

评价分为自我评价、小组互评和教师评价三部分，从多个项目逐一考察学生的达成效果.最后，计算自我评价、小组评价和教师评价的平均分作为学生的总分.

评价原则同案例 1－5－1.

2. 评价量表

小组成员姓名			
活动名称			
评价项目(分值)	自我评价	小组互评	教师评价
“问题探究活动”的思维水平(20分)			
合作学习、表达交流的水平和能力(15分)			
独立思考，探究学习的水平能力(15分)			
学科知识掌握情况(20)			
数学软件使用能力(10分)			
课后评价与检测完成情况(20分)			
总计			
总分			

注：总分＝自我评价＊0.3＋小组互评＊0.3＋教师评价＊0.4

四、活动反思与体会

本节课是问题探究活动课，整节课围绕一个主题，即函数与其反函数图像的交点问题展开研究.可以说本节课充满了思维的碰撞和学习数学的快乐，师生对话流畅自然，学生独立思考与小组合作富有成效.此外，本节课还注重数学软件的使用，为解题提供了必要的帮助.但是，本节课在课堂节奏把控和时间分配方面略显不足，例如课中讨论时，如果可以再紧凑一些，那么本节课最后的证明题就可能有时间在课上完成了.

案例 1-5-3　函数关系的建立

一、设定活动目标、确定活动名称

单元名称	函数的概念、性质及应用
教材版本	上教社 2020 年版
活动目标	1. 知道建立函数关系的步骤，在初中已经初步了解函数知识的基础上，再次感知函数的基本概念； 2. 会对一些简单的实际问题建立两个变量间的函数关系，并确定函数的定义域； 3. 体验建立函数模型的一般过程，领会建立函数关系的基本方法，提升数学抽象、数学建模素养； 4. 运用教、学、做合一的思想，激发学生学习兴趣，培养学生把实际问题转化为数学问题的能力和勇于探究的精神.
活动名称	函数关系的建立
活动意义	从实际情境出发，通过独立思考、小组讨论抽象数学问题，建立数学模型，巩固函数的基本概念，体会建立函数关系的方法.

二、活动方案设计

问题设计	有一块边长为 1 米的正方形硬纸板，在它的四个角各剪去一个小正方形后，再折成一只无盖的盒子.如果要使制成的盒子的容积最大，那么剪去的小正方形的边长应为多少米？ 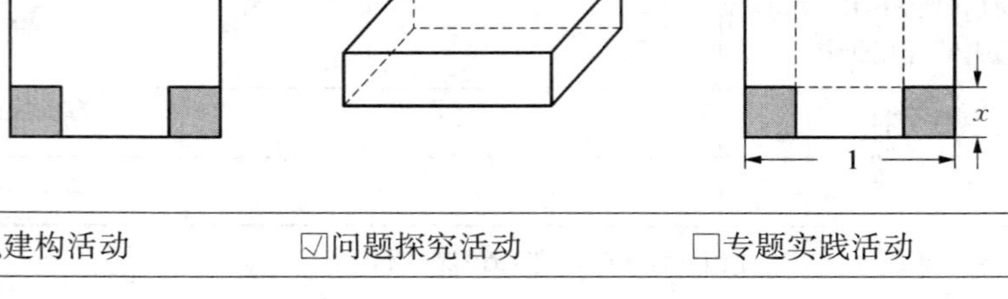
活动类型	☑知识建构活动　☑问题探究活动　□专题实践活动

续表

核心素养	☑数学抽象 □直观想象		☑数学运算 □数据分析		□逻辑推理 ☑数学建模
活动年级	☑高一		□高二		□高三
活动形式	☑课内活动		□课外活动		□课内外兼顾
活动方式	☑自主学习		☑小组合作		☑班级研讨交流
活动资源	□工具学具		☑文本资料		□媒体资料
活动水平	□理解与运用		☑综合运用		□探究与发现
所需课时	1 课时				
评价方法	☑自我评价		☑小组评价		☑教师评价
活动品质评估	主体性 [A] B C	整体性 [A] B C	合作性 A [B] C	适切性 A [B] C	激励性 [A] B C

注：A 表示“很好”，B 表示“良好或较好”，C 表示“一般或较差”

三、活动实施、总结评价

（一）活动流程

1. 提出问题　引发思考

有一块边长为 1 米的正方形硬纸板，在它的四个角各剪去一个小正方形后，再折成一只无盖的盒子.如果要使制成的盒子的容积最大，那么剪去的小正方形的边长应为多少米？

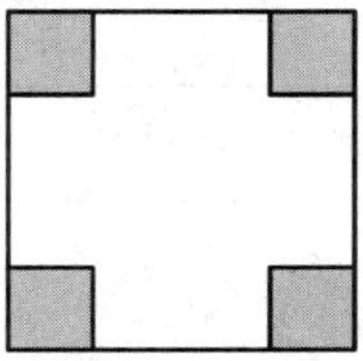

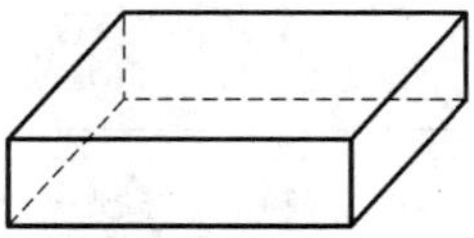

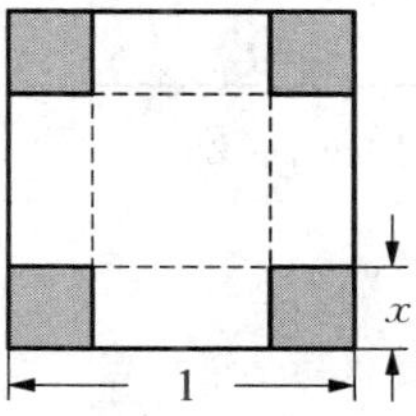

学生活动：

① 独立思考，同桌交流；

② 教师巡视，留给学生充分的时间和空间.

设计意图：以此作为引例的目的不是求出容积的最大值是多少，而是引导学生从实际问题中建立函数关系，让学生体会建立函数关系的步骤方法.

情境分析：

教师：有哪名同学愿意和我们分享你的解法吗？

学生：制成的盒子是长方体，盒子的容积也就是长方体的体积，长方体的体积＝长×宽×高，因此，我们想要知道长、宽、高；

教师：怎么求长、宽、高呢？

学生：长、宽、高是变化的，但此时的长、宽、高具有一定的关系，会随着剪去的小正方形边长的变化而改变，因此，我们想要寻找它们的关系；

教师：很好，请你上黑板和大家说说你的做法.

（学生边板演，边解释）

学生：如果设剪去的小正方形的边长为 x 米，结合体积的求法和长、宽、高的关系，我们可以得到体积的表达式 $V=x(1-2x)^2$，其中 $0<x<\frac{1}{2}$.

教师：很好.对于这个范围中的每一个 x，都有唯一确定的 V 的值与之对应，因此 V 是 x 的函数，而 $V=x(1-2x)^2\left(0<x<\frac{1}{2}\right)$ 就是函数解析式，x 的取值范围 $\left(0,\frac{1}{2}\right)$ 则是函数的定义域.

2. *问题反思　归纳小结*

提出问题：我们已经建立了纸盒容积 V 关于小正方形的边长 x 的函数关系，接下来，请大家根据分析问题的方法和求解问题的过程，试着提炼出建立函数关系的基本步骤.

学生活动：

① 学生前后 4 人为一组，推选组长做好组织和记录工作；

② 围绕问题展开讨论，由于课堂实践的限制，讨论时间设定为 3～5 分钟；

③ 在学习单上填写建立函数关系的基本步骤.

学习单：

活动任务	函数关系的建立方法
解题建议与基本步骤	1. 阅读材料，理解题意→确定自变量； 2. 再次阅读，理顺关系→列出等量关系； 3. 精心计算，化简整理→建立函数关系式； 4. 仔细审题，严密思考→写出函数的定义域.

3. *即学即用　辨析概念*

问题呈现：

如图 1，一个边长为 a，b $(b<a)$ 的长方形被平行于边的两条直线所分割，其中长方形的左上角是一个边长为 x 的正方形，试将图中阴影部分的面积 S 表示成 x 的函数.

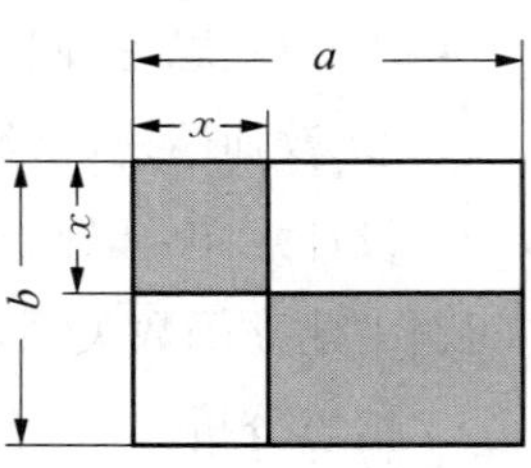

图 1

学生：$S=x^2+(a-x)(b-x)$.

教师：x 的范围有限制吗？

学生：$0<x\leqslant b$.

课堂活动：

活动任务	概念辨析	课堂表现	学生活动
任务 1： 在上例中，如果长方形的左上角是一个面积为 S 的正方形，右下角是一个周长为 L 的矩形，试将 L 表示为 S 的函数.	辨析 1： 什么是“将 L 表示成 S 的函数”？	概念出现模糊，有近半数同学分辨不清 $L=f(S)$ 还是 $S=f(L)$.	① 查阅书本，再次阅读函数的定义； ② 小组讨论，体会概念，得出结论： “将 L 表示成 S 的函数”就是 $L=f(S)$.
任务 2： 上例中，如果被平行于边的四条直线所分割，左上角和右下角是边长相同的正方形，那么在将图 2 中阴影部分的面积 S 表示成 x 的函数时，请求出函数的定义域. 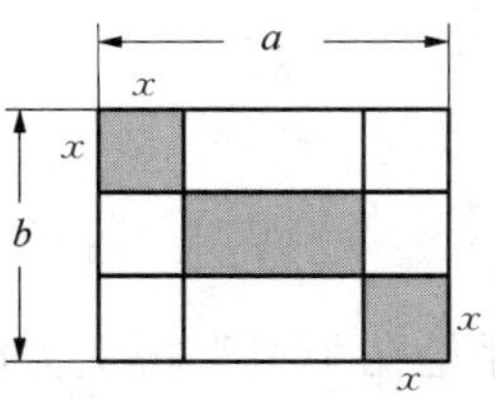 **图 2**	辨析 2： 怎么确定函数的定义域呢？	① 学生正确建立了函数解析式：$S=2x^2+(a-2x)\cdot(b-2x)$； ② 在确定定义域时出现困惑.	① 小组讨论，探寻求定义域的方法和途径： ② 确定实际问题的定义域，可以从实际出发，让每一个量的取值都符合生活实际.

4. **课堂实践　融会贯通**

问题呈现：

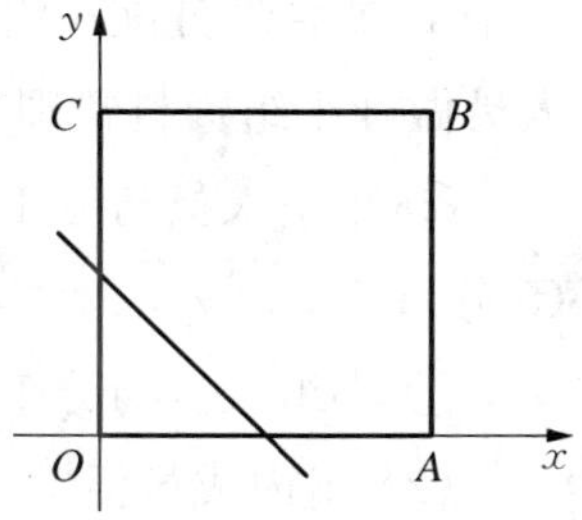

图 3

如图 3，四边形 $OABC$ 是平面直角坐标系中边长为 1 的正方形. 一直线 $y=-x+t(t\in(0,2))$ 与正方形 $OABC$ 相交，将正方形分为两个部分，其中包含原点 O 的部分的面积记为 S. 试将 S 表示为 t 的函数.

学生活动：

① 学生独立思考，并在学习单上记录求解过程；

② 教师在学生中巡视，及时解答学生的疑问，对有需要的同学提供帮助；

③ 大多数学生完成后，组织他们与小组同学交流解法，并展示求解过程.

课堂活动：

活动任务	课堂实践　融会贯通
解法展示	①当 $0<t\leqslant 1$ 时，设直线与线段 OC 交于点 E，并与线段 OA 交于点 D(图 4). 此时，包含点 O 的部分是直角三角形 ODE. 因为 $OD=OE=t$，所以 $S=\frac{1}{2}OD\cdot OE=\frac{1}{2}t^2$. ② 当 $1<t<2$ 时，设直线与线段 BC 交于点 E，并与线段 AB 交于点 D(图 5). 此时，包含点 O 的部分是五边形 $OADEC$，它可以看成是正方形 $OABC$ 减去直角三角形 BDE 所得的部分. 因为 $BD=DE=2-t$，所以 $S=OA\cdot OC-\frac{1}{2}BD\cdot BE=1-\frac{1}{2}(2-t)^2=-\frac{1}{2}t^2+2t-1$. 综上所述，$S$ 关于 t 的函数是 $S=\begin{cases}\frac{1}{2}t^2, & 0<t\leqslant 1,\\ -\frac{1}{2}t^2+2t-1, & 1<t<2.\end{cases}$ 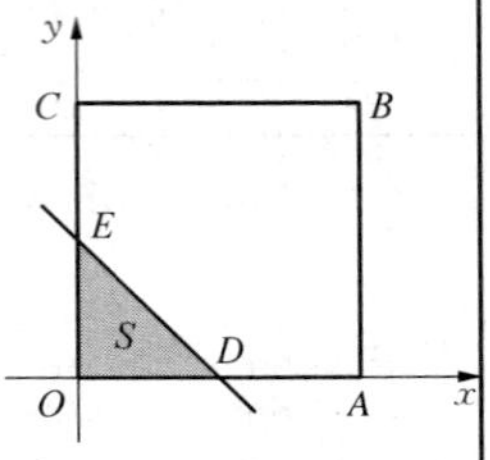 图 4 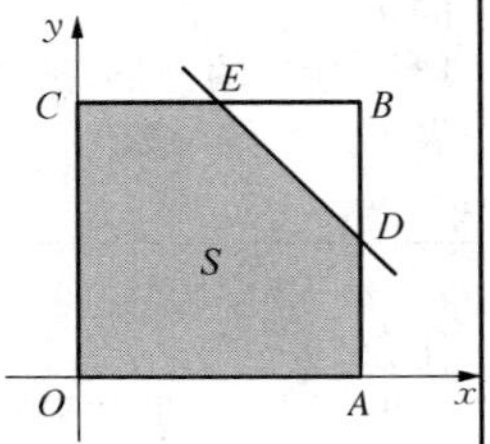 图 5

设计意图：经过之前的学习活动，学生们经历了函数关系的建立过程，了解其步骤与方法.本题是利用函数分段表示建立模型的活动设计，由于已经具备了一定的基础，所以建议学生独立思考求解.

（二）活动评价

1. 评价原则

评价分为自我评价、小组互评和教师评价三部分，其中小组互评是在小组汇报交流的基础上，其余各组围绕汇报内容给出补充和意见，并根据汇报情况完成评价表.

(1) 组长工作

① 能合理分配小组成员任务，统筹小组活动，有明确的研究任务和推进计划，能安排人员做好小组资料整理工作(10 分)；

② 小组人员与分工基本匹配，有研究计划但还有待改进，所需资料有整理但不全面(5 分)；

③ 小组人员与分工不匹配，没有研究推进计划，没有资料整理(0 分).

(2) 组内成员活动

① 组内每个人都针对自己的工作认真展开学习探究，且努力运用数学方法、建模手段方法探究自己所负责问题(20 分)；

② 组内成员基本能针对自己的工作认真展开学习探究，但是推进较缓慢或方法上还有待改进(10 分)；

③ 组内成员没有加入研究活动的过程，研究没有推进或方法完全偏离主题(0 分).

(3) 交流汇报

① 小组汇报交流内容丰富且语言流畅,能听取其他小组建议,并修正研究成果(20 分);

② 能基本完成小组交流,有一定的内容(10 分);

③ 不能进行小组交流(0 分).

2. 评价量表

组　长		组　员		
活动时间				
评价项目	评价标准(分值)	自我评价	小组互评	教师评价
组长工作	能合理分配小组任务(10 分)			
	能有效统筹小组活动(10 分)			
	能做好小组材料的整理工作(10 分)			
总　分(30 分)				
组内成员活动	小组活动中的角色扮演(20 分)			
	小组活动中的发言讨论(20 分)			
	小组活动中的贡献程度(20 分)			
	小组活动中的进步程度(20 分)			
	实践活动的全班交流汇报(20 分)			
总　分(100 分)				

四、活动反思与体会

函数是中学数学最主要的内容之一,函数的表示方法有列表法、图像法和解析法.函数表达式是表示函数对应关系的一种常用方法,它是独立的、完整的表达函数关系的一种形式,是函数教学中十分关键的环节.

本节课,选择以"最大容积问题"作为引入,学生们通过探究活动体会建立函数模型的步骤与方法,在过程中巩固函数的基本概念.当然,以此题引入,也是让学生们知道建立函数关系的目的是为了解决实际问题.

学生通过对引例的分析和求解,归纳总结建立函数关系的基本步骤与方法:阅读材料,理解题意→确定自变量;再次阅读,理顺关系→列出等量关系;精心计算,化简整理→建立函数表达式;仔细审题,严密思考→写出函数定义域.在初步习得方法之后,继续围绕函数关系的建立设计学习活动,体会定义域的求法和函数分段表示的建立.

反思本节课,虽然课堂中师生互动频繁,以学生主动学习为主要任务,但是教学内容比较多,学生讨论不够充分.

高中数学
必修　第二册

第 6 章　三　　角

一、学习内容分析

在初等数学中，三角知识是一个延续时间较长的内容，学生学习的过程从小学、初中一直持续到高中阶段，这种情况的出现不仅蕴含着它本身的内在逻辑和思想方法，更影响着后续知识的学习，如解析几何、立体几何、向量、复数等，并与物理学和现实世界存在广泛的联系.

在小学和初中，学生已经初步了解了角的内涵，特别是在初中阶段，学生学习了锐角的三角比的定义及其在解决三角形问题中的作用.高中阶段所学的三角知识是对学生既有知识的再认知和升华，体现了从几何方法到代数方法这一研究方式的转变.本章知识的内在逻辑联系紧密并且互相关联，学习活动中应重视基本概念和公式的生成过程，明确知识间的内在联系和来龙去脉，理解三角概念及常用公式和正弦定理、余弦定理的工具价值和应用价值.

在学习过程中，学生在用锐角的正弦、余弦、正切刻画直角三角形中边角关系的基础上，借助于单位圆对一般的角建立正弦、余弦、正切等概念，了解弧度制的必要性；探索和研究正弦、余弦、正切等之间的一些恒等关系；探索三角形边长与角之间的关系，并能用它们解决简单的实际问题.

二、学习活动设计

(一) 学习活动设计整体分析

1. 学习活动的目标

① 通过拓展角的概念和引入弧度制的度量方式，了解任意角在刻画圆周运动中的便利性，建立用平面直角坐标系研究角的意识，体会弧度制在度量角的大小、表达扇形等几何图形的面积和周长中的作用；

② 通过将锐角的正弦、余弦、正切和余切拓展为任意角的正弦、余弦、正切和余切，进而得到同角的正弦、余弦、正切和余切之间的关系以及诱导公式，体会对应、基本量、转化与化归等思想，掌握圆的对称性在推导诱导公式中的作用，理解同角的正弦、余弦、正切和余切之间的关系以及诱导公式并简单运用；能在已知角的正弦、余弦、正切的条件下求角；

③ 通过推导两角和与差的余弦、正弦和正切公式，进一步落实用平面直角坐标系研究角的方法，理解诱导公式既可以看作是两角和与差的三角公式的特殊情形，又是推导两角和与差的三角公式的重要手段，进而体会各类公式之间的关系与联系，提升综合运用三角公式解决问题的能力；

④ 通过推导余弦定理和正弦定理，体会数形结合、基本量等思想方法，能理解正弦定理和余弦定理的内涵，并能用这两个定理解决简单的实际问题.

2. 学习活动的意义

本章的学习内容与学科核心素养密切相关.在“正弦、余弦、正切、余切”这一节中，通过数学抽象和直观想象重新建构了角及其度量方法，以及正弦、余弦、正切、余切等概念，并展示了同角三角比之间的关系，诱导公式和已知某个角的三角比的值求角等内容；在“常用三角公式”一节中，通过数学抽象和逻辑思维，在得到两角差的余弦公式的基础之上，推导出两角和与差的一系列公式，对培养学生逻辑推理和数学运算素养提出了较高的要求；在“解三角形”一节中，正弦定理、余弦定理的推导和使用体现了对数学抽象、逻辑推理和数学运算素养的要求，而处理三角测量的实际问题对培养学生数学建模素养也有较大的作用.

3. 学习活动分析表

活动名称	活动目标	所需课时	活动类型			核心素养及其水平			评价方式		
			知识构建	问题探究	专题实践	核心素养	具体方面	水平	自我评价	小组评价	教师评价
角的概念与弧度制	①	2	√			数学抽象 直观想象 数学运算	知识与技能 思维与表达 情境与问题	二 一 二	√	√	√
任意角的三角比与诱导公式	②	5	√			数学抽象 逻辑推理 直观想象 数学运算	知识与技能 情境与问题 思维与表达	二 二 二	√	√	√
两角和与差的三角公式	③	3		√		数学抽象 逻辑推理 直观想象 数学运算	知识与技能 情境与问题 思维与表达	二 二 二	√	√	√
正弦定理和余弦定理	④	4		√		数学抽象 逻辑推理 直观想象 数学运算	知识与技能 情境与问题 思维与表达	二 二 二	√	√	√
总计		14	2	2	0				4	4	4

(二) 学习活动案例

案例 2-6-1　角的概念与弧度制

一、设定活动目标、确定活动名称

单元名称	三角
教材版本	上教社 2020 年版
活动目标	通过拓展角的概念和引入弧度制的度量方式，了解任意角在刻画圆周运动中的便利性，建立用平面直角坐标系研究角的意识，体会弧度制在度量角的大小、表达扇形等几何图形的面积和周长中的作用.
活动名称	角的概念与弧度制
活动意义	通过生活实例，理解角的概念的推广，体验角的形成过程，掌握弧度制的度量方法，运用运动变化的观点认识事物，发展数学抽象、直观想象和数学运算素养.

二、活动方案设计

问题设计	1. 在小学和初中阶段，我们已经知道，角是具有公共端点的两条射线所组成的图形. 在这样的定义下，角的范围限定在 0°到 180°之间. 但是作为研究圆周运动的基本工具，这样的定义明显有其不足的，例如无法利用这样的定义便捷地描述车轮转动等物理现象，因此，有必要将角的概念进行拓展. 请同学在查阅资料的基础上，以小组为单位，通过合作讨论的方式，尝试研究拓展角的概念的方法和途径. 2. 类似于数轴在研究数的关系和运算中发挥了重要作用，是否存在一种工具，能便于研究角的关系和运算？结合角的定义的内涵是“旋转”，所以可以考虑这样一种工具，将要研究的所有角的始边和顶点重合，只有终边在改变位置，通过终边位置的变化来研究角的关系和运算. 请同学们思考并以小组形式讨论，满足这样的条件的工具有哪些？ 3. 在小学和初中的时候，我们已经知道，可以利用角度制来度量角，也就是将周角 360 等分，每一份称为 1°. 在此基础上，可以给出弧长公式和扇形的面积公式等一系列公式. 请同学们在查阅资料的基础上，研究是否存在角的其他度量方式？				
活动类型	☑知识建构活动	☐问题探究活动	☐专题实践活动		
核心素养	☑数学抽象 ☑直观想象	☑数学运算 ☐数据分析	☐逻辑推理 ☐数学建模		
活动年级	☑高一	☐高二	☐高三		
活动形式	☑课内活动	☐课外活动	☐课内外兼顾		
活动方式	☑自主学习	☑小组合作	☐班级研讨交流		
活动资源	☐工具学具	☑文本资料	☑媒体资料		
活动水平	☑理解与运用	☐综合运用	☐探究与发现		
所需课时	2				
评价方法	☑自我评价	☑小组评价	☑教师评价		
活动品质评估	主体性 [A] B C	整体性 [A] B C	合作性 A [B] C	适切性 A [B] C	激励性 [A] B C

注：A 表示“很好”，B 表示“良好或较好”，C 表示“一般或较差”

三、活动实施、总结评价

(一) 活动流程

1. 小组合作

利用初中阶段学习的角的定义，描述生活中与角有关的事物和现象，感受这种描述方法的局限性.

2. 小组合作

提炼体操、跳水、手表等生活现象的共同特征，抽象出推广角的概念所需要的基本要素：数量与方向.

3. 形成角的概念

角是平面内一条射线绕其端点从初始位置旋转到终止位置形成的图形；由于射线在平面内的旋转有两个方向，为了区分不同的旋转方向，可以把其中一个方向(一般为逆时针)称为正，另一个方向(一般为顺时针)称为负；而射线如果没有旋转，那么这个角就称为零角.

4. 小组合作

类比用数轴刻画实数的关系的方法，寻找适当的方案刻画角及其关系；考虑到数轴的构成要素是原点、正方向和单位长度，与之类似，用一个适当的方式来刻画角及其关系，这样的方式应该满足：所有角的顶点和始边重合、角的单位、便于刻画终边位置. 一个可以考虑的方案是使用平面直角坐标系.

5. 引进利用平面直角坐标系刻画角的方法

6. 小组合作

查阅资料，研究角的不同度量方法，汇总小组研究成果，开展小组汇总讨论，形成小组研究结论.

例如：角的常用度量方式有角度制、弧度制、密位制三种形式. 其中在角度制下，1 单位的角是指将周角 360 等分，每一份称为 1°；在弧度制下，1 单位的角是指弧长等于半径长的圆弧所对的圆心角，每一份称为 1 弧度；在密位制下，1 单位的角是指将周角 6 000 等分，每一份称为 1 密位.

7. 小组交流

(1) 各小组派代表交流本组研究结果；

(2) 组间提问，讨论研究结果正确与否.

8. 教师指导

(1) 对实际生活中的对象进行合理的数学抽象，并能从数学角度找到共性；

(2) 引导学生提炼角的内涵，即“旋转”.

9. 小组第二次研讨

(1) 对各小组研究所得的结论进行比较；

(2) 梳理研究所得的结论哪些正确,哪些错误?错在哪里?是否可以改进?

(3) 形成小组研究成果.

(二) 活动评价

1. 评价原则

与其他章节相比,本章概念和公式较多,知识间的联系紧密,对学生的学习活动评价应注重循序渐进.评价过程中,要关注概念和公式的形成.通过创设合适的教学情境,利用合适的数学问题加以引导,对学习活动中,知识的形成、学生的表达、交流进行全方位的评价,通过课堂观察评价学生对角的概念的数学抽象过程.

(1) 认真进行自主探究的学习过程,积极思考,逐步形成浓厚的数学学习兴趣.

① 积极自主探究,能完成"(一)活动流程"中的5项活动(20分);

② 主动自主探究,能完成"(一)活动流程"中的3项活动(15分);

③ 能进行自主探究,能完成"(一)活动流程"中的1项活动(10分);

④ 有自主探究的意愿,但不能完成"(一)活动流程"中的任何一项活动(5分);

⑤ 不愿意自主探究(0分).

(2) 积极参加合作学习,与组员交流自己的想法,逐步提高数学表达与交流能力.

① 积极在小组合作学习中交流自己的发现,并给予同伴有价值的建议(20分);

② 主动在小组合作学习中交流自己的发现,并给予同伴一些建议(15分);

③ 能在小组合作学习中交流自己的发现,在给予同伴建议方面有待加强(10分);

④ 能在小组合作学习中交流自己的发现,但交流效果并不理想(5分);

⑤ 不愿意在小组合作学习中交流自己的发现(0分).

(3) 能对"(一)活动流程"中的各项活动提供数学支持(如比较、抽象、逻辑推理等),逐步形成严谨的科学态度.

① 主动对"(一)活动流程"中的各项活动提供数学支持(20分);

② 主动判断小组讨论所得的结论是否准确,并有证明的想法(15分);

③ 能尝试对"(一)活动流程"中的各项活动提供数学支持(10分);

④ 在同伴的提醒下,尝试对"(一)活动流程"中的各项活动提供数学支持(5分);

⑤ 对"(一)活动流程"中的各项活动不提供任何数学支持(0分).

(4) 在组间交流的基础上,取长补短,进一步修改本组原有的研究结果.

① 主动承担进一步修改原有结论的任务,成为推动小组探究活动前进的主要力量(20分);

② 尝试对原有结论进行修改,能推动小组探究活动的前进(15分);

③ 能够对原有结论的修改提出意见和建议(10分);

④ 对原有结论的修改提出意见和建议较少(5分);

⑤ 对原有结论的修改不提出任何意见和建议,也不参与修改的过程(0分).

(5) 公平、公正地进行自我评价和小组互评,评价过程认真、负责、有诚信,逐步形成良好的个人品质.

① 公平的开展自我评价、小组互评(20 分)；

② 自我评价或小组互评中有一项有待改进(10 分)；

③ 自我评价与小组互评情况均有待改进(0 分).

(6) * 在小组合作探究和班级交流中有突出表现的，酌情加分.

2. 评价量表

<table>
<tr><td>基本信息</td><td colspan="5">组员：________________</td></tr>
<tr><td rowspan="2">研究所得基本数据</td><td colspan="2">自主研究所得结论数量</td><td>正确________条</td><td>错误________条</td><td>修改________条</td></tr>
<tr><td colspan="2">小组研究所得结论数量</td><td>正确________条</td><td>错误________条</td><td>修改________条</td></tr>
<tr><td rowspan="6">过程评价</td><td colspan="2">评价项目(分值)</td><td>自 我 评 价</td><td>小 组 互 评</td><td>教 师 评 价</td></tr>
<tr><td colspan="2">主动探究、积极思考(20 分)</td><td></td><td></td><td></td></tr>
<tr><td colspan="2">积极合作、有效交流(20 分)</td><td></td><td></td><td></td></tr>
<tr><td colspan="2">论证说明、严谨求真(20 分)</td><td></td><td></td><td></td></tr>
<tr><td colspan="2">取长补短、修正提升(20 分)</td><td></td><td></td><td></td></tr>
<tr><td colspan="2">公正评价、诚信负责(20 分)</td><td></td><td></td><td></td></tr>
<tr><td colspan="3">汇　总</td><td></td><td></td><td></td></tr>
<tr><td colspan="2">加分及理由</td><td colspan="2"></td><td>总　分</td><td></td></tr>
</table>

注：总分＝自我评价 * 0.3＋小组互评 * 0.3＋教师评价 * 0.4

四、活动反思与体会

相对于初中阶段学生对角的静态认识，高中阶段对角的内涵的界定是从运动观点出发的，将角定义为由射线的旋转过程形成的对象，这是对学生认知能力和认知水平的一次挑战，需要学生转换研究数学对象的思路，并通过想象、抽象等思维过程提炼对象的特征，形成数学定义.进一步，利用平面直角坐标系研究角这一对象，对于学生来说，也是一个极大的跨越，这个过程实际上是引领学生从几何方法到代数工具的一次重大的转换，也是为今后学习向量、复数、解析几何等内容打下知识与方法的基础. 而引进弧度制的方式度量角，其意义不仅在于在角的集合与实数集合之间建立一种对应关系，更是为了今后学习导数的需要.这部分内容与学生以往的学习内容联系更加密切，更容易引起学生的共鸣. 从以上分析出发，对于学生学习活动的设计，应充分考虑学生原有的学习基础，并设计丰富的现实和数学情境，引导学生观察、思考.

案例2-6-2 任意角的三角比与诱导公式

一、设定活动目标、确定活动名称

单元名称	三角
教材版本	上教社2020年版
活动目标	通过将锐角的正弦、余弦、正切和余切拓展为任意角的正弦、余弦、正切和余切，进而得到同角的正弦、余弦、正切和余切之间的关系以及诱导公式，体会对应、基本量、转化与化归等思想，掌握圆的对称性在推导诱导公式中的作用，理解同角的正弦、余弦、正切和余切之间的关系以及诱导公式并简单运用；能在已知角的正弦、余弦、正切的条件下求角.
活动名称	任意角的三角比与诱导公式
活动意义	借助"数形结合"，通过逻辑推理和数学运算，在得到核心定义或公式的基础上，推导其他常用的三角公式，使学生充分浸润在围绕数学定义展开的推理过程中，这一过程对培养学生逻辑推理和数学运算等核心素养提出了较高的要求.

二、活动方案设计

问题设计	1. 我们已经学习了锐角的正弦、余弦、正切和余切，那么对于任意角，是否也存在正弦、余弦、正切和余切呢？为了研究这个问题，显然需要改变将锐角作为直角三角形的内角的方法. 在前面的课程中已经提到，为了研究角及其相关的问题，我们将角置于平面直角坐标系中，用终边的位置来刻画一个角. 此时锐角的正弦、余弦等定义可看作是由角的终边上一点作坐标轴的平行线，并利用该点的坐标得到的. 从平行线的性质可以看到，这样的定义与点的位置是无关的，与初中"采用直角三角形定义，并由三角形相似得到正弦、余弦等定义与三角形的大小是无关的"这一事实是一致的. 那么，对于任意角，如果采用同样的方式定义正弦、余弦等，是不是其结果依然仅与角的终边位置有关，而与点的位置无关呢？请各小组通过选取一些特殊的角，就此问题展开讨论. 2. 从定义来看，对于每一个角，其正弦、余弦、正切和余切仅由三个实数 x，y，$r=\sqrt{x^2+y^2}$ 确定，因此角 α 的正弦、余弦、正切和余切之间必然存在丰富的联系；请各小组通过选取一些特殊的角，制作正弦、余弦、正切和余切的表格，观察表格中的数据，进行合理猜测，并予以验证. 3. 从定义来看，当两个角的终边重合时，这两个角的正弦、余弦、正切和余切分别对应相等，怎样用数学方式描述这样现象呢？更一般地，这一现象表明，当两个角的终边满足某种特殊关系时，这两个角的正弦、余弦、正切和余切分别满足怎样的等式关系？请各小组分别选取终边所满足的一种特殊位置关系，就此问题展开研究.		
活动类型	☑知识建构活动	□问题探究活动	□专题实践活动
核心素养	☑数学抽象 ☑直观想象	☑数学运算 □数据分析	☑逻辑推理 □数学建模
活动年级	☑高一	□高二	□高三
活动形式	☑课内活动	□课外活动	□课内外兼顾
活动方式	☑自主学习	☑小组合作	□班级研讨交流

续表

活动资源	□工具学具	☑文本资料	☑媒体资料		
活动水平	□理解与运用	□综合运用	☑探究与发现		
所需课时	5				
评价方法	☑自我评价	☑小组评价	☑教师评价		
活动品质评估	主体性 [A] B C	整体性 [A] B C	合作性 A [B] C	适切性 A [B] C	激励性 [A] B C

注：A 表示“很好”，B 表示“良好或较好”，C 表示“一般或较差”

三、活动实施、总结评价

（一）活动流程

1. 小组合作

选取一些特殊的角及其终边上的若干个点，研究这些点的坐标 x，y 和 $r=\sqrt{x^2+y^2}$ 之间的比值是否仅与角的终边位置有关，而与点的选取无关.

2. 形成概念

对于角 α，设 $P(x, y)$ 是其终边上非原点的一个点，记 $r=\sqrt{x^2+y^2}$，则 $\frac{y}{r}$，$\frac{x}{r}$，$\frac{y}{x}$，$\frac{x}{y}$ 分别称为角 α 的正弦、余弦、正切和余切，其中当角的终边在 y 轴上时，正切没有意义；当角的终边在 x 轴上时，余切没有意义.

3. 小组合作

选取一些特殊的角，制作正弦、余弦、正切、余切的表格，观察表格中的数据，猜测正弦、余弦、正切、余切之间满足的恒等关系，并予以验证.

4. 形成结论

任意一个角的正弦、余弦、正切、余切之间满足的恒等关系的结论：平方关系、商数关系.

5. 小组合作

选取终边满足某种特殊位置关系的几组角，分别研究它们的正弦、余弦、正切、余切之间满足的恒等关系，并予以验证.

6. 形成诱导公式

当终边分别满足下面条件时，两个角的正弦、余弦、正切和余切之间分别满足的恒等关系，即诱导公式：终边重合，终边关于 x 轴对称，终边关于 y 轴对称，终边关于原点对称.

7. 引进用单位圆研究角的正弦、余弦的方法.

8. 小组交流

(1) 各小组派代表交流本组研究结果；

(2) 组间提问,讨论研究结果正确与否.

9. 教师指导

(1) 在用终边上一点的坐标给出角的正弦、余弦、正切和余切的定义过程中,蕴含着“转化”的思想,即将任意的一个角转化为锐角等常用的角;

(2) 在探究角的正弦、余弦、正切、余切的定义及其关系的过程中,要注意角的位置的全面性,而该过程中更加突出了平面直角坐标系的优越性;

(3) 诱导公式既体现了“转化”的思想,又反映了圆中丰富的对称性.

10. 小组第二次研讨

(1) 对各小组研究所得的结论进行比较;

(2) 梳理研究所得的结论哪些正确,哪些错误?错在哪里?是否可以改进?

(3) 形成小组研究成果.

(二) 活动评价

1. 评价原则

(1) 认真进行自主探究的学习过程,积极思考,逐步形成浓厚的数学学习兴趣.

① 积极自主探究,在“(一)活动流程”中,能得到20条以上的等式(含定义和恒等关系)(20分);

② 主动自主探究,在“(一)活动流程”中,能得到15条以上的等式(含定义和恒等关系)(15分);

③ 能进行自主探究,在“(一)活动流程”中,能得到10条以上的等式(含定义和恒等关系)(10分);

④ 有自主探究的意愿,在“(一)活动流程”中,能得到5条以上的等式(含定义和恒等关系)(5分);

⑤ 不愿意自主探究(0分).

(2) 积极参加合作学习,与组员交流自己的想法,逐步提高数学表达与交流能力.

① 积极在小组合作学习中交流自己的发现,并给予同伴有价值的建议(20分);

② 主动在小组合作学习中交流自己的发现,并给予同伴一些建议(15分);

③ 能在小组合作学习中交流自己的发现,在给予同伴建议方面有待加强(10分);

④ 能在小组合作学习中交流自己的发现,但交流效果并不理想(5分);

⑤ 不愿意在小组合作学习中交流自己的发现(0分).

(3) 能对“(一)活动流程”中的各项活动提供数学支持(如比较、抽象、逻辑推理等),逐步形成严谨的科学态度.

① 主动对“(一)活动流程”中的各项活动提供数学支持(20分);

② 主动判断小组讨论所得的结论是否准确,并有证明的想法(15分);

③ 能尝试对“(一)活动流程”中的各项活动提供数学支持(10分);

④ 在同伴的提醒下,尝试对“(一)活动流程”中的各项活动提供数学支持(5分);

⑤ 对"(一)活动流程"中的各项活动不提供任何数学支持(0 分).

(4) 在组间交流的基础上,取长补短,进一步修改本组原有的研究结果.

① 主动承担进一步修改原有结论的任务,成为推动小组探究活动前进的主要力量(20 分);

② 尝试对原有结论进行修改,能推动小组探究活动的前进(15 分);

③ 能够对原有结论的修改提出意见和建议(10 分);

④ 对原有结论的修改提出意见和建议较少(5 分);

⑤ 对原有结论的修改不提出任何意见和建议,也不参与修改的过程(0 分).

(5) 公平、公正地进行自我评价和小组互评,评价过程认真、负责、有诚信,逐步形成良好的个人品质.

① 公平的开展自我评价、小组互评(20 分);

② 自我评价或小组互评中有一项有待改进(10 分);

③ 自我评价与小组互评情况均有待改进(0 分).

(6) * 在小组合作探究和班级交流中有突出表现的,酌情加分.

2. 评价量表

基本信息	组员:________			
研究所得基本数据	自主研究所得等式(含定义与恒等关系)数量	正确____条	错误____条	修改____条
	小组研究所得等式(含定义与恒等关系)数量	正确____条	错误____条	修改____条
过程评价	评价项目(分值)	自我评价	小组互评	教师评价
	主动探究、积极思考(20 分)			
	积极合作、有效交流(20 分)			
	论证说明、严谨求真(20 分)			
	取长补短、修正提升(20 分)			
	公正评价、诚信负责(20 分)			

注:总分=自我评价 * 0.3+小组互评 * 0.3+教师评价 * 0.4

四、活动反思与体会

在初中阶段,学生已经知晓了锐角的正弦、余弦、正切和余切的定义,学习的重点是围绕定义及其简单应用,学习的方法是利用直角三角形,在定义的过程中,并不需要"分类""转化"等思想. 而在高中阶段,将角的概念进行拓展之后,势必要对角的相关运算进行拓展,这其中要解决的问题包括:如何拓展(将"直角三角形"改为"角的终边上一点的坐标",进一步提升为利用单位圆上点的坐标),定义的内涵(使定义有效的角的范围,三角比的符号，同角的正弦、余弦、正切、余切之间满足的恒等关系等)，定义的外延(终边满足某种特殊的位置关系的角之间正弦、余弦、正切、余切满足的恒等关系). 从数学角度看，这样的过程的典型意义在于：(一) 数学运算定义的合理性；(二)“从特殊情况出发”这一基本的数学学习方法；(三)“转化”与“化归”的数学思想；(四) 思维的全面性；(五) 从静态(直角三角形)过渡到动态(单位圆)，为后面学习三角函数做准备等. 因此，这部分内容学习活动的起点要低，要引导学生能从简单的事实中提炼丰富的数学结论，感悟其中蕴含的数学思维和方法，也要指导学生如何围绕“定义”展开数学思考，挖掘定义丰富的内涵和外延，更要感受高中数学的代数内容中，以“研究变量”为主的知识体系，进一步建立“变量意识”和“研究变量的方法”. 从以上分析出发，对于学生学习活动的设计，需要教师提供丰富的数学资料，设计丰富的数学情境，引导学生观察与思考，并能在方法上进行充分的提炼与指导.

案例2-6-3　两角和与差的三角公式

一、设定活动目标、确定活动名称

单元名称	三角
教材版本	上教社 2020 年版
活动目标	通过推导两角和与差的余弦、正弦和正切公式，进一步落实用平面直角坐标系研究角的方法，理解诱导公式既可以看作是两角和差公式的特殊情形，又是推导两角和差公式的重要手段，进而体会各类公式之间的关系与联系，提升综合运用三角公式解决问题的能力.
活动名称	两角和与差的三角公式
活动意义	学习内容从单一的角上升到角的复合，而研究问题的方法延续进一步提升的路径，从直角三角形上升到平面直角坐标系，再上升到“单位圆”. 借助“单位圆”，通过逻辑推理和数学运算，在得到核心公式(两角差的余弦)的基础上，推导其他常用的三角公式，使学生充分浸润在“一般化与特殊化”“转化与化归”等思维过程中，这一过程对学生的逻辑推理和数学运算等有较高要求，也是培养学生这几方面核心素养的重要载体.

二、活动方案设计

问题设计	1. 我们已经学习了一个角的正弦、余弦、正切和余切，那么如果将两个角进行简单的运算(如加减)，对应的三角比之间满足怎样的等式关系？从简单情形出发，运算“$45°-30°$”相当于将 $45°$的终边顺时针旋转 $30°$，得到 $15°$的终边，那么，讨论 $15°$，$30°$和 $45°$的三角比之间的关系，需要在三个角的终边上选取满足适当条件的点. 请各小组制订方案，就此问题展开讨论； 2. 更一般地，运算“$\alpha-\beta$”相当于将角 α 的终边顺时针旋转β，得到 $\alpha-\beta$ 的终边，讨论 α，β 和 $\alpha-\beta$ 的三角比之间的关系，需要在三个角的终边上选取满足适当条件的点. 在前面讨论的基础上，这样的点可以是角的终边与单位圆的交点； 3. 得到 α，β 和 $\alpha-\beta$ 的三角比之间的关系后，通过将 α，β 改变形式或赋予特殊的值，可以得到一些其他形式的公式，请各小组制定方案，就此问题展开讨论.

续表

活动类型	□知识建构活动	☑问题探究活动	□专题实践活动	
核心素养	☑数学抽象 ☑直观想象	☑数学运算 □数据分析	☑逻辑推理 □数学建模	
活动年级	☑高一	□高二	□高三	
活动形式	☑课内活动	□课外活动	□课内外兼顾	
活动方式	☑自主学习	☑小组合作	□班级研讨交流	
活动资源	□工具学具	☑文本资料	☑媒体资料	
活动水平	□理解与运用	□综合运用	☑探究与发现	
所需课时	3			
评价方法	☑自我评价	☑小组评价	☑教师评价	
活动品质评估	主体性 [A] B C	整体性 [A] B C	合作性 A [B] C	适切性 A [B] C	激励性 [A] B C

注：A 表示“很好”，B 表示“良好或较好”，C 表示“一般或较差”

三、活动实施、总结评价

（一）活动流程

1. 小组合作

在 15°，30°和 45°三个角的终边上，分别选取满足适当条件的点，研究三个角的正弦或余弦之间的关系，并就不同的方案进行比较.

2. 形成初步方法

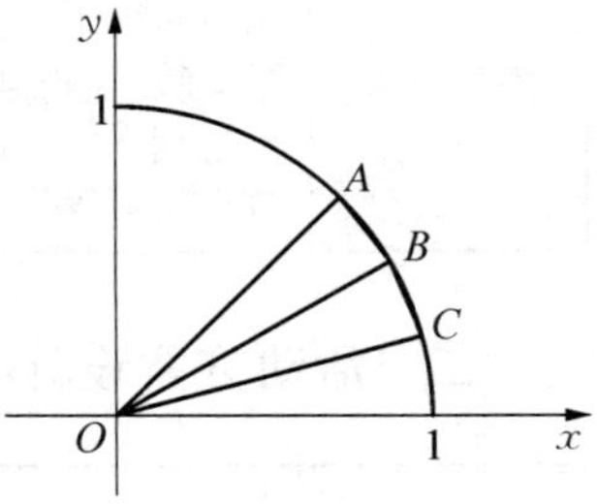

在平面直角坐标系中，设 $\angle xOA=45°$，$\angle xOB=30°$，$\angle xOC=15°$（其中 A，B，C 是第一象限的三个点），则 $\angle BOA=\angle xOC=15°$，为了便于构造三角形，研究三个角的正弦或余弦之间的关系，可以利用单位圆与三个角终边的交点构造等腰三角形，确定两个含有 15°角的等腰三角形中的等量关系.

3. 小组合作

选取一些其他的角，利用同样的方式验证三个角的正弦或余弦之间的关系，对一般情况提出猜测，并设法予以证明.

4. 小组合作

在两角差的余弦公式中，通过将 α，β 改变形式或赋予特殊的值，探究可以得到哪些公式？用自己的语言描述得到的公式的功能.

5. 形成两角和与差的正弦、余弦、正切公式

6. 小组交流

(1) 各小组派代表交流本组研究结果;

(2) 组间提问,讨论研究结果正确与否.

7. 教师指导

(1) “从特殊到一般”是数学研究的方法,在研究特殊情况的过程中,要注意辨别“特殊性”与“一般性”的关系,提炼可以使用在一般情形下的方法;三个角15°,30°和45°的特殊性在于其便于寻找比例关系(用以计算正弦、余弦和正切),进而验证三个角的正弦或余弦等式关系是否成立;而推导方法则具有一般性,确定两个三角形之间的等量关系进而说明三角形全等,从而得到两角差的余弦公式.

(2) 在利用单位圆考察两角差的余弦公式中,要注意图形的全面性;进一步,由角的任意性,可以在得到的等式中,将角替换为其他形式或特殊的角,得到其他的一些常用公式;学生应该学会用自己的语言描述这些等式的功能,进一步提炼出核心等式,梳理所得到的等式之间的关系.

(3) 关注推导过程中的数学方法:既有单位圆这样研究正弦、余弦的重要工具,也有“换元”等转化与化归的方法;既有利用商数关系得到两角和与差的正切公式,体现了正弦、余弦公式的核心作用,也有公式的逆用,得到半角公式、和差化积与积化和差等公式.这些丰富的内容既突出了方法的重要性(单位圆,“转化与化归”),又显示了三角等式在“等式”内容中的特殊性,这些特殊性来源于三角背后丰富的几何性质.

8. 小组第二次研讨

(1) 对各小组研究所得的结论进行比较;

(2) 梳理研究所得的结论哪些正确,哪些错误?错在哪里?是否可以改进?

(3) 形成小组研究成果.

(二) 活动评价

1. 评价原则

(1) 认真进行自主探究的学习过程,积极思考,逐步形成浓厚的数学学习兴趣.

① 积极自主探究,在“(一)活动流程”中,能得到20条以上的等式(20分);

② 主动自主探究,在“(一)活动流程”中,能得到15条以上的等式(15分);

③ 能进行自主探究,在“(一)活动流程”中,能得到10条以上的等式(10分);

④ 有自主探究的意愿,在“(一)活动流程”中,能得到5条以上的等式(5分);

⑤ 不愿意自主探究(0分).

(2) 积极参加合作学习,与组员交流自己的想法,逐步提高数学表达与交流能力.

① 积极在小组合作学习中交流自己的发现,并给予同伴有价值的建议(20分);

② 主动在小组合作学习中交流自己的发现,并给予同伴一些建议(15分);

③ 能在小组合作学习中交流自己的发现,在给予同伴建议方面有待加强(10分);

④ 能在小组合作学习中交流自己的发现,但交流效果并不理想(5 分);

⑤ 不愿意在小组合作学习中交流自己的发现(0 分).

(3) 能对"(一)活动流程"中的各项活动提供数学支持(如比较、抽象、逻辑推理等),逐步形成严谨的科学态度.

① 主动对"(一)活动流程"中的各项活动提供数学支持(20 分);

② 主动判断小组讨论所得的结论是否准确,并有证明的想法(15 分);

③ 能尝试对"(一)活动流程"中的各项活动提供数学支持(10 分);

④ 在同伴的提醒下,尝试对"(一)活动流程"中的各项活动提供数学支持(5 分);

⑤ 对"(一)活动流程"中的各项活动不提供任何数学支持(0 分).

(4) 在组间交流的基础上,取长补短,进一步修改本组原有的研究结果.

① 主动承担进一步修改原有结论的任务,成为推动小组探究活动前进的主要力量(20 分);

② 尝试对原有结论进行修改,能推动小组探究活动的前进(15 分);

③ 能够对原有结论的修改提出意见和建议(10 分);

④ 对原有结论的修改提出意见和建议较少(5 分);

⑤ 对原有结论的修改不提出任何意见和建议,也不参与修改的过程(0 分).

(5) 公平、公正地进行自我评价和小组互评,评价过程认真、负责、有诚信,逐步形成良好的个人品质.

① 公平的开展自我评价、小组互评(20 分);

② 自我评价或小组互评中有一项有待改进(10 分);

③ 自我评价与小组互评情况均有待改进(0 分).

(6) * 在小组合作探究和班级交流中有突出表现的,酌情加分.

2. 评价量表

基本信息	组员:________________			
研究所得基本数据	自主研究所得等式数量	正确______条	错误______条	修改______条
	小组研究所得等式数量	正确______条	错误______条	修改______条
过程评价	评价项目(分值)	自我评价	小组互评	教师评价
	主动探究、积极思考(20 分)			
	积极合作、有效交流(20 分)			
	论证说明、严谨求真(20 分)			
	取长补短、修正提升(20 分)			
	公正评价、诚信负责(20 分)			

注:总分=自我评价 * 0.3+小组互评 * 0.3+教师评价 * 0.4

四、活动反思与体会

如果说正弦、余弦、正切和余切的定义及其关系关注的是"静态"的角，那么两角和与差的三角公式是学生正式进入"用动态的观点研究角"的桥梁，利用这些公式可以明确地得到，当角发生变化的时候，三角比是如何发生变化的，这些公式的工具性既来源于又反映了其背后丰富的几何性质，特别是圆的对称性. 因此，虽然公式的推导过程是以静态的角入手，但学习活动中要突出单位圆的工具价值(旋转不变性)，利用单位圆上不同位置的三角形的全等关系，进而通过两点间的距离公式得到核心公式(两角差的余弦)，以该公式为核心，串联起绝大多数的三角公式，实现了"曲"与"直"的转化，实现了用"直"研究"曲"的目的. 这部分内容需要学生对定义有准确的理解，有熟练的代数变形与逻辑推理能力，也要有丰富的直观想象能力和敏锐的观察力，更需要学生具备良好的学习习惯. 因此，这部分内容学习活动要与学生的已有认知紧密相联，通过设置学生容易入手的思考问题和丰富的数学情境，引导学生进行合理的猜测，并能通过简单的事实，归纳猜测结论，提炼研究方法，感悟其中蕴含的数学思维和方法，如转化与化归等；更要在公式推导过程中，向学生渗透"变量意识"和"研究变量的方法".

案例2-6-4 正弦定理和余弦定理

一、设定活动目标、确定活动名称

单元名称	三角
教材版本	上教社 2020 年版
活动目标	通过推导余弦定理和正弦定理，体会数形结合、基本量等思想方法，能理解正弦定理和余弦定理的内涵，并能用这两个定理解决简单的实际问题.
活动名称	正弦定理和余弦定理
活动意义	在初中阶段，学生对直角三角形中的边角关系已经有了明确的认知，并且可以通过构造直角三角形得到锐角三角形中的边角关系，但是对于钝角三角形的边角关系，则需要将钝角转化为锐角进行研究，这一方法的缺点是明显的. 在前面的学习内容中，学生已经借助平面直角坐标系，学习了任意角的正弦、余弦，特别是通过学习两角差的余弦公式，进一步感受到，坐标方法在研究正弦、余弦满足的性质中发挥的作用和优势. 因此，围绕三角形中边角关系的学习活动，要突出"坐标法"的统一性和工具性功能. 另外，不管是通过构造直角三角形的方法，还是利用坐标法，都使用了"算两次"的思想，即对于同一个量，从不同的角度构造与之相关的不同表达形式，进而可以得到等式关系，这是推理中的常用方法. 从以上的分析看，本节学习活动的意义在于提升学生对研究三角问题的方法的认识，进一步培养学生的数学抽象、逻辑推理、直观想象、数学运算素养.

二、活动方案设计

<table>
<tr><td>问题设计</td><td colspan="3">1. 我们知道，角既是刻画圆周运动的重要手段，也是研究平面几何的基本工具，那么，作为平面几何的基本图形，三角形中的边角之间有怎样的等式关系呢？初中时候，我们已经知道勾股定理，并且可以通过正弦、余弦确定直角三角形的内角与边之间的关系，那么斜三角形中，边角之间有怎样的等式关系呢？实际上，对于一些特殊的斜三角形，我们可以通过构造直角三角形的方法给出边或角满足的等式关系(如顶角为 $120°$ 的等腰三角形中，底边长是腰长的 $\sqrt{3}$ 倍)，但这样的结果显然不具有一般性，也没有给出更准确的边与角的对应关系. 从另一个角度看，依据判断两个三角形全等的方法，三角形可以由其部分条件(如已知三边、已知两边及其夹角等)而唯一确定. 因此，三角形的边与角之间应该满足一定的等式关系.请各小组选取一些特殊的三角形，构思研究方案，就此问题展开讨论.
2. 等式“$\frac{a}{\sin A}=\frac{b}{\sin B}=\frac{c}{\sin C}$”表明，给出一个三角形的部分条件，这个三角形或者可以确定下来，或者具有某种共性，如已知两角一边，三角形唯一确定；已知两边和一边的对角，例如 a，b，A，则角 B 可以由 $\sin B=\frac{b}{a}\sin A$ 确定，进而确定角 C 和边 c. 而如果已知一边及其对角，如 a，A，虽然三角形不能确定，但是所有这样的三角形都满足：每一条边与其对角的正弦比值是同一个常数. 这是一个怎样的常数呢？请各小组选择一些特殊的角及其对边，进行研究和讨论.
3. “$\frac{a}{\sin A}=\frac{b}{\sin B}=\frac{c}{\sin C}=2R$”反映了三角形中边与其对角的正弦之间的等式关系，那么边与其对角的余弦之间是否存在类似的等式关系呢？可以类比推导两角差的余弦公式的方法，展开探究.
4. 等式“$c^2=a^2+b^2-2ab\cos C$”表明，如果已知一个三角形的两条边 a，b 及其夹角 C，那么边 c 就可以确定下来了，结合 $a^2=b^2+c^2-2bc\cos A$ 和 $b^2=c^2+a^2-2ca\cos B$，角 A，B 也可以确定下来，从而三角形是唯一确定的，这与判断两个三角形全等的“SAS”准则是吻合的. 相应地，以上三个等式可以改写为 $\cos A=\frac{b^2+c^2-a^2}{2bc}$，$\cos B=\frac{c^2+a^2-b^2}{2ca}$，$\cos C=\frac{a^2+b^2-c^2}{2ab}$.
5. 等式“$\frac{a}{\sin A}=\frac{b}{\sin B}=\frac{c}{\sin C}$”是利用三角形的面积推得的，通过给出三角形面积的不同表达形式，沟通了该三角形不同的边、角之间的关系，也就是说三角形的面积起到了桥梁的作用. 结合正弦定理、余弦定理和已有的面积公式，探究三角形的面积有哪些不同的表达形式？</td></tr>
<tr><td>活动类型</td><td>☐知识建构活动</td><td>☑问题探究活动</td><td>☐专题实践活动</td></tr>
<tr><td>核心素养</td><td>☑数学抽象
☑直观想象</td><td>☑数学运算
☐数据分析</td><td>☑逻辑推理
☐数学建模</td></tr>
<tr><td>活动年级</td><td>☑高一</td><td>☐高二</td><td>☐高三</td></tr>
<tr><td>活动形式</td><td>☑课内活动</td><td>☐课外活动</td><td>☐课内外兼顾</td></tr>
<tr><td>活动方式</td><td>☑自主学习</td><td>☑小组合作</td><td>☐班级研讨交流</td></tr>
<tr><td>活动资源</td><td>☐工具学具</td><td>☑文本资料</td><td>☑媒体资料</td></tr>
<tr><td>活动水平</td><td>☐理解与运用</td><td>☐综合运用</td><td>☑探究与发现</td></tr>
</table>

续表

所需课时	4				
评价方法	☑自我评价		☑小组评价		☑教师评价
活动品质评估	主体性 [A] B C	整体性 [A] B C	合作性 A [B] C	适切性 A [B] C	激励性 [A] B C

注：A 表示“很好”，B 表示“良好或较好”，C 表示“一般或较差”

三、活动实施、总结评价

（一）活动流程

1. 小组合作

选取一些特殊的三角形，构思研究方案，研究这些三角形的边与角之间满足怎样的等式关系，并就不同的方案进行比较.

2. 形成初步方法和结论

在平面直角坐标系中，由正弦的定义和三角形的面积公式，得到 $S=\frac{1}{2}ab\sin C=\frac{1}{2}bc\sin A=\frac{1}{2}ca\sin B$，将该等式整理为 $\frac{a}{\sin A}=\frac{b}{\sin B}=\frac{c}{\sin C}$，这个等式称为正弦定理.

3. 小组合作

给定三角形的一条边及其对角，那么所有这样的三角形都满足：每一条边与其对角的正弦比值是同一个常数. 请各小组选择一些特殊的角及其对边，进行研究和讨论：这是一个怎样的常数呢？

4. 形成结论

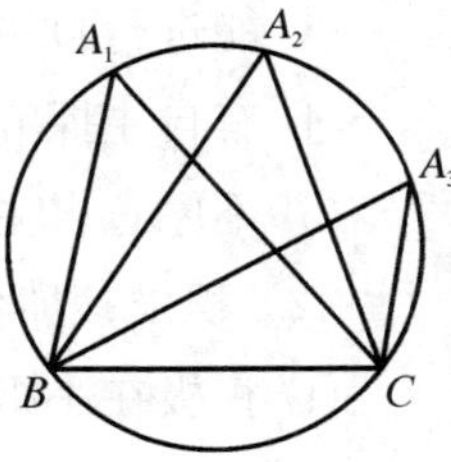

通过作图可以发现，当已知角的顶点的位置发生变化时，这些顶点应该在同一个圆上，给定边的两个端点也在该圆上，从而可以猜测 $\frac{a}{\sin A}=\frac{b}{\sin B}=\frac{c}{\sin C}=2R$，请设法证明.

5. 自主探究

类比推导两角差的余弦公式的方法，利用平面直角坐标系，研究三角形的边与角的余弦之间满足的等式关系，形成余弦定理及其变形形式.

6. 小组合作

结合正弦定理、余弦定理和已有的面积公式，探究三角形的面积有哪些不同的表达形式？

7. 小组交流

(1) 各小组派代表交流本组研究结果；

(2) 组间提问，讨论研究结果正确与否.

8. 教师指导

(1) 一些特殊的三角形虽然有确定的边、角之间的关系，但这种关系往往与特殊角的正弦、余弦有关，也就是说这些特殊关系并不能完全体现出边与角之间的等式关系. 所以要研究一般的三角形的边、角之间的等式关系，需要借助于任意角的正弦、余弦的定义，这就是将三角形置于坐标系中进行研究的源头. 这一过程充分体现了用“坐标法”研究几何问题的便利性.

(2) 在固定 a，A，研究所有这样的三角形的共同特征时，可以通过作出多个满足条件的三角形进行归纳猜测，这是数学研究的常用方法. 此过程也蕴含了“不变量”的想法，“变”与“不变”是对立统一的.

(3) 推导余弦定理的过程充分体现了“类比”这一逻辑推理方法在发现新结论中的作用，这一过程既有知识内容的类比(正弦定理与余弦定理)，也有方法上的类比(推导两角差的正弦公式和推导余弦定理).

9. 小组第二次研讨

(1) 对各小组研究所得的结论进行比较；

(2) 梳理研究所得的结论哪些正确，哪些错误？错在哪里？是否可以改进？

(3) 形成小组研究成果.

(二) 活动评价

1. 评价原则

(1) 认真进行自主探究的学习过程，积极思考，逐步形成浓厚的数学学习兴趣.

① 积极自主探究，在“(一)活动流程”中，能得到 12 条以上的等式(20 分)；

② 主动自主探究，在“(一)活动流程”中，能得到 10 条以上的等式(15 分)；

③ 能进行自主探究，在“(一)活动流程”中，能得到 8 条以上的等式(10 分)；

④ 有自主探究的意愿，在“(一)活动流程”中，能得到 6 条以上的等式(5 分)；

⑤ 不愿意自主探究(0 分).

(2) 积极参加合作学习，与组员交流自己的想法，逐步提高数学表达与交流能力.

① 积极在小组合作学习中交流自己的发现，并给予同伴有价值的建议(20 分)；

② 主动在小组合作学习中交流自己的发现，并给予同伴一些建议(15 分)；

③ 能在小组合作学习中交流自己的发现，在给予同伴建议方面有待加强(10 分)；

④ 能在小组合作学习中交流自己的发现，但交流效果并不理想(5 分)；

⑤ 不愿意在小组合作学习中交流自己的发现(0 分).

(3) 能对“(一)活动流程”中的各项活动提供数学支持(如比较、抽象、逻辑推理等)，逐步形成严谨的科学态度.

① 主动对“(一)活动流程”中的各项活动提供数学支持(20 分)；

② 主动判断小组讨论所得的结论是否准确，并有证明的想法(15 分)；

③ 能尝试对“(一)活动流程”中的各项活动提供数学支持(10 分)；

④ 在同伴的提醒下，尝试对“(一)活动流程”中的各项活动提供数学支持(5分)；

⑤ 对“(一)活动流程”中的各项活动不提供任何数学支持(0分).

(4) 在组间交流的基础上，取长补短，进一步修改本组原有的研究结果.

① 主动承担进一步修改原有结论的任务，成为推动小组探究活动前进的主要力量(20分)；

② 尝试对原有结论进行修改，能推动小组探究活动的前进(15分)；

③ 能够对原有结论的修改提出意见和建议(10分)；

④ 对原有结论的修改提出意见和建议较少(5分)；

⑤ 对原有结论的修改不提出任何意见和建议，也不参与修改的过程(0分).

(5) 公平、公正地进行自评和互评，评价过程认真、负责、有诚信，逐步形成良好的个人品质.

① 公平的开展自我评价、小组互评(20分)；

② 自我评价或小组互评中有一项有待改进(10分)；

③ 自我评价与小组互评情况均有待改进(0分).

(6) * 在小组合作探究和班级交流中有突出表现的，酌情加分.

2. 评价量表

基本信息	组员：______			
研究所得基本数据	自主研究所得等式数量	正确____条	错误____条	修改____条
	小组研究所得等式数量	正确____条	错误____条	修改____条
过程评价	评价项目(分值)	自我评价	小组互评	教师评价
	主动探究、积极思考(20分)			
	积极合作、有效交流(20分)			
	论证说明、严谨求真(20分)			
	取长补短、修正提升(20分)			
	公正评价、诚信负责(20分)			

总分＝自我评价 * 0.3＋小组互评 * 0.3＋教师评价 * 0.4

四、活动反思与体会

与之前的学习内容相比，正弦定理和余弦定理相对独立，主要表现在：如前所述，从任意角的定义开始，到两角和与差的三角公式，都在向学生传达“用变化的观点研究角”的研究方式，而正弦定理和余弦定理则实现了由“动”到“静”的转变，讨论的是一个给定的三角形中边与角的等式关系. 这一转变的合理性来自于角在研究平面几何中的工具性，因此对这部分内容的定位有三：一是三角形中边、角关系的再认知；二是常用三角公式的应用(如同角三角比的关系、诱导公式、两角和与差的三角比等)；三是研究三角问题的方法的再落实(如由特殊到一般、类比、坐标法、单位圆等).从高中数学的总体内容和要求来看,学习活动应侧重于方法的再落实,公式的发现、推导和应用过程是落实方法的重要载体.从这一角度看,不管是公式的发现与推导,还是应用,都应控制难度,要与学生的已有认知紧密相关,通过设置学生容易入手的思考问题和丰富的数学情境,引导学生进行合理的猜测,并能通过简单的事实,归纳猜测结论,提炼研究方法,感悟其中蕴含的数学思维和方法.

第7章 三角函数

一、学习内容分析

“函数”是高中数学学科的一个大概念，是一条贯穿高中数学课程的主线. 其中三角函数是基本初等函数之一，是研究现实生活中大量存在的周期现象的最典型的数学模型，是分析和解决周期问题的基本工具，在物理学、工程学和其他许多领域都有广泛应用.

本章首先研究了正弦函数的图像与性质，为后面研究余弦函数和 $y=A\sin(\omega x+\varphi)$ 的图像与性质做好准备. 在研究正弦函数的过程中，首先研究了它的周期性，再研究其奇偶性、单调性和最值. 这样在讨论正弦函数的单调性和最值时，就可以选择在长度为一个周期的适当区间上进行研究，简化问题.

接下来，从函数图像变换的角度，本章研究了余弦函数和 $y=A\sin(\omega x+\varphi)$ 的图像与性质，作为正弦函数学习内容的补充和拓展，突出了数形结合的思想和正弦函数性质的应用，并通过将该函数应用到“潮汐的函数模拟”和“声音中的三角函数”中，凸显了三角函数在描述周期变化问题中的作用.

“正切函数的图像与性质”也是本单元重要的学习内容，与正弦函数和余弦函数的图像与性质有本质不同，但有类似的研究方法.

本章的学习内容是一般函数理论在三角函数中的应用，是理论指导实践的具体体现.

二、学习活动设计

(一) 学习活动设计整体分析

1. 学习活动的目标

① 通过研究正弦函数的图像与性质，感受函数学习中由特殊到一般、再由一般到特殊的认知规律，进一步深化用单位圆研究三角函数性质的方法(几何直观)，形成周期函数的概念(代数运算)，提升从数学角度对周期现象的刻画能力；

② 通过研究函数 $y=A\sin(\omega x+\varphi)$ 的图像与性质，巩固对正弦函数的图像与性质的认知，体会函数图像变换在研究函数性质中的作用，感受“转化与化归”的思想，进一步落实研究函数的一般方法；

③ 通过研究正切函数的图像与性质，强化研究函数，特别是周期函数的方法，提升对单位圆用于研究三角函数的功能的认知，增进对函数图像(间断性、渐进性)的了解.

2. 学习活动的意义

本章的学习内容——“三角函数”是在学生学习了一般函数的研究方法之后，继续学习的一类基本初等函数，它的研究方法既要遵循一般函数的研究方法，也要考虑到其本身的特殊性，该特殊性主要来源于三角函数的周期性. 此前的学习中，学生虽然对周期现象已经有了感性认识，但却没有描述周期现象的数学工具，从而就无法描述连续性的周期现象. 从这个角度看，本单元学习活动的最大意义在于丰富学生对函数性质的认知，特别是掌握研究周期函数和周期现象的工具，进而可以对现实生活中的周期现象建立适当的数学模型.

三角函数的特殊性还体现在三角运算的特殊性. 相较于幂函数、指数函数和对数函数对应的幂运算、指数运算和对数运算，学生对灵活多变的三角运算性质的掌握还是偏弱的，虽然前期学习中花了大量精力投入到三角运算的学习中，但是往往无法把握学习的重点，进而影响到学习的主动性和积极性. 而三角函数单元对学生的三角运算的要求，则要弱于前期的学习内容. 所以，本单元学习活动的意义之二在于提高学生对基本的三角运算的掌握水平，提升学生学习并运用三角工具的信心.

学生通过幂函数、指数函数、对数函数的学习，已经积累了丰富的研究函数图像的经验，包括常见的函数图像特征（单调、对称、渐近线等）和基本的图像变换（平移、对称）等，三角函数的图像是对学生关于图像认知的重要补充，特别是利用函数图像的变换研究余弦函数和 $y=A\sin(\omega x+\varphi)$ 的图像与性质，是对前面研究函数图像与性质方法的一个突破（如研究幂函数的图像和性质）. 虽然在必修第一册中学习对数函数的图像与性质时，教材中已经通过换底公式对不同的对数函数之间建立了联系（对应于图像上的伸缩变换），但只有三角函数因其丰富的图形特征才会给学生提供充足的感性认识. 因此，本单元学习活动的意义之三在于丰富学生关于函数图像及图像变换的经验，体验“转化与化归”的思想方法.

3. 学习活动分析表

<table>
<tr><th rowspan="2">活动名称</th><th rowspan="2">活动目标</th><th rowspan="2">所需课时</th><th colspan="3">活动类型</th><th colspan="3">核心素养及其水平</th><th colspan="3">评价方式</th></tr>
<tr><th>知识构建</th><th>问题探究</th><th>专题实践</th><th>核心素养</th><th>具体方面</th><th>水平</th><th>自我评价</th><th>小组评价</th><th>教师评价</th></tr>
<tr><td>正弦函数和余弦函数的图像与性质</td><td>①</td><td>4</td><td>√</td><td></td><td></td><td>直观想象
数学抽象
逻辑推理
数学运算</td><td>情境与问题

知识与技能
思维与表达</td><td>二

二
二</td><td>√</td><td>√</td><td>√</td></tr>
<tr><td>函数 $y=A\sin(\omega x+\varphi)$ 的图像与性质</td><td>②</td><td>1</td><td>√</td><td></td><td></td><td>直观想象
数学抽象
逻辑推理
数学运算</td><td>情境与问题

知识与技能
思维与表达</td><td>二

二
二</td><td>√</td><td>√</td><td>√</td></tr>
<tr><td>正切函数的图像与性质</td><td>③</td><td>1</td><td>√</td><td></td><td></td><td>直观想象
逻辑推理
数学运算</td><td>情境与问题
知识与技能
思维与表达</td><td>二
二
二</td><td>√</td><td>√</td><td>√</td></tr>
<tr><td colspan="2">总　计</td><td>6</td><td>3</td><td>0</td><td>0</td><td></td><td></td><td></td><td>3</td><td>3</td><td>3</td></tr>
</table>

(二) 学习活动案例

案例 2-7-1　正弦函数的图像与性质

一、设定活动目标、确定活动名称

单元名称	三角函数
教材版本	上教社 2020 年版
活动目标	通过研究正弦函数的图像与性质,感受函数学习中由特殊到一般、再由一般到特殊的认知规律,进一步深化用单位圆研究三角函数性质的方法(几何直观),形成周期函数的概念(代数运算),提升从数学角度对周期现象的刻画能力.
活动名称	正弦函数的图像与性质
活动意义	落实研究函数的基本方法,借助单位圆和正弦函数提出周期函数的概念,丰富学生对函数性质的认知范围,运用运动变化的观点认识事物,发展直观想象、数学抽象、逻辑推理和数学运算素养.

二、活动方案设计

问题设计	1. 回顾幂函数、指数函数和对数函数的学习经历,我们是在研究了运算的基础上,利用运算描述两个变量的关系,从而得到了相应的函数,进一步借助运算和大致图像研究了函数的性质. 对于三角运算,我们也可以遵循这样的研究方法,如正弦与正弦函数、余弦与余弦函数、正切与正切函数. 请同学依照前面研究函数的方法,以小组为单位,作出正弦函数 $y=\sin x$ (x 的单位为弧度)的大致图像,猜测该函数具有的性质,并尝试说明理由. 2. 为了便于作出正弦函数的图像,可以借助于单位圆(具体作法可参考教材). 在作图过程中,我们感受到由于点 P 在单位圆上周而复始的移动,当它从一个点开始旋转一周后,回到原来的位置,对应于正弦函数图像上的两个点,这两个点纵坐标相等,横坐标相差 2π,这就是前面学习过的诱导公式,$\sin(x+2\pi)=\sin x$. 如何在函数图像上体现这个现象?从这个现象出发,我们可以受到启发,为了研究 $y=\sin x$ 的性质,只要将 x 限定在一个长度为 2π 的区间上研究即可. 请各小组分别选择一个适当的区间,研究 $y=\sin x$ 在该区间上的性质,并予以证明;各小组可对比各自的方案. 3. 在前面的探究中,等式"$\sin(x+2\pi)=\sin x$"表明可将函数 $y=\sin x$ 在任何一个长度为 2π 的区间上的形态或性质拓展到整个定义域范围内,并且具有周而复始的特点,这就简化了该函数性质的研究. 这个特点与实际生活中的周期现象是类似的. 一般地,对于一个函数 $y=f(x)$,假设它的函数图像也具有周而复始的特点,也就是当自变量 x 的值增加一定的单位后,函数值不变,那应该怎样用数学语言描述这个特点呢? 4. 除了正弦函数 $y=\sin x$ 外,同学们能否给出其他周期函数的例子?说明理由.		
活动类型	☑知识建构活动	□问题探究活动	□专题实践活动
核心素养	☑数学抽象 ☑直观想象	☑数学运算 □数据分析	☑逻辑推理 □数学建模
活动年级	☑高一	□高二	□高三
活动形式	☑课内活动	□课外活动	□课内外兼顾

续表

活动方式	☑自主学习		☑小组合作		□班级研讨交流
活动资源	□工具学具		☑文本资料		☑媒体资料
活动水平	☑理解与运用		□综合运用		□探究与发现
所需课时	4				
评价方法	☑自我评价		☑小组评价		☑教师评价
活动品质评估	主体性 [A] B C	整体性 [A] B C	合作性 A [B] C	适切性 A [B] C	激励性 [A] B C

注：A 表示"很好",B 表示"良好或较好",C 表示"一般或较差"

三、活动实施、总结评价

(一) 活动流程

1. 小组合作

类比幂函数、指数函数和对数函数的研究方法，作出正弦函数 $y=\sin x$（x 的单位为弧度）的大致图像，猜测该函数具有的性质，并尝试说明理由.

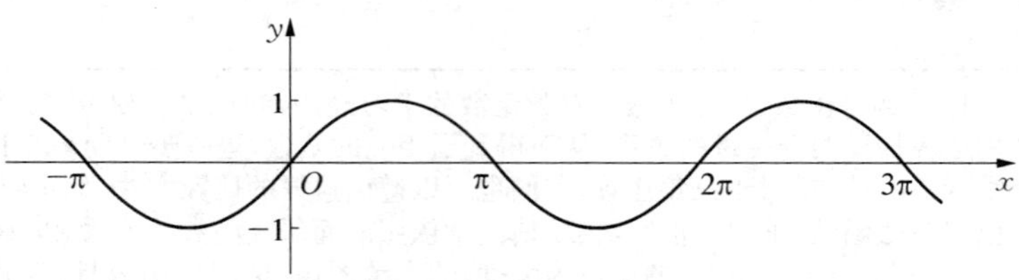

2. 小组合作

讨论恒等式 $\sin(x+2\pi)=\sin x$ 在正弦函数的图像上是如何体现的；进一步，请分别选择一个适当的区间，研究 $y=\sin x$ 在该区间上的性质，并予以证明；各小组可对比各自的方案.

3. 形成结论

从图像上，结合证明得到正弦函数的性质：奇偶性、单调性、最值等.

4. 小组合作

对于一个函数 $y=f(x)$，假设它的函数图像具有周而复始的特点，也就是当自变量 x 的值增加一定的单位后，函数值不变，讨论应该怎样用数学语言描述这个特点.

5. 形成周期函数和最小正周期的定义

6. 小组合作

除了正弦函数 $y=\sin x$ 外，请举出其他的周期函数的例子；并就函数表达式的结构、大致图像等方面进行比较.

7. 小组交流

(1) 各小组派代表交流本组研究结果；

(2) 组间提问，讨论研究结果正确与否.

8. 教师指导

(1) 作正弦函数 $y=\sin x$ 的图像时,要选取图像上的特征点,注意这些特征点与单位圆上的对应点之间的关联;

(2) 等式" $\sin(x+2\pi)=\sin x$ "表明 $y=\sin x$ 在一个长度为 2π 的区间上的图像经过平移之后,可以得到另一个长度为 2π 的区间上的图像,所以选取一个适当的区间,就可以了解该函数的性质. 这个区间的选取,应尽量"简单",角的(绝对值)大小要尽量小(符合常用性原则),角的关系要尽量简化(与函数的性质相对应);

(3) 描述 $y=\sin x$ 或者一般函数的周期性,要注意语言的规范性和严密性,特别是要注意两个量 x 和 T 的限定条件,其中 T 是与 x 无关的常数,而 x 在定义域内任意取值;

(4) 构造周期函数,从代数形式上看,可以是类似于正弦函数的其他三角函数(结合诱导公式);从图像上看,可以是周而复始的,由一个区间上的图像进行水平平移得到其他区间上的图像.

9. 小组第二次研讨

(1) 对各小组研究所得的结论进行比较;

(2) 梳理研究所得的结论哪些正确,哪些错误?错在哪里?是否可以改进?

(3) 形成小组研究成果.

(二) 活动评价

1. 评价原则

与幂函数、指数函数和对数函数相比,在研究方法上,正弦函数有类似性和特殊性,学习活动中要关注这两方面,对学生形成概念、语言表达概念等交流过程进行评价. 例如,周期性既有图像的直观性,又有数学语言描述的抽象性和严密性,在学习活动中,要通过课堂观察评价学生的"数学抽象"过程.

(1) 认真进行自主探究的学习过程,积极思考,逐步形成浓厚的数学学习兴趣.

① 积极自主探究,能完成"(一)活动流程"中的9项活动(20分);

② 主动自主探究,能完成"(一)活动流程"中的5项活动(15分);

③ 能进行自主探究,能完成"(一)活动流程"中的3项活动(10分);

④ 有自主探究的意愿,但不能完成"(一)活动流程"中的任何一项活动(5分);

⑤ 不愿意自主探究(0分).

(2) 积极参加合作学习,与组员交流自己的想法,逐步提高数学表达与交流能力.

① 积极在小组合作学习中交流自己的发现,并给予同伴有价值的建议(20分);

② 主动在小组合作学习中交流自己的发现,并给予同伴一些建议(15分);

③ 能在小组合作学习中交流自己的发现,在给予同伴建议方面有待加强(10分);

④ 能在小组合作学习中交流自己的发现,但交流效果并不理想(5分);

⑤ 不愿意在小组合作学习中交流自己的发现(0分).

(3) 能对"(一)活动流程"中的各项活动提供数学支持(如比较、抽象、逻辑推理等),逐步形成严谨的科学态度.

① 主动对“(一)活动流程”中的各项活动提供数学支持(20 分)；

② 主动判断小组讨论所得的结论是否准确，并有证明的想法(15 分)；

③ 能尝试对“(一)活动流程”中的各项活动提供数学支持(10 分)；

④ 在同伴的提醒下，尝试对“(一)活动流程”中的各项活动提供数学支持(5 分)；

⑤ 对“(一)活动流程”中的各项活动不提供任何数学支持(0 分).

(4) 在组间交流的基础上，取长补短，进一步修改本组原有的研究结果.

① 主动承担进一步修改原有结论的任务，成为推动小组探究活动前进的主要力量(20 分)；

② 尝试对原有结论进行修改，能推动小组探究活动的前进(15 分)；

③ 能够对原有结论的修改提出意见和建议(10 分)；

④ 对原有结论的修改提出意见和建议较少(5 分)；

⑤ 对原有结论的修改不提出任何意见和建议，也不参与修改的过程(0 分).

(5) 公平、公正地进行自我评价和小组互评，评价过程认真、负责、有诚信，逐步形成良好的个人品质.

① 公平的开展自我评价、小组互评(20 分)；

② 自我评价或小组互评中有一项有待改进(10 分)；

③ 自我评价与小组互评情况均有待改进(0 分).

(6) * 在小组合作探究和班级交流中有突出表现的，酌情加分.

2. 评价量表

基本信息	组员：________			
研究所得基本数据	自主研究所得结论数量	正确____条	错误____条	修改____条
	小组研究所得结论数量	正确____条	错误____条	修改____条
过程评价	评价项目(分值)	自我评价	小组互评	教师评价
	主动探究、积极思考(20)			
	积极合作、有效交流(20)			
	论证说明、严谨求真(20)			
	取长补短、修正提升(20)			
	公正评价、诚信负责(20)			

注：总分＝自我评价＊0.3＋小组互评＊0.3＋教师评价＊0.4

四、活动反思与体会

相较于函数的其他性质(如奇偶性、单调性等)，周期性对学生理解抽象而严密的数学语言提出了更高的要求，如何理解“存在”？如何理解“任意”？如何化解学生学习时的难点？从这个角度认识三角函数的教学，它既是一般函数研究方法的具体化，又承担了系统研究周期性的功能，而所有的正弦型函数、余弦型函数都相当于正弦函数 $y=\sin x$ 与一次函数的复合函数，所以，以正弦函数 $y=\sin x$ 为载体研究周期性兼具起点低和代表性突出的特点，特别是单位圆的使用使得周期性更加形象化. 另外，从整个高中数学内容来看，对数学语言的规范性和严谨性要求最高的也是如何将图形图像语言转化为数学符号语言，这对学生的数学抽象、直观想象、逻辑推理素养既提出了较高的要求，也是极佳的训练素材. 因此，学习活动既要充分调动学生的自主性与合作探究，也要深入挖掘正弦函数、单位圆、诱导公式等内容在描述函数周期性上的“聚力”作用，以期学生对周期性有全方位的理解. 当然，在学习材料的选择上，也要做好难度控制，减少抽象函数的周期性等学生较难理解的内容.另外，实际生活中较多的周期现象为学习活动中提供了较多的材料，丰富了学生对数学建模的认知，提高对数学应用的兴趣.

案例 2-7-2　函数 $y=A\sin(\omega x+\varphi)$的图像与性质

一、设定活动目标、确定活动名称

单元名称	三角函数
教材版本	上教社 2020 年版
活动目标	通过研究函数 $y=A\sin(\omega x+\varphi)$ 的图像与性质，巩固对正弦函数的图像与性质的认知，体会函数图像变换在研究函数性质中的作用，感受“转化与化归”的思想，进一步落实研究函数的一般方法.
活动名称	函数 $y=A\sin(\omega x+\varphi)$ 的图像与性质
活动意义	本节内容的研究思路实际上在必修一“对数函数”中已有所提及，通过换底公式，不同的对数函数的图像可以通过伸缩变换得到，从而所有的对数函数都可以“化归”为特殊的对数函数，只不过由于对数函数的图像特征并不丰富，学生对“转化与化归”的思想并没有深刻的印象.与之形成鲜明对比的是，三角与三角函数内容中，不仅有灵活多变的变形公式，丰富的变形途径，也有特征多样的正弦函数的图像(周期性、有界性、奇偶性、零点等)，所以本节学习活动的意义在于：一是体会复合函数的研究方法；二是掌握函数图像的变换规律；三是体验“转化与化归”的思想.

二、活动方案设计

问题设计	1. 在学习正弦函数和余弦函数的过程中，我们已经接触到了形如 $y=A\sin(\omega x+\varphi)$ 的函数，并且采用“变量代换”的方法研究了函数 $y=A\sin(\omega x+\varphi)$ 的单调性、最值、值域等性质；另一方面，余弦函数 $y=\cos x$ 的图像可以看作是由正弦函数 $y=\sin x$ 的图像平移而得. 那么在一般情况下，函数 $y=A\sin(\omega x+\varphi)$ 的图像与 $y=\sin x$ 的图像有什么关系？为了研究这个问题，可以采用类似于物理实验中“控制变量”的方法，分别取 A,ω,φ 中的两个为常数，研究余下的一个在变化时，两个函数图像之间的关系. 请各小组通过选取一些特殊的情形，就此问题展开讨论. 2. 从前面的探究中可以得到，由函数 $y=\sin x$ 的图像可以经过伸缩和平移两种变换过程得到函数 $y=A\sin(\omega x+\varphi)$ 的图像，那么如果交换变换过程的顺序(不改变伸缩的倍数或平移的量)，是否会影响到最终的结果？例如，由 $y=\sin x$ 得到 $y=2\sin\left(3x+\frac{\pi}{4}\right)$ 的图像可以经过下面的变换过程：先向左平移 $\frac{\pi}{4}$ 个单位，再将图像上

续表

	的横坐标变成原来的 $\frac{1}{3}$（纵坐标不变），最后将图像上点的纵坐标变成原来的 2 倍（横坐标不变）；如果交换其中的部分变换过程，如先将图像上的横坐标变成原来的 $\frac{1}{3}$（纵坐标不变），再向左平移 $\frac{\pi}{4}$ 个单位，最后将图像上点的纵坐标变成原来的 2 倍（横坐标不变），那么是否依然得到函数 $y=2\sin\left(3x+\frac{\pi}{4}\right)$ 的图像？请各小组选择不同的变换过程，就此问题展开讨论. 3. 从"数"的角度看，我们可以通过"变量代换"的方法，用 $y=\sin x$ 的性质研究 $y=A\sin(\omega x+\varphi)$ 的性质；从"形"的角度看，我们可以通过图像的平移和伸缩，研究 $y=A\sin(\omega x+\varphi)$ 的图像性质. 不管从哪个角度，都是采用了"转化与化归"的思想，也就是将未知的问题转化为已知的问题. 请同学们思考，我们在研究函数、三角和三角函数中的哪些问题时也用到了这样的思想？
活动类型	☑知识建构活动　　□问题探究活动　　□专题实践活动
核心素养	☑数学抽象　　☑数学运算　　☑逻辑推理 ☑直观想象　　□数据分析　　□数学建模
活动年级	☑高一　　□高二　　□高三
活动形式	☑课内活动　　□课外活动　　□课内外兼顾
活动方式	☑自主学习　　☑小组合作　　□班级研讨交流
活动资源	□工具学具　　☑文本资料　　☑媒体资料
活动水平	□理解与运用　　□综合运用　　☑探究与发现
所需课时	1
评价方法	☑自我评价　　☑小组评价　　☑教师评价
活动品质评估	主体性 [A] B C　　整体性 [A] B C　　合作性 A [B] C　　适切性 A [B] C　　激励性 [A] B C

注：A 表示"很好"，B 表示"良好或较好"，C 表示"一般或较差"

三、活动实施、总结评价

（一）活动流程

1. 小组合作

采用类似于物理实验中"控制变量"的方法，分别取 A,ω,φ 中的两个为常数，研究余下的一个在变化时，两个函数图像之间的关系.

2. 形成三角函数图像的变换规律

（1）将函数 $y=\sin x$ 的图像向右平移 $\varphi(\varphi>0)$，得到函数 $y=\sin(x-\varphi)$ 的图像；向左平移 $\varphi(\varphi>0)$，得到函数 $y=\sin(x+\varphi)$ 的图像，如图 1.

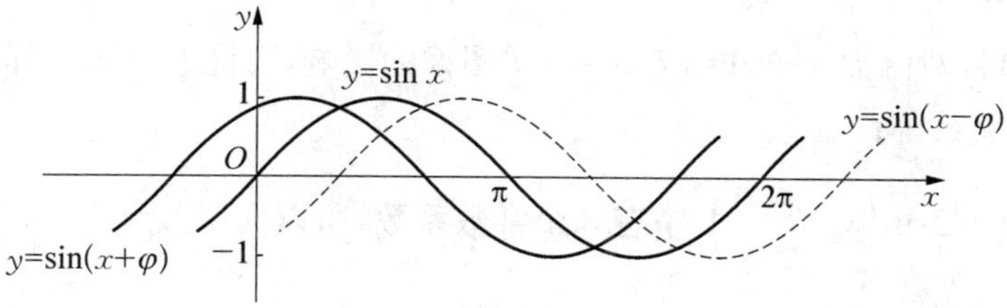

图 1

(2) 将函数 $y=\sin x$ 的图像上点的纵坐标变成原来的 A 倍,横坐标不变,得到函数 $y=A\sin x$ 的图像,如图 2.

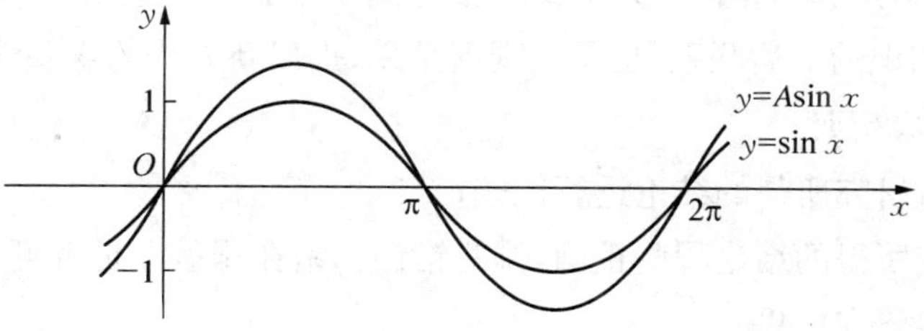

图 2

(3) 将函数 $y=\sin x$ 的图像上点的横坐标变成原来的 $\dfrac{1}{\omega}$ 倍,纵坐标不变,得到函数 $y=\sin(\omega x)$ 的图像,如图 3.

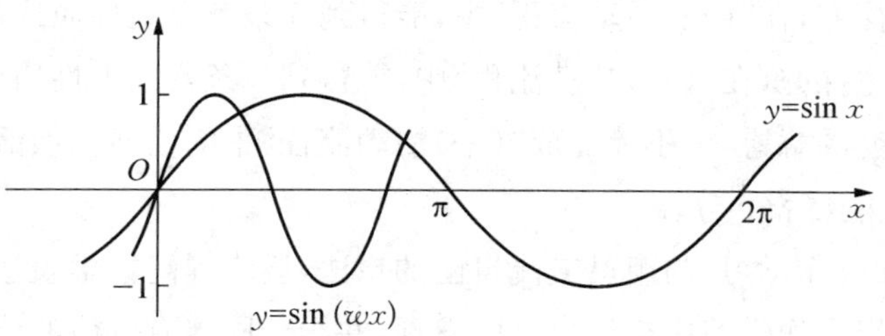

图 3

3. 小组合作

对函数 $y=\sin x$ 的图像交换变换过程的顺序(不改变伸缩的倍数或平移的量),探究是否会影响到最终的结果,并说明理由.

4. 小组合作

举例说明,在研究函数、三角和三角函数中的哪些问题时也用到了"转化与化归"的思想.

5. 小组交流

(1) 各小组派代表交流本组的研究结果;

(2) 组间提问,讨论研究结果正确与否.

6. 教师指导

(1) 研究参数对函数 $y=A\sin(\omega x+\varphi)$ 图像的影响，要注意参数选择的全面性，如正负，与 1 的大小关系等；

(2) 函数 $y=2\sin\left(3x+\frac{\pi}{4}\right)$ 中有 3 个常数系数，所以由函数 $y=\sin x$ 的图像变换得到函数 $y=2\sin\left(3x+\frac{\pi}{4}\right)$ 的图像，需要 3 步变换，而这 3 步变换先后顺序的组合有 6 种可能性，在探究交换变换顺序是否会对结果有影响时，也要注意变换顺序的全面性；

(3) 仅在三角和三角函数单元，处处体现了"转化与化归"的思想，从同角三角比的关系到诱导公式，从两角和与差的三角等式的推导到正弦定理和余弦定理等，"转化与化归"的思想既体现了知识的前后联系，也是发现新结果、提出新方法的重要途径.

7. 小组第二次研讨

(1) 对各小组研究所得的结论进行比较；

(2) 梳理研究所得的结论哪些正确，哪些错误？错在哪里？是否可以改进？

(3) 形成小组研究成果.

(二) 活动评价

1. 评价原则

(1) 认真进行自主探究的学习过程，积极思考，逐步形成浓厚的数学学习兴趣.

① 积极自主探究，在"(一)活动流程"中，能得到 10 条及以上性质或规律(20 分)；

② 主动自主探究，在"(一)活动流程"中，能得到 5 条及以上性质或规律(15 分)；

③ 能进行自主探究，在"(一)活动流程"中，能得到 3 条及以上性质或规律(10 分)；

④ 有自主探究的意愿，但不能完成"(一)活动流程"中的任何一项活动(5 分)；

⑤ 不愿意自主探究(0 分).

(2) 积极参加合作学习，与组员交流自己的想法，逐步提高数学表达与交流能力.

① 积极在小组合作学习中交流自己的发现，并给予同伴有价值的建议(20 分)；

② 主动在小组合作学习中交流自己的发现，并给予同伴一些建议(15 分)；

③ 能在小组合作学习中交流自己的发现，在给予同伴建议方面有待加强(10 分)；

④ 能在小组合作学习中交流自己的发现，但交流效果并不理想(5 分)；

⑤ 不愿意在小组合作学习中交流自己的发现(0 分).

(3) 能对"(一)活动流程"中的各项活动提供数学支持(如比较、抽象、逻辑推理等)，逐步形成严谨的科学态度.

① 主动对"(一)活动流程"中的各项活动提供数学支持(20 分)；

② 主动判断小组讨论所得的结论是否准确，并有证明的想法(15 分)；

③ 能尝试对"(一)活动流程"中的各项活动提供数学支持(10 分)；

④ 在同伴的提醒下，尝试对"(一)活动流程"中的各项活动提供数学支持(5 分)；

⑤ 对“(一)活动流程”中的各项活动不提供任何数学支持(0分).

(4) 在组间交流的基础上，取长补短，进一步修改本组原有的研究结果.

① 主动承担进一步修改原有结论的任务，成为推动小组探究活动前进的主要力量(20分)；

② 尝试对原有结论进行修改，能推动小组探究活动的前进(15分)；

③ 能够对原有结论的修改提出意见和建议(10分)；

④ 对原有结论的修改提出意见和建议较少(5分)；

⑤ 对原有结论的修改不提出任何意见和建议，也不参与修改的过程(0分).

(5) 公平、公正地进行自我评价和小组互评，评价过程认真、负责、有诚信，逐步形成良好的个人品质.

① 公平的开展自我评价、小组互评(20分)；

② 自我评价或小组互评中有一项有待改进(10分)；

③ 自我评价与小组互评情况均有待改进(0分).

(6) * 在小组合作探究和班级交流中有突出表现的，酌情加分.

2. 评价量表

基本信息	组员：________			
研究所得基本数据	自主研究所得的性质或规律数量	正确____条	错误____条	修改____条
	小组研究所得的性质或规律数量	正确____条	错误____条	修改____条
过程评价	评价项目(分值)	自我评价	小组互评	教师评价
	主动探究、积极思考(20分)			
	积极合作、有效交流(20分)			
	论证说明、严谨求真(20分)			
	取长补短、修正提升(20分)			
	公正评价、诚信负责(20分)			

注：总分＝自我评价 * 0.3＋小组互评 * 0.3＋教师评价 * 0.4

四、活动反思与体会

在此前函数内容的学习过程中，学生已经掌握了几乎所有研究函数的方法(除导数外)——“形”与“数”. 从“形”上看，初中阶段已经通过二次函数了解了图像平移与函数表达式之间的关系，高中阶段已经通过幂函数、指数函数、对数函数了解了函数图像作图过程中需要考虑的几何特征(上升与下降、渐近性、对称性等)，并体会到了不同的对数函数图像可以通过不改变横坐标，而将纵坐标伸缩一定的倍数得到. 一方面，这种研究函数性质的方法符合学生学习新的数学知识的认知规律，即先从“直观”上对所学知识进行合理的归纳猜测，再结合数学抽象、逻辑推理等手段严密化，特别是在信息化时代，数学学习已经实现了可视化，学生所获得数学内容的“直观形象”的数量和质量都大大提高，更便于学生提出问题，分析问题，并设法解决问题. 另一方面，这一方法的数学思想意义也是非常有价值的，看似增加了学习内容，实际上沟通了不同形式的知识之间的关联，通过“转化与化归”，突出了学习主线，学生对函数的学习真正实现了“牵一发而动全身”. 从这个角度重新审视此前学习的函数就会发现，不仅如前所述不同的对数函数图像之间有密切的关系，指数函数也具有这样的特点，由 $b^x=a^{x\log_a b}$ 可知，函数 $y=b^x$ 的图像可以通过将函数 $y=a^x$ 的图像上点的横坐标伸缩 $\dfrac{1}{\log_a b}$ 倍，纵坐标保持不变得到. 正如华罗庚先生所言，读书要由薄到厚，再由厚到薄. 利用图像变换研究函数性质就实现了由厚到薄的转变. 从以上分析出发，对于学生学习活动的设计，需要教师充分挖掘学习内容，梳理知识间的联系，设计多样化的教学途径和教学方法，以及丰富的数学情境，引导学生观察与思考.

案例 2-7-3　正切函数的图像与性质

一、设定活动目标、确定活动名称

单元名称	三角函数
教材版本	上教社 2020 年版
活动目标	通过研究正切函数的图像与性质，强化研究函数，特别是周期函数的方法，提升对单位圆用于研究三角函数的功能的认知，增进对函数图像（间断性、渐近性）的了解.
活动名称	正切函数的图像与性质
活动意义	三角函数可以分为两类，一类是形如 $y=A\sin(\omega x+\varphi)$ 的连续函数，另一类是形如 $y=A\tan(\omega x+\varphi)$ 的间断函数（含余切函数，高中阶段不研究）. 它们的共性是都可以借助单位圆感受变化规律（代数形式为诱导公式），因而具有周期性，所以研究方法上有延续性；而函数 $y=\tan x$ 的图像的最大特点是其无界性和由无数条直线隔开，这样的特点丰富了学生对函数图像的认知，拓宽了函数作为一种数学建模工具的范畴. 作为高中阶段学习的最后一类初等函数，正切函数 $y=\tan x$ 的研究方法是容易的，不过从整个函数的研究过程来看，幂函数、指数函数、对数函数、正弦函数、正切函数这几类函数的图像都有一个公共的问题是学生目前掌握的工具无法解决，而只能通过“列表描点”进行粗略感知的，那就是图像的“凹凸性”，相对于其他函数，正切函数恰恰因其有无数条垂直于 x 轴的渐近线，而显得变化更加剧烈，明确图像“凹凸性”特征才显得更加迫切，这也为后面从导数角度研究函数预留出了空间. 从以上分析可以看到，本节学习活动的意义有三：丰富单位圆在研究三角函数中所起作用的认知；梳理研究函数的方法（数与形）；了解正切函数丰富的图像特征，预留思考空间.

二、活动方案设计

问题设计	1. 我们已经学习了正弦函数、余弦函数，体验了用单位圆研究正弦函数的方法，核心是固定 $r=1$，那么 $\sin\alpha$ 就是单位圆上相应点的纵坐标，其中 $P(x, y)(x^2+y^2=1)$ 是角 α 终边上的点，从而点的变化就与正弦的变化相对应. 那么这种方法是否可以研究正切函数的图像与性质？类似地，需要固定 x，y 中之一，此时 $\tan\alpha$ 就对应于某条垂直于坐标轴的直线上点的横坐标或纵坐标，当点在该直线上移动上，点的变化就与正切的变化对应起来. 请各小组制订方案，就此问题展开讨论； 2. 由 $\tan(\alpha+\pi)=\tan\alpha$ 可知，正切函数 $y=\tan x$ 是周期为 π 的周期函数，所以为了作出 $y=\tan x$ 的图像，研究 $y=\tan x$ 的性质，只需要研究它在一个长度为 π 的区间上的图像与性质即可. 类似于正弦函数，这样的区间应该符合"最小性"原则(即角的绝对值要尽可能小)和"常用性"原则(即区间内的角应尽可能包含常用的角). 结合问题1中对利用单位圆刻画正切的探讨，请各小组分别选择适当的区间，就此问题展开讨论； 3. 由正切的定义可知，正切函数 $y=\tan x$ 的定义域是 $\{x \mid x\neq k\pi+\frac{\pi}{2}, k\in\mathbf{Z}\}$，这一特点是怎样反映在正切函数的图像上的？正切函数的图像与直线 $x=k\pi+\frac{\pi}{2}(k\in\mathbf{Z})$ 有怎样的位置关系？ 4. 请用代数方法证明正切函数 $y=\tan x$ 的下列性质：(1) 奇函数；(2) 在区间 $\left(-\frac{\pi}{2}, \frac{\pi}{2}\right)$ 上严格递增；(3) 最小值正周期是 π.
活动类型	☑知识建构活动　□问题探究活动　□专题实践活动
核心素养	□数学抽象　☑数学运算　☑逻辑推理 ☑直观想象　□数据分析　□数学建模
活动年级	☑高一　□高二　□高三
活动形式	☑课内活动　□课外活动　□课内外兼顾
活动方式	☑自主学习　☑小组合作　□班级研讨交流
活动资源	□工具学具　☑文本资料　☑媒体资料
活动水平	□理解与运用　□综合运用　☑探究与发现
所需课时	1
评价方法	☑自我评价　☑小组评价　☑教师评价
活动品质评估	主体性 [A] B C　整体性 [A] B C　合作性 A [B] C　适切性 A [B] C　激励性 [A] B C

注：A表示"很好"，B表示"良好或较好"，C表示"一般或较差"

三、活动实施、总结评价

（一）活动流程

1. 小组合作(一)

类比用单位圆上点的纵坐标表示正弦，对于角 α 的终边上的点 $P(x, y)$，固定 x，y 中之一，此时 $\tan\alpha$ 就对应于某条垂直于坐标轴的直线上点的横坐标或纵坐标，当点在该直线上移动上，点的变化就与正切的变化对应起来. 请各小组制订方案，就此问题展开讨论.

2. 形成初步方法

取角 α 的终边或终边反向延长线上横坐标为 1 的点，此时不管 α 的终边在第几象限，$\tan\alpha$ 都等于该点的纵坐标，从而角的位置变化，引起直线 $x=1$ 上点的变化，对应 $\tan\alpha$ 的变化，如图 1.

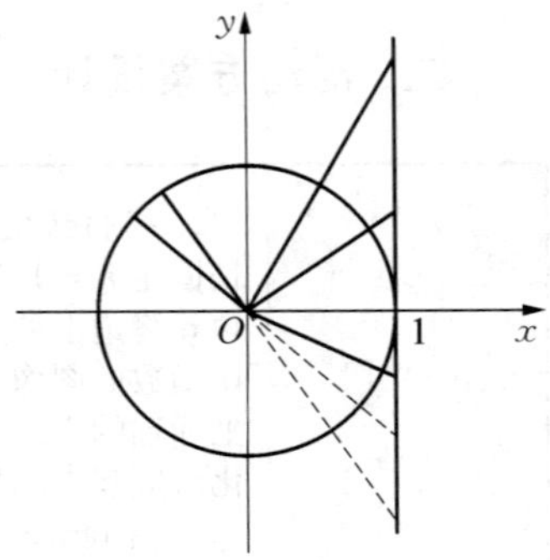

图 1

3. 小组合作(二)

正切函数 $y=\tan x$ 是周期为 π 的周期函数，只需要研究它在一个长度为 π 的区间上的图像和性质即可. 结合前面对利用单位圆刻画正切的探讨，请各小组分别选择适当的区间，就此问题展开讨论.

4. 形成研究结论

只需讨论函数 $y=\tan x$ 在区间 $\left(-\dfrac{\pi}{2}, \dfrac{\pi}{2}\right)$ 上的图像与性质即可，如图 2.

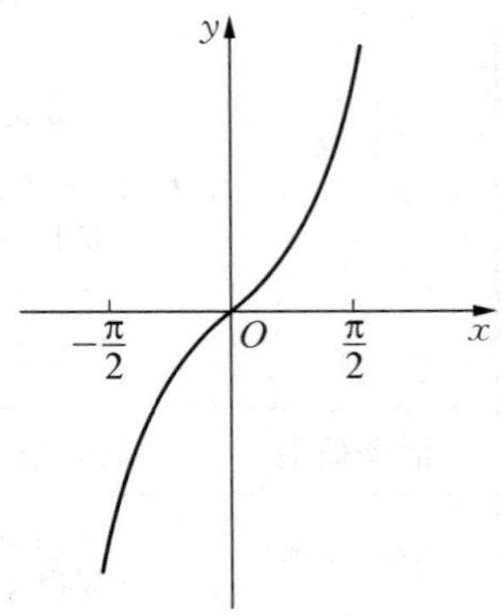

图 2

5. 自主探究

(1) 正切函数 $y=\tan x$ 的定义域是 $\{x \mid x\neq k\pi+\dfrac{\pi}{2}, k\in\mathbf{Z}\}$，这一特点是怎样反映在正切函数的图像上的？正切函数的图像与直线 $x=k\pi+\dfrac{\pi}{2}(k\in\mathbf{Z})$ 有怎样的位置关系？

(2) 用代数方法证明正切函数 $y=\tan x$ 的下列性质：① 奇函数；② 在区间 $\left(-\dfrac{\pi}{2}, \dfrac{\pi}{2}\right)$ 上严格递增.

6. 小组合作(三)

证明正切函数 $y=\tan x$ 的最小正周期是 π.

7. 小组交流

(1) 各小组派代表交流本组研究结果；

(2) 组间提问，讨论研究结果正确与否.

8. 教师指导

(1) 为了研究正切的变化，我们利用了单位圆及其切线 $x=1$，此时角 α 的终边或其反向延长线与直线 $x=1$ 的交点的纵坐标就是 $\tan\alpha$ 的值，在考察这种对应关系的过程中，要注意思考的全面性，分终边在 y 轴右侧的角和终边在 y 轴左侧的角两种情况.

(2) 为了选取一个适当区间，考察正切函数的性质，可类比正弦函数的处理方式，从最小正周期和奇偶性两个角度考虑. π 是 $y=\tan x$ 的一个周期，且该函数为奇函数，所以可

以考虑区间 $\left(-\frac{\pi}{2}, \frac{\pi}{2}\right)$，当然也可以考虑其他区间，如 $(0, \pi)$ 等，如何选取区间，“易用性”是一个参考标准.

(3) 我们知道，函数 $y=\frac{1}{x}$ 的定义域中不含 0，图像与坐标轴没有交点，但是随着 $|x|$ 的无限增大或无限减小，函数的图像与坐标轴是无限接近的. 实际上，不少函数的图像都具有这种特点，如幂函数 $y=x^k(k<0)$、指数函数和对数函数，这种特征可以称为渐近性. 对于幂函数 $y=x^k(k<0)$、指数函数和对数函数的图像来说，分别存在不多于 2 条垂直于坐标轴的直线满足这种特征. 与之相对应的，从正切函数的定义域来看，对于正切函数的图像，有无数条垂直于 x 轴的直线满足这种特征，这是正切函数的图像非常突出的特点，如图 3.

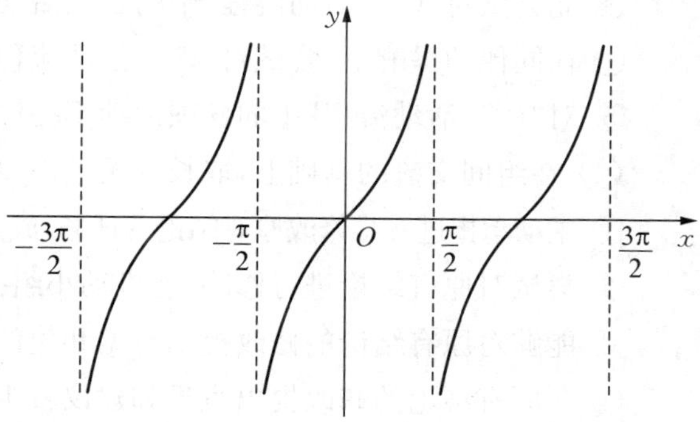

图 3

(4) 正切函数 $y=\tan x$ 的图像直观地反映了该函数的一些性质，从数学严谨性角度看，这些性质还需要通过代数方法的证明加以验证，利用如奇偶性的定义，单调性的定义结合三角公式进行证明；对于最小正周期的证明，可以考虑使用反证法.

9. 小组第二次研讨

(1) 对各小组研究所得的结论进行比较；

(2) 梳理研究所得的结论哪些正确，哪些错误？错在哪里？是否可以改进？

(3) 形成小组研究成果.

(二) 活动评价

1. 评价原则

(1) 认真进行自主探究的学习过程，积极思考，逐步形成浓厚的数学学习兴趣.

① 积极自主探究，在“(一)活动流程”中，能得到 8 条以上的性质或规律(20 分)；

② 主动自主探究，在“(一)活动流程”中，能得到 5 条以上的性质或规律(15 分)；

③ 能进行自主探究，在“(一)活动流程”中，能得到 3 条以上的性质或规律(10 分)；

④ 有自主探究的意愿，但不能完成“(一)活动流程”中的任何一项活动(5 分)；

⑤ 不愿意自主探究(0 分).

(2) 积极参加合作学习，与组员交流自己的想法，逐步提高数学表达与交流能力.

① 积极在小组合作学习中交流自己的发现，并给予同伴有价值的建议(20 分)；

② 主动在小组合作学习中交流自己的发现，并给予同伴一些建议(15 分)；

③ 能在小组合作学习中交流自己的发现，在给予同伴建议方面有待加强(10 分)；

④ 能在小组合作学习中交流自己的发现，但交流效果并不理想(5 分)；

⑤ 不愿意在小组合作学习中交流自己的发现(0 分).

(3) 能对“(一)活动流程”中的各项活动提供数学支持(如比较、抽象、逻辑推理等)，逐步形成严谨的科学态度.

① 主动对“(一)活动流程”中的各项活动提供数学支持(20 分)；

② 主动判断小组讨论所得的结论是否准确，并有证明的想法(15 分)；

③ 能尝试对“(一)活动流程”中的各项活动提供数学支持(10 分)；

④ 在同伴的提醒下，尝试对“(一)活动流程”中的各项活动提供数学支持(5 分)；

⑤ 对“(一)活动流程”中的各项活动不提供任何数学支持(0 分).

(4) 在组间交流的基础上，取长补短，进一步修改本组原有的研究结果.

① 主动承担进一步修改原有结论的任务，成为推动小组探究活动前进的主要力量(20 分)；

② 尝试对原有结论进行修改，能推动小组探究活动的前进(15 分)；

③ 能够对原有结论的修改提出意见和建议(10 分)；

④ 对原有结论的修改提出意见和建议较少(5 分)；

⑤ 对原有结论的修改不提出任何意见和建议，也不参与修改的过程(0 分).

(5) 公平、公正地进行自我评价和互评，评价过程认真、负责、有诚信，逐步形成良好的个人品质.

① 公平的开展自我评价、小组互评(20 分)；

② 自我评价或小组互评中有一项有待改进(10 分)；

③ 自我评价与小组互评情况均有待改进(0 分).

(6) * 在小组合作探究和班级交流中有突出表现的，酌情加分.

2. 评价量表

<table>
<tr><td>基本信息</td><td colspan="4">组员：________________________________</td></tr>
<tr><td rowspan="2">研究所得基本数据</td><td>自主研究所得的性质或规律数量</td><td>正确______条</td><td>错误______条</td><td>修改______条</td></tr>
<tr><td>小组研究所得性质或规律数量</td><td>正确______条</td><td>错误______条</td><td>修改______条</td></tr>
<tr><td rowspan="6">过程评价</td><td>评价项目(分值)</td><td>自我评价</td><td>小组互评</td><td>教师评价</td></tr>
<tr><td>主动探究、积极思考(20 分)</td><td></td><td></td><td></td></tr>
<tr><td>积极合作、有效交流(20 分)</td><td></td><td></td><td></td></tr>
<tr><td>论证说明、严谨求真(20 分)</td><td></td><td></td><td></td></tr>
<tr><td>取长补短、修正提升(20 分)</td><td></td><td></td><td></td></tr>
<tr><td>公正评价、诚信负责(20 分)</td><td></td><td></td><td></td></tr>
</table>

注：总分=自我评价 * 0.3+小组互评 * 0.3+教师评价 * 0.4

四、活动反思与体会

与利用单位圆刻画正弦相比，利用单位圆及其切线刻画正切，对学生是一个极大的挑战.虽然可以想到横坐标 $x=1$，但是面临终边在 y 轴左侧的情形，学生还是束手无策. 在这样情况下，要将“终边与直线 $x=1$ 的交点”修正为“终边的反向延长线与直线 $x=1$ 的交点”需要学生有较高的代数领悟能力，或者基于代数变形的角度，将诸如 $\frac{3}{-2}$ 改成 $\frac{-3}{2}$，或者基于诱导公式角度，将终边在 y 轴左侧的角更换为终边在 y 轴右侧的角. 这些处理方式都需要教师深入浅出的指导. 这样的处理方式实际上也向学生传达了这样一个信息：“形”是直观的，但是离开“数”谈“形”，“形”又是没有根基的. 一旦学生接受了这样的处理方式，那么正切的变化规律就豁然开朗，用代数方法证明正切函数的性质也就成为必然.

不管是正弦函数、还是正切函数，它们都表明：周期性可以简化研究函数性质的过程，只需要研究函数在长度为一个周期的区间上的图像与性质即可，而这样一个区间的选取则需要综合考虑函数的其他性质，如奇偶性、单调性等，可以说，这些性质之间是有一定联系的，学习活动可以围绕这一联系设计一些问题，提升学生综合运用函数性质的能力.

正切函数图像的渐近性对学生来说是一个新的难点，在学习幂函数、指数函数、对数函数的图像时，由于学生对图像的渐进性认识不足，经常会出现错误的图像作法，如将 $y=\frac{1}{x}$ 的图像与坐标轴的无限渐近性错误的作成 $y=\frac{1}{x}$ 的图像在坐标轴上有间断点(以空心圆代替)，这实际上反映了学生对函数性质的认知不足. 所以在作正切函数的图像时，为了突出图像的渐近特点，建议先作渐近线，再作图像.

第8章 平 面 向 量

一、学习内容分析

向量具有深刻的数学内涵和丰富的物理背景.向量既是代数研究的对象,也是几何研究的工具.向量是沟通几何与代数的桥梁,通过向量可以用代数的方法研究直线、曲线、平面、曲面以及高维空间中的数学问题,是进一步学习和研究数学其他领域问题的基础.在解决实际问题中,向量也有广泛的应用.

本章的学习可以帮助学生理解平面向量的代数表示与几何意义;掌握平面向量的概念、运算、向量基本定理以及向量的应用;用向量的语言、方法描述和解决现实生活、数学和物理中的问题;提升数学抽象、直观想象、数学运算和逻辑推理素养.

几何与代数是高中数学课程的主线之一.通过形与数的结合,突出几何直观与代数运算之间的融合,感悟数学知识之间的关联,加强对数学整体性的理解.

二、学习活动设计

(一) 学习活动设计整体分析

1. 学习活动的目标

① 通过知识构建活动,对于平面向量知识发生发展过程有更深入的体验;经历对物理中的位移、力等对象的抽象,形成向量的描述性定义,掌握向量的表示方法,提升数学抽象素养;懂得向量的模、平行向量、相等向量及负向量的概念,并会解决简单的问题.

② 通过问题探究活动以及小组分工合作学习的方式,丰富学习经历.通过活动,了解用向量形式表达三点共线的充要条件,培养逻辑思维素养;在活动中,通过合作学习、小组交流的方式,在问题求解的基础上,进一步将问题进行推广并了解这个问题的应用;通过撰写探究报告,培养将问题进行总结并举一反三的能力以及用数学语言进行规范表达的能力.

2. 学习活动的意义

① 通过活动,增强学生学习数学的兴趣,在初中已经学习了平面向量的基础上,产生进一步深入学习平面向量的欲望;

② 通过活动中的学生自我评价、小组评价以及教师评价,使教师能更关注学生的学习

过程,从而加强对学生学习过程的研究和实践,比单纯的关注结果性评价能更好的落实教学目标的达成.

3. 学习活动分析表

活动名称	活动目标	所需课时	活动类型			核心素养及其水平			评价方式		
			知识构建	问题探究	专题实践	核心素养	具体方面	水平	自我评价	小组评价	教师评价
向量及其相关概念的知识建构	①	1	√			数学抽象	知识与技能 思维与表达	一 一	√	√	√
用向量形式表达三点共线的充要条件	②	2		√		逻辑推理	知识与技能 情境与问题	二 二	√	√	√
总　计		3	1	1	0				2	2	2

(二) 学习活动案例

案例 2-8-1　向量及其相关概念的知识建构[①]

一、设定活动目标、确定活动名称

单元名称	平面向量
教材版本	上教社 2020 年版
活动目标	1. 经历对物理中的位移、力等对象的抽象,形成向量的描述性定义,掌握向量的表示方法,提升数学抽象素养; 2. 懂得向量的模、平行向量、相等向量及负向量的概念,并会解决简单的问题.
活动名称	向量及其相关概念的知识建构
活动意义	本节内容是第 8 章第一课时“向量的概念”,内容比较简单,学生也有一定的认知基础.我们从普通高中的学生基础薄弱、理解能力不够的实际情况出发,设计了 3 个活动,力图帮助学生逐步达成知识建构的目标.

二、活动方案设计

问题设计	活动 1：根据向量相关概念的名称(提纲式),学生开展自主学习. 活动 2：提出问题,帮助学生加深对概念的理解(学力不足的学生可以与同伴互助). 活动 3：概念理解与应用的达标检测. 活动 4：例题讲解 巩固新知.

① 本案例由上海市民星中学李宗芹老师提供

续表

活动类型	☑知识建构活动		□问题探究活动		□专题实践活动
核心能力	□运算求解 ☑数学表达		☑推理论证 □数据处理		□空间想象 □数学建模
活动年级	☑高一		□高二		□高三
活动形式	☑课内活动		□课外活动		□课内外兼顾
活动方式	☑自主学习		☑小组合作		□班级研讨交流
活动资源	□工具学习		☑文本资料		□媒体资源
活动水平	☑理解与运用		□综合运用		□探究与发现
所需课时	1(课内)				
评价方式	☑自主评价		☑小组评价		☑教师评价
活动品质评估	主体性 A B [C]	整体性 A [B] C	合作性 A [B] C	适切性 A B [C]	激励性 A [B] C

注：A 表示“很好”，B 表示“良好或较好”，C 表示“一般或较差”

三、活动实施、总结评价

(一) 活动实施

教师先借助现实世界和科学问题中一些常见的量，例如“位移”等，引出向量的概念，并请学生再举出一些既有大小又有方向的量，让学生明确向量有两个要素：一是大小，二是方向.接下来，教师就向量相关概念的学习和理解设置了活动 1，2，3，帮助学生层层深入，掌握向量的表示，懂得向量的模、平行向量、相等向量及负向量的概念，最后通过活动 4(例题讲解)学会用向量相关概念解决简单的问题.

活动 1：根据向量相关概念的名称(提纲式)，学生开展自主学习

(要求：对照书本，找出相关概念，圈划出关键词.)

概　　念	关 键 词
向量的概念	
向量的表示	
向量的模	
单位向量	
零向量	
平行向量	
相等的向量	
负向量	
关于零向量的特殊约定	

活动 2：设置问题帮助学生加深对概念的理解(先独立思考完成，然后学力不足的学生可以同伴互助)

[问题 1] 如何理解自由向量？

[问题 2] 向量的模是标量还是向量？

[问题 3] 单位向量有多少个？你怎么理解？

[问题 4] 零向量等于 0 吗？你怎么理解？

[问题 5] 如果两个非零向量平行，它们的方向如何？

[问题 6] 任意向量都只有唯一的负向量吗？

活动 3：概念理解与应用的达标检测(学生独立完成，教师精评)

1. 判断题

(1) 两个向量相等，则它们的起点相同，终点也相同；

(2) 若 $|\vec{a}|=|\vec{b}|$，则 $\vec{a}=\vec{b}$；

(3) $|\vec{0}|=0$；

(4) 在平行四边形 $ABCD$ 中，一定有 $\overrightarrow{AB}=\overrightarrow{DC}$；

(5) 若 $\overrightarrow{AB}=\overrightarrow{DC}$，则 $AB // CD$ 且 $AB=CD$.

2. 已知 $\vec{a}$，$\vec{b}$ 是两个非零向量，则 $\vec{a}=\vec{b}$ 是 $\vec{a} // \vec{b}$ 成立的________条件.

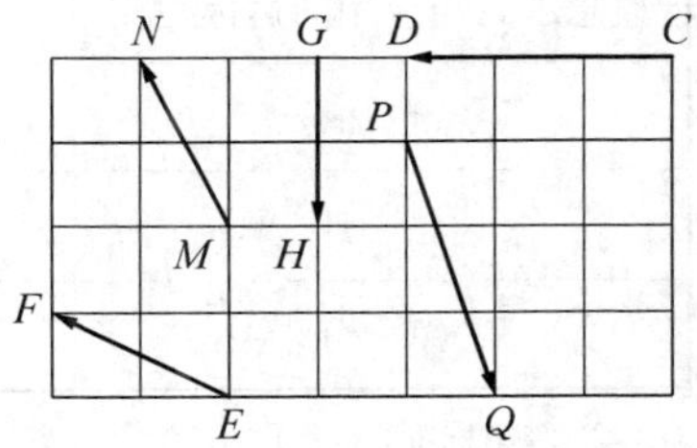

图 1

3. 在图 1 中画出向量.

(教材第 95 页图 8-1-2 的延伸应用)

(1) 起点为 Q，正北方向且模为 2 的向量 $\overrightarrow{QI}$；

(2) 起点为 H，模为 $2\sqrt{2}$、方向为北偏西 45° 的向量 $\overrightarrow{HR}$；

活动 4：例题讲解 巩固新知

例 1 如图 2，在等边三角形 ABC 中，D，E，F 分别是边 BC，AB，AC 的中点.写出图中与向量 $\overrightarrow{EF}$ 平行的非零向量和与 $\overrightarrow{EF}$ 相等的向量.

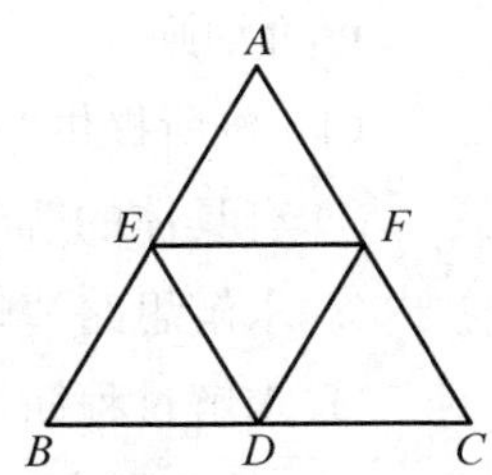

图 2

例 2 如图 2，在等边三角形 ABC 中，D，E，F 分别是边 BC，AB，AC 的中点.写出向量 $\overrightarrow{AE}$ 的负向量.

(二) 活动评价

活动 1：根据向量相关概念的名称(提纲式)，学生开展自主学习；

活动 2：提出问题，帮助学生加深对概念的理解(学力不足的学生可以同伴互助)；

活动 3：概念理解与应用的达标检测(学生独立完成，教师精评).

1. 评价原则

评价总分为 100 分.

(1) “知识建构活动”的思维水平(参考评价细则).评价：10—30 分.

(2) 小组代表交流的表达水平，合理质疑其他小组的汇报(例如指出过程中的纰漏、给出更好的思路等等),评价量表的完成情况.评价:0—30 分.

(3) 整理概念、自主学习,完善思维活动,进行概念理解与应用的达标检测.评价:10—40 分.

2. 评价量表

小组成员姓名			
活动名称			
评价项目	自我评价	小组互评	教师评价
"知识建构活动"的思维水平			
班级交流、合作学习的水平与能力			
概念理解与应用的达标检测			
特色加分			
总　计			
总　分		等　第	

注:① 等第标准:优秀[90,100],良好[75,90),一般[60,75),不及格[0,60);
② 总分=自我评价 * 0.5+小组互评 * 0.25+教师评价 * 0.25;
③ 总分超过 100 分,按 100 分计

评价细则:

(1) 按所提供"知识建构活动"的思维水平评分(不能累加,最高 30 分).

① 有具体的解题思路,但未求出结果(10 分);

② 求解思路清晰,但思维量较小、运算较烦琐(20 分);

③ 求解过程简洁、清晰,思维较深刻、运算较便捷(30 分).

(2) 按班级交流、合作学习的水平与能力评分(可以累加,最高 30 分).

① 小组代表在班级交流中求解错误,且其组员没有给予纠正,评为 0 分;小组代表在班级交流中求解错误,但其组员及时给予纠正,并能正确回复其他各组同学的质疑,评为 10 分;小组代表在班级交流中求解正确、表达清晰,能正确回复其他各组同学的质疑(10 分).

② 合理质疑其他小组的汇报,例如指出求解过程中的纰漏、给出更好的思路、提出疑难问题等(10 分).

③ 小组成员认真讨论,填写"评价量表",评为 10 分,否则评为 0 分.

(3) 按概念理解与应用的达标检测的成绩评分(可以累加,最高 40 分).

① 命题真假的判断(共 20 分,每题 4 分);

② 充分性和必要性的识别(10 分);

③ 指定向量的表示与作图(共10分,每题5分).

(4) 特色加分(计入总分,总分超过100分,按100分计):

① 在班级交流、合作学习中,有独到见解,对学习有较大推动作用的,视其情况加分,最多加20分;

② "概念理解与应用达标检测"完成度达到100%且获得35分以上,视其情况加分,最多加20分.

(5) 将前四栏分数相加得到自我评价、小组互评和教师评价的"总计",然后根据自我评价(50%)、小组互评(25%)、教师评价(25%)的权重计算得到本次数学问题解决活动的总分,按等第标准给予等第水平.

四、活动反思与体会

在开展"向量相关概念"的知识建构活动中,我们的学生能够主动参与学习,也了解到了学生在概念学习中存在的问题,同时在知识建构方面又一次进行了深度学习实践.

1. 大部分学生对向量及其概念有一定认知基础,在初中,向量主要以工具身份出现,体现了丰富的几何内涵.面对普通高中的学生,学习积极性普遍不高,如果教师照本宣科,费时、效果也不一定好,所以教师设计了循序渐进的3个学习活动,任务驱动,调动学生主动去学习.评价结果显示,绝大多数学生都能拿到满分,学习的信心大涨.

2. 活动1的任务,教师概括出相关概念的名称,学生只需要阅读书本就能参与进来,所以评价总分高达60分. 活动中,几乎所有的学生都参与进来了,激励机制更是让学生愿意静下心来学习,形成自己对向量及其相关概念的初步知识建构.评价中发现,一半学生能拿到一半的分数,说明自主学习才是学生真正学习的前提.

3. 活动2的任务设计相比活动1,有一定的难度,需要学生从字面意思去思考、理解一些重要概念的另一种表达;通过剖析关键词,理清相关概念之间的逻辑顺序;对于一些有争议的问题采用同伴互助.不少学生表示,有些复杂问题讨论解决之后,感觉清晰多了,认为同伴互助很有必要,真的可以帮助完善先前的知识建构.

4. 活动3的任务设计是达标检测,难度系数是最高的,需要学生对概念完全弄懂与理解,稍有不慎就会失分.评价结果显示,学生在做判断题与作图题时正确率较高,充分性和必要性的识别正确率最低,这与教师的预测一致.教师在精讲错题的同时,进一步帮助学生稳固知识建构,懂得"单位向量""零向量"是从向量的大小这一要素出发引出的特殊名称,所以这两个概念仅仅强调向量在大小上的特殊性,方向上没有明确的说明;而"两个向量平行""相等的向量""负向量"这些概念是从两个向量之间特殊的关系中发展而来,所以这三个概念各有侧重:"平行向量"强调方向上相同与相反,向量所在的直线可以平行,还可能重合;而"相等的向量""负向量"这两个概念不仅对大小,还对方向都有了明确的说明.这样学生就更能明白为什么要学习、弄明白这些相关概念,这为后续向量的线性运算、数量积运算及其坐标表示和应用奠定了学习基础.

5. 概念教学是数学学习重要的组成部分，也是后续知识理解与应用的基础，但它容易让学生感觉枯燥、乏味，教师在教学中要根据学生的实际情况，设计可行、有效的学习活动，让学生能够参与到活动中来，真正的学习，逐步建立、完善数学的知识结构，尽量为学生提供良好的学习体验，让学生深度学习，真正的实现育人为本.

案例 2-8-2　探究用向量形式表达三点共线的充要条件①

一、设定活动目标、确定活动名称

单元名称	平面向量
教材版本	上教社 2020 年版
活动目标	1. 通过活动，了解用向量形式表达三点共线的充要条件，培养逻辑推理素养； 2. 在活动中，通过合作学习、小组交流的方式，在问题求解的基础上，进一步将问题进行推广并了解这个问题的应用； 3. 通过撰写探究报告，培养将问题进行总结并举一反三的能力以及用数学语言进行规范表达的能力.
活动名称	探究用向量形式表达三点共线的充要条件
活动意义	1. 对平面向量基本定理形成更进一步的认识，从向量角度明确了三点共线的条件； 2. 通过学生自我探究、小组互帮互助的模式，加深学生对于问题结论的印象； 3. 通过查阅资料的方式，探究本问题的推广以及应用，让学生明白探究本问题的意义.

二、活动方案设计

问题设计	如图 1，给定平面上不共线的三个点 O，A，B，根据平面向量基本定理，对平面上任意一点 P，都有实数 λ 与 μ，使得 $\overrightarrow{OP}=\lambda\overrightarrow{OA}+\mu\overrightarrow{OB}$，请问：$\lambda$，$\mu$ 满足什么关系时，A，B，P 三点共线？反之是否成立？ 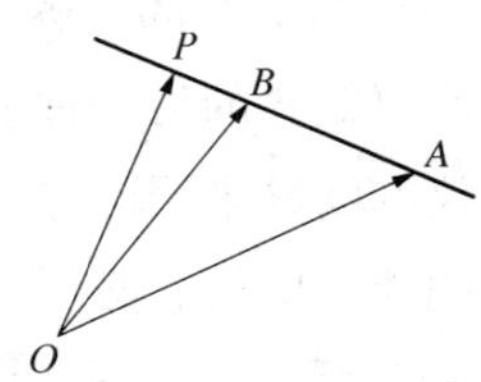 图 1		
活动类型	☑知识建构活动	□问题探究活动	☑专题实践活动
核心素养	☑数学抽象 ☑直观想象	□数学运算 ☑数据分析	□逻辑推理 ☑数学建模
活动年级	□高一	☑高二	☑高三
活动形式	☑课内活动	□课外活动	□课内外兼顾
活动方式	☑自主学习	☑小组合作	□班级研讨交流

① 本案例由上海海事大学附属北蔡高级中学李萍老师提供

续表

活动资源	□工具学具		☑文本资料		□媒体资料
活动水平	□理解与运用		□综合运用		☑探究与发现
所需课时	2(课内)				
评价方法	☑自我评价		☑小组评价		☑教师评价
活动品质评估	主体性 [A] B C	整体性 [A] B C	合作性 A [B] C	适切性 A [B] C	激励性 A [B] C

注：A表示“很好”，B表示“良好或较好”，C表示“一般或较差”

三、活动实施、总结评价

（一）活动流程

1. 提出问题

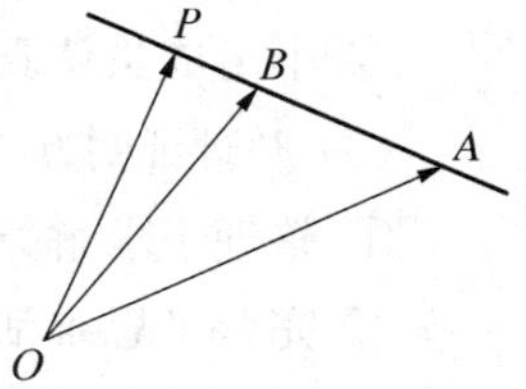

图2

问题　如图2，给定平面上不共线的三个点 O，A，B，根据平面向量基本定理，对平面上任意一点 P，都有实数 λ 与 μ，使得 $\overrightarrow{OP}=\lambda\overrightarrow{OA}+\mu\overrightarrow{OB}$，请问：$\lambda$，$\mu$ 满足什么关系时，A，B，P 三点共线？反之是否成立？

2. 学生活动

（1）学生分组，以5人为一组，组成研究小组，共同完成探究活动；

（2）独立思考问题，形成解决方案；

（3）小组讨论、交流对问题的思考与解决方案；

（4）小组成员梳理、汇总典型解法，推荐代表全班交流；

（5）各组代表在全班交流本组解法，并回复其他各组同学的质疑；

（6）小组成员整理求解方法，讨论对于该问题可以如何进行推广以及应用，并撰写“问题探究活动”报告.

3. 教师活动

（1）对学生分组情况进行评估；

（2）在学生活动过程中加强对学生行为的调控，引导学生逐渐熟悉开展研究性学习的流程与步骤；

（3）对学生提出的设计方案给予及时的点拨，引导学生对问题解决和计算结果进行理性思考与分析；

（4）指导学生规范完成活动报告；

（5）点评各小组的交流活动，完成教师评价.

（二）活动评价

1. 评价原则

评价总分为100分.

（1）“问题探究活动”的思维水平.

① 求解过程简洁、清晰，思维较深刻、运算较便捷，评为 30 分；

② 求解思路清晰，但思维量较小、运算较烦琐，评为 20 分；

③ 有具体的解题思路，但未求出结果，评为 10 分.

（2）小组代表交流的表达水平，合理质疑其他小组的汇报（例如指出过程中的纰漏、给出更好的思路等等），评价量表的完成情况.

① 小组代表在班级交流中求解错误，且其组员没有给予纠正，评为 0 分；小组代表在班级交流中求解错误，但其组员及时给予纠正，并能正确回复其他各组同学的质疑，评为 10 分；小组代表在班级交流中求解正确、表达清晰，能正确回复其他各组同学的质疑，评为 30 分.

② 合理质疑其他小组的汇报，例如指出求解过程中的纰漏、给出更好的思路、提出疑难问题等，评为 10 分.

③ 小组成员认真讨论，填写“评价量表”，评为 10 分，否则评为 0 分.

（3）整理证明方法，完善思维活动，进行问题推广与应用，撰写“问题探究活动”研究报告.

① 整理了求解方法，评为 10 分；

② 完善了思维活动，对问题进行了推广并加以应用，评为 20 分；

③ “问题探究活动”报告的思路清晰、数学语言较准确，有活动体会，评为 10 分.

（4）特色加分

① 在班级交流、合作学习中，有独到见解，对学习有较大推动作用的，视其情况加分，最多加 20 分；

② “问题探究活动”报告特色鲜明，达到较高水平，视其情况加分，最多加 20 分.

2. 评价量表

小组成员姓名			
活动名称			
评价项目(分值)	自我评价	小组互评	教师评价
“问题探究活动”的思维水平(30 分)			
班级交流、合作学习的水平与能力(30 分)			
“问题探究活动”报告(40 分)			
特色加分(20 分)			
总计			
总分		等第	

注：① 等第标准：优秀[90,100]，良好[75,90)，一般[60,75)，不及格[0,60)；

② 总分＝自我评价＊0.5＋小组互评＊0.25＋教师评价＊0.25；

③ 总分超过 100 分，按 100 分计

四、活动反思与体会

1. 通过开展"用向量形式表达三点共线的充要条件"的问题探究活动，使学生对于平面向量基本定理有了更深入的了解.在探究求解的过程中，充分体现了逻辑推理素养.

2. 本活动以小组的形式展开，每个小组成员之间分工合作，还有小组与小组之间的沟通以及互相质疑，通过互相竞争的模式提高了学生学习数学的积极性，引发探究问题的欲望.

3. 对于本问题的解答，教师需要做好预设教案，才能对学生的求解方法进行客观的评价；还需要鼓励学生将该问题进行推广，以及通过查阅资料的方式了解该问题结论的应用，举一反三，最终将该问题的推广形式以及应用形成以小组为单位的探究报告，进行班级范围内的交流.

4. 在班级交流中，对于学生数学语言表达的逻辑性、规范性有一定的要求，合理的质疑和答辩环节也是对思维严谨性和灵活性的锤炼.

5. 活动评价通过学生自我评价、小组互评、教师评价的综合评价方式，能更加公平、客观的体现每位学生对于该问题的学习情况.

第 9 章　复　　数

一、学习内容分析

继实数之后，复数是人们对于数的认识的进一步发展，是数系扩充过程中的一个重要环节. 数系的扩充过程体现了数学的发现和创造过程，同时也体现了数学发生、发展的客观需求. 通过本章的学习，理解复数的引入过程以及相应的四则运算，掌握复数的相关概念，使学生对于数的概念有一个初步的、完整的认识.

复数的定义和运算规则具有鲜明的几何意义，本章通过复平面建立复数与点和向量之间的对应关系，使得可以用向量的加减运算来表示复数的加减运算，也可以将向量加减运算的平行四边形法则移植到复数的加减运算上，赋予了复数加减运算的几何意义，也自然将向量模的概念迁移到复数上. 至此，复数与实数一样具备了数与形的两个研究角度，对后续学习与应用，有着十分重要的意义.

在研究了复数的平方根的基础上，本章彻底解决了实系数一元二次方程的求解问题，得到任何一个实系数一元二次方程都有两个根，并对虚根的共轭性以及根与系数的关系(韦达定理)进行了充分的讨论.

二、学习活动设计

(一) 学习活动设计整体分析

1. 学习活动的目标

① 通过梳理数的发展史，特别是一元二(三)次方程的求解引入复数的概念，类比实数或多项式的运算引入复数的四则运算，能正确指定复数的实部、虚部与共轭.

② 通过建立复数的代数表达形式与点的坐标和向量之间的对应，引入复数的几何意义及加法的平行四边形法则，类比向量的模和实数的绝对值，引入复数的模；能熟练进行复数之间的运算，并能从“形”的角度理解运算的意义.

③ 通过回顾实系数一元二次方程的求解过程，明确该类方程的本质是求实数的平方根，据此引入复数的平方根的概念，了解复数的平方根概念实际上是正数的平方根概念的拓展，并进一步运用到方程求解中；能利用求根公式给出根与系数的关系(韦达定理)，学会利用根与系数的关系进行计算.

2. 学习活动的意义

通过学习复数的定义、运算和相关概念，了解历史上数学家对于复数的探究过程，认识数学内部矛盾是促进数学发展的源动力之一，感悟运算是数学对象定义的一部分，体验类比、推广的数学思想方法，发展逻辑推理、数学运算素养.

通过将复数与复平面上的点和平面向量建立对应关系，感受从不同角度认识事物的科学方法，在探寻复数与图形的联系中强化“数”与“形”相互结合的意识，体验从复数的视角把握代数与几何的关联，发展直观想象、逻辑推理素养.

通过将复数应用于求解实系数一元二次方程，使学生对复数的应用有初步体验，进一步感受推广的数学思想方法，发展数学运算、逻辑推理素养.

3. 学习活动分析表

<table>
<tr><th rowspan="2">活动名称</th><th rowspan="2">活动目标</th><th rowspan="2">所需课时</th><th colspan="3">活动类型</th><th colspan="3">核心素养及其水平</th><th colspan="3">评价方式</th></tr>
<tr><th>知识构建</th><th>问题探究</th><th>专题实践</th><th>核心素养</th><th>具体方面</th><th>水平</th><th>自我评价</th><th>小组评价</th><th>教师评价</th></tr>
<tr><td>复数及其四则运算</td><td>①</td><td>2</td><td>√</td><td></td><td></td><td>逻辑推理
数学运算
数学抽象</td><td>知识与技能
知识与技能
思维与表达</td><td>二</td><td>√</td><td>√</td><td>√</td></tr>
<tr><td>复数的几何意义</td><td>②</td><td>2</td><td>√</td><td></td><td></td><td>数学抽象
直观想象
数学运算
逻辑推理</td><td>思维与表达

知识与技能
知识与技能</td><td>一
一
二</td><td>√</td><td>√</td><td>√</td></tr>
<tr><td>实系数一元二次方程</td><td>③</td><td>1</td><td>√</td><td></td><td></td><td>逻辑推理
数学运算
直观想象</td><td>情境与问题
知识与技能
思维与表达</td><td>二
二
二</td><td>√</td><td>√</td><td>√</td></tr>
<tr><td colspan="2">总计</td><td>5</td><td>3</td><td>0</td><td>0</td><td></td><td></td><td></td><td>3</td><td>3</td><td>3</td></tr>
</table>

(二) 单元学习活动案例

案例2-9-1 复数及其四则运算

一、设定活动目标、确定活动名称

单元名称	复数
教材版本	上教社2020年版
活动目标	通过梳理数的发展史，特别是一元二(三)次方程的求解引入复数的概念，类比实数或多项式的运算引入复数的四则运算，能正确指定复数的实部、虚部与共轭.
活动名称	复数及其四则运算

续表

活动意义	通过学习复数的定义、运算和相关概念，了解历史上数学家对于复数的探究过程，认识数学内部矛盾是促进数学发展的源动力之一，感悟运算是数学对象定义的一部分，体验类比、推广的数学思想方法，发展逻辑推理、数学运算素养.

二、活动方案设计

问题设计	1. 数的扩充过程，也可以从方程是否有解的角度理解. 因为类似 $x+2=1$ 的方程在自然数范围内无解，所以人们引入了负整数并将自然数扩充为整数，使得类似于 $x+2=1$ 的方程在整数范围内有解；因为类似 $3x=5$ 的方程在整数范围内无解，所以人们引入分数并将整数扩充成有理数，使得类似 $3x=5$ 的方程在有理数范围内有解；因为类似 $x^2=2$ 的方程在有理数范围内无解，所以人们引入无理数并将有理数扩充成实数，使得类似 $x^2=2$ 的方程在实数范围内有解. 我们知道，类似于 $x^2=-1$ 的方程在实数范围内无解. 那么，能否像前面一样，引入一种新的数，使得这个方程有解并将实数进行扩充呢？ 2. 数的生命力在于其满足的运算，那么复数满足怎样的运算呢？从复数的定义是基于实数的情况来看，可以建立与实数类似的运算性质. 进一步，考虑到复数的结构，以及虚数单位与实数的乘法满足交换律和结合律，从而可以参照实数多项式的运算定义复数的四则运算，并在此基础上验证复数运算满足的运算性质(交换律、结合律、分配律)；而对于除法，依然类似实数的处理方法，将两个复数的除法定义为乘法的逆运算，并利用乘法的结果定义除法运算的结果. 3. 有了复数的加减乘除运算后，请尝试验证与实数运算类似的其他运算性质是否成立，如平方差公式、完全平方公式等等. 4. 验证复数的共轭运算满足的运算性质，并利用共轭运算验证复数的除法公式.				
活动类型	☑知识建构活动		□问题探究活动		□专题实践活动
核心素养	☑数学抽象 □直观想象		☑数学运算 □数据分析		☑逻辑推理 □数学建模
活动年级	☑高一		□高二		□高三
活动形式	☑课内活动		□课外活动		□课内外兼顾
活动方式	☑自主学习		☑小组合作		□班级研讨交流
活动资源	□工具学具		☑文本资料		□媒体资料
活动水平	☑理解与运用		□综合运用		□探究与发现
所需课时	2				
评价方法	☑自我评价		☑小组评价		☑教师评价
活动品质评估	主体性 [A] B C	整体性 [A] B C	合作性 A [B] C	适切性 A [B] C	激励性 [A] B C

注：A 表示“很好”，B 表示“良好或较好”，C 表示“一般或较差”

三、活动实施、总结评价

(一) 活动流程

1. 回顾实数发展的逻辑过程,并提出问题

数的扩充过程,也可以从方程是否有解的角度理解.

(1) 类似 $x+2=1$ 的方程在自然数范围内无解,所以人们引入了负整数并将自然数扩充为整数,使得类似于 $x+2=1$ 的方程在整数范围内有解;

(2) 类似 $3x=5$ 的方程在整数范围内无解,所以人们引入分数并将整数扩充成有理数,使得类似 $3x=5$ 的方程在有理数范围内有解;

(3) 类似 $x^2=2$ 的方程在有理数范围内无解,所以人们引入无理数并将有理数扩充成实数,使得类似 $x^2=2$ 的方程在实数范围内有解;

我们知道:类似 $x^2=-1$ 的方程在实数范围内无解.那么,能否像前面一样,引入一种新的数,使得这个方程有解并将实数进行扩充呢?

2. 形成复数定义

介绍三次方程的求根公式与复数的起源,形成复数的定义(含复数为 0 的条件和复数相等的条件).

3. 小组合作

数的生命力在于其满足的运算,那么复数满足怎样的运算呢?从复数的定义是基于实数的情况来看,可以建立与实数类似的运算性质.进一步,考虑到复数的结构,以及虚数单位与实数的乘法满足交换律和结合律,从而可以参照实数多项式的运算(如 $a+b\sqrt{2}$(a,$b\in\mathbf{R}$))定义复数的四则运算,并在此基础上验证复数运算满足的运算性质(交换律、结合律、分配律).

4. 形成结论

形成复数的加法、减法与乘法的运算定义,以及加法、乘法满足的交换律、结合律与乘法对加法的分配律等运算性质的结论.

5. 小组合作

我们知道,实数的除法是乘法的逆运算,除以一个非零实数相当于乘以该实数的倒数,那么,对于复数,是否也可以从乘法的角度定义除法,即将除法定义为乘法的逆运算.

6. 形成复数的除法公式

7. 小组合作

有了复数的加减乘除运算后,请尝试验证与实数运算类似的其他运算性质是否成立,如平方差公式、完全平方公式等等.

8. 小组合作

验证复数的共轭运算满足的运算性质,并验证复数除法公式.

9. 小组交流

(1) 各小组派代表交流本组研究结果；

(2) 组间提问，讨论研究结果正确与否.

10. 教师指导

(1) 引导学生为了解决负数开平方问题，从哪里入手：三次方程的求根公式等数学事实需要一个有别于实数的“新数”，与实数一起参与运算，不仅对原来的运算和性质仍然适用，同时解决了负数开方这个超越实数范围的问题. 我们希望引入的数的平方为负数，但是负数有无穷多个，我们不可能引入那么多，只要引入平方为多少就行呢？（引导学生找到-1，因为任何一个负数都可以写成正数与-1的乘积）

(2) 复数的四则运算需要类比形如$a+b\sqrt{2}$的根式的运算性质，从而得到复数的加、减与乘法.

(3) 复数的除法是乘法运算的逆运算，通过待定系数法得到两个复数除法的代数形式；也可以类比分母中含根式的分式运算中使用的分母有理化，为后续引进共轭复数奠定基础，体现了运算中的转化思想.

(4) 复数的乘方运算是乘法运算的推广.

11. 小组第二次研讨

(1) 对研究所得的结论进行证明；

(2) 梳理研究所得的结论哪些正确，哪些错误？错在哪里？是否可以改进？

(3) 形成小组研究成果.

（二）活动评价

1. 评价原则

(1) 认真进行自主探究的学习过程，积极思考，逐步形成浓厚的数学学习兴趣.

① 积极自主探究，在“(一)活动流程”中，能得到10条及以上正确的性质或规律(20分)；

② 主动自主探究，在“(一)活动流程”中，能得到5条及以上正确的性质或规律(15分)；

③ 能进行自主探究，在“(一)活动流程”中，能得到3条及以上正确的性质或规律(10分)；

④ 有自主探究的意愿，但没有得到正确的结论(5分)；

⑤ 不愿意自主探究(0分).

(2) 积极参加合作学习，与组员交流自己的想法，逐步提高数学表达与交流能力.

① 积极在小组合作学习中交流自己的发现，并给予同伴有价值的建议(20分)；

② 主动在小组合作学习中交流自己的发现，并给予同伴一些建议(15分)；

③ 能在小组合作学习中交流自己的发现，在给予同伴建议方面有待加强(10分)；

④ 能在小组合作学习中交流自己的发现，但交流效果并不理想(5分)；

⑤ 不愿意在小组合作学习中交流自己的发现(0分).

(3) 能对“(一)活动流程”中的各项活动提供数学支持(如比较、抽象、逻辑推理等)，逐步形成严谨的科学态度.

① 主动对"(一)活动流程"中的各项活动提供数学支持(20分);

② 主动判断小组讨论所得的结论是否准确,并有证明的想法(15分);

③ 能尝试对"(一)活动流程"中的各项活动提供数学支持(10分);

④ 在同伴的提醒下,尝试对"(一)活动流程"中的各项活动提供数学支持(5分);

⑤ 对"(一)活动流程"中的各项活动不提供任何数学支持(0分).

(4) 在组间交流的基础上,取长补短,进一步修改本组原有的研究结果.

① 主动承担进一步修改原有结论的任务,成为推动小组探究活动前进的主要力量(20分);

② 尝试对原有结论进行修改,能推动小组探究活动的前进(15分);

③ 能够对原有结论的修改提出意见和建议(10分);

④ 对原有结论的修改提出意见和建议较少(5分);

⑤ 对原有结论的修改不提出任何意见和建议,也不参与修改的过程(0分).

(5) 公平、公正地进行自我评价和小组互评,评价过程认真、负责、有诚信,逐步形成良好的个人品质.

① 公平的开展自我评价、小组互评(20分);

② 自我评价或小组互评中有一项有待改进(10分);

③ 自我评价与小组互评情况均有待改进(0分).

(6) * 在小组合作探究和班级交流中有突出表现的,酌情加分.

2. 评价量表

基本信息	组员:________			
研究所得基本数据	自主研究所得性质或规律	正确____条	错误____条	修改____条
	小组研究所得性质或规律	正确____条	错误____条	修改____条
过程评价	评价项目(分值)	自我评价	小组互评	教师评价
	主动探究、积极思考(20分)			
	积极合作、有效交流(20分)			
	论证说明、严谨求真(20分)			
	取长补短、修正提升(20分)			
	公正评价、诚信负责(20分)			

注:总分=自我评价*0.3+小组互评*0.3+教师评价*0.4

四、活动反思与体会

1. 在本章前,学生已经对实数的分类有了深入的了解,熟练掌握了实数之间的运算,但对于数的演化过程与演化机理尚不明确.本章的起始内容就需要首先对数的演化过程进行梳理,以使学生明确数的演化机理,特别由于学生熟知结论"实数的平方是非负数",如果没有对数的演化过程进行梳理，总结数的演化机理的话，就无法形成对复数产生过程认识的有力支撑，学生会有“虚数是虚无缥缈”的感受.因此，数的演化过程的梳理是必要的.

2. 与以往教材中复数的定义方式不同，本教材中将复数的四则运算作为复数定义的一部分在本章开始直接引入，充分突出了“数学对象的核心是它满足的运算性质”，让学生体会到，“数学对象”实际上是由它满足的“运算性质”而定义的，这样的处理更有数学上的合理性；这样的调整，更符合现代数学研究的思路和特点，并不仅仅是简单意义上的顺序的调整.

3. 严谨性是数学的重要特点之一. 学生在运用类比思想研究新的数学对象(复数及其四则运算)的过程中，要注意根据定义对类比所得的结论是否正确进行验证，大胆猜测、小心论证，培养学生严谨求真的科学品质，渗透数学学科育人价值.

4. 小组合作中要学会采纳他人的观点，弥补自己研究中的缺陷，形成良好的学习品质.

案例 2－9－2　复数的几何意义

一、设定活动目标、确定活动名称

单元名称	复数
教材版本	上教社 2020 年版
活动目标	通过建立复数的代数表达形式与点的坐标和向量之间的对应，引入复数的几何意义及加法的平行四边形法则，类比向量的模和实数的绝对值，引入复数的模；能熟练进行复数之间的运算，并能从“形”的角度理解运算的意义.
活动名称	复数的几何意义
活动意义	通过将复数与复平面上的点和平面向量建立对应关系，感受从不同角度认识事物的科学方法，在探寻复数与图形的联系中强化“数”与“形”相互结合的意识，体验从复数的视角把握代数与几何的关联，发展直观想象、逻辑推理素养.

二、活动方案设计

问题设计	1. 一个复数是由它的实部和虚部唯一确定，点和向量也具有相同特征，通过这一特点可以将复数与平面直角坐标系中的点和向量建立对应关系. 很明显，复数 $z=a+b\mathrm{i}(a, b\in\mathbf{R})$ 与点 $Z(a, b)$ 之间是一一对应关系，也和向量复数 $\overrightarrow{OZ}=(a, b)$ 构成一一对应关系. 2. 建立对应关系的目的是为了从不同的角度认识同一个事物. 在两种对应关系中，复数与向量之间的对应关系提供了认识复数运算新的角度，如两个复数 $z_1=a_1+b_1\mathrm{i}$，$z_2=a_2+b_2\mathrm{i}(a_1, b_1, a_2, b_2\in\mathbf{R})$ 的和为 $z=(a_1+a_2)+(b_1+b_2)\mathrm{i}$，对应的向量之和为 $\overrightarrow{OZ_1}+\overrightarrow{OZ_2}=(a_1+a_2, b_1+b_2)$，复数的和运算与向量的和运算也是构成对应关系的，从而复数的和运算就具有了几何意义(平行四边形法则). 请思考复数的其他运算是否也与向量的某种运算构成对应关系？ 3. 从复数与向量之间的对应关系看，向量的模的概念自然可以迁移到复数上，这样，既使得复数的模的运算有了几何意义，又可以通过复数的模来表示一些几何图形的性质，如三角不等式就有了复数形式：$\lvert z_1+z_2\rvert\leqslant\lvert z_1\rvert+\lvert z_2\rvert$. 请研究用复数的模可以表示哪些几何性质(多多益善)？复数的模有哪些运算性质？

续表

活动类型	☑知识建构活动		☑问题探究活动		□专题实践活动
核心素养	☑数学抽象 ☑直观想象		☑数学运算 □数据分析		☑逻辑推理 □数学建模
活动年级	☑高一		□高二		□高三
活动形式	☑课内活动		☑课外活动		□课内外兼顾
活动方式	☑自主学习		☑小组合作		□班级研讨交流
活动资源	□工具学具		☑文本资料		□媒体资料
活动水平	☑理解与运用		□综合运用		☑探究与发现
所需课时	2				
评价方法	☑自我评价		☑小组评价		☑教师评价
活动品质评估	主体性 A [B] C	整体性 A B [C]	合作性 A [B] C	适切性 A [B] C	激励性 A [B] C

注：A表示“很好”，B表示“良好或较好”，C表示“一般或较差”

三、活动实施、总结评价

（一）活动流程

1. 自主探究

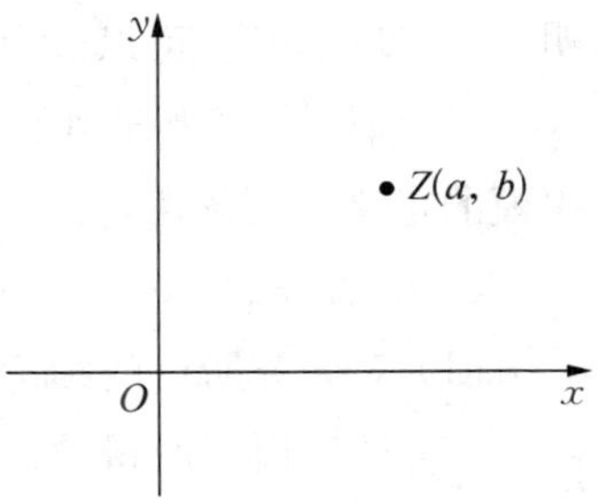

复数 $a+bi(a, b\in\mathbf{R})$ 一一对应于有序实数对 (a, b)，而有序实数对 (a, b) 与平面直角坐标系中的点 $Z(a, b)$ 又是一一对应的.因此，可以用平面直角坐标系内的点 $Z(a, b)$ 表示复数 $a+bi$，如图.在此对应关系下，请思考坐标平面上点的特征或者关系是如何体现在复数的特征或关系上的？例如两个关于 x 轴对称的点，相应的复数是两个共轭复数.

2. 形成复平面的相关定义

3. 自主探究

我们知道，通过平面直角坐标系可在平面向量与平面上的点之间建立一一对应.现在，以平面直角坐标系为媒介，复数与平面向量之间就可以建立一一对应关系.由于向量在平面上的平移并不改变向量本身，所以从图形上看，复数与向量的一一对应是建立在向量的起点是坐标原点这一条件之上的，位置不同的向量可以对应同一个复数. 据此分析，平面直角坐标系中的向量 $\overrightarrow{AB}$ 与 A，B 两点对应的复数有怎样的联系？

4. 小组合作

复数和向量都是可以进行运算的数学对象. 既然复数与向量之间构成了对应关系，那么复数的运算是否也与向量的运算构成对应关系呢？如两个复数 $z_1=a_1+b_1i$，$z_2=a_2+b_2i(a_1, b_1, a_2, b_2\in\mathbf{R})$ 的和为 $z=(a_1+a_2)+(b_1+b_2)i$，对应的向量之和为 $\overrightarrow{OZ_1}+$

$\overrightarrow{OZ_2}=(a_1+a_2, b_1+b_2)$，复数的和运算与向量的和运算是对应的，从而就可以认为复数的和运算的几何意义可以用平行四边形法则解释. 请思考复数的其他运算是否也可以经由与向量运算的对应关系而具有几何意义？

5. 小组合作

除了复数的加、减、实数与复数的乘积分别与向量的加、减、数乘相对应之外，类似于向量的模的概念，也可以定义复数的模，这样就可以通过复数的模来表示一些几何图形的性质，如三角不等式就有了复数形式：$|z_1+z_2|\leqslant|z_1|+|z_2|$. 请研究用复数的模可以表示哪些几何性质(多多益善)？复数的模有哪些运算性质？

6. 小组交流

(1) 各小组派代表交流本组研究结果；

(2) 组间提问，讨论研究结果正确与否.

7. 教师指导

(1) 建立两个数学对象之间的对应关系是基于两者之间的类似性，由于复数和平面直角坐标系中的点、向量都由二元有序数组唯一确定，所以复数与点、复数与向量之间分别可以建立对应关系；建立对应关系的另一个要点是明确对应关系是“一对一”，还是“一对多”，抑或是“多对一”？数学中，满足这三种特征的对应关系都存在；

(2) 复数的运算与向量的运算之间的对应关系是需要进行验证的；复数的运算结果虽然也可以利用相应点的关系来解释，但由于点不存在运算，不如用向量的运算描述来得简洁明了. 从这个角度，可以认为复数与点的对应是“静态的”，而复数与向量的对应是“动态的”；

(3) 请思考不等式组 $||z_1|-|z_2||\leqslant|z_1\pm z_2|\leqslant|z_1|+|z_2|$ 的几何意义，并尝试用模的定义证明该不等式组.

8. 小组合作

(1) 对研究所得的结论进行证明；

(2) 梳理研究所得的结论哪些正确，哪些错误？错在哪里？是否可以改进？

(3) 形成小组研究成果.

(二) 活动评价

1. 评价原则

(1) 认真进行自主探究的学习过程，积极思考，逐步形成浓厚的数学学习兴趣.

① 积极自主探究，在“(一)活动流程”中，能得到 10 条及以上正确的性质或规律(20 分)；

② 主动自主探究，在“(一)活动流程”中，能得到 5 条及以上正确的性质或规律(15 分)；

③ 能进行自主探究，在“(一)活动流程”中，能得到 3 条及以上正确的性质或规律(10 分)；

④ 有自主探究的意愿，但没有得到正确的结论(5 分)；

⑤ 不愿意自主探究(0 分).

(2) 积极参加合作学习，与组员交流自己的想法，逐步提高数学表达与交流能力.

① 积极在小组合作学习中交流自己的发现，并给予同伴有价值的建议(20 分)；

② 主动在小组合作学习中交流自己的发现，并给予同伴一些建议(15 分)；

③ 能在小组合作学习中交流自己的发现，在给予同伴建议方面有待加强(10 分)；

④ 能在小组合作学习中交流自己的发现，但交流效果并不理想(5 分)；

⑤ 不愿意在小组合作学习中交流自己的发现(0 分).

(3) 能对“(一)活动流程”中的各项活动提供数学支持(如比较、抽象、逻辑推理等)，逐步形成严谨的科学态度.

① 主动对“(一)活动流程”中的各项活动提供数学支持(20 分)；

② 主动判断小组讨论所得的结论是否准确，并有证明的想法(15 分)；

③ 能尝试对“(一)活动流程”中的各项活动提供数学支持(10 分)；

④ 在同伴的提醒下，尝试对“(一)活动流程”中的各项活动提供数学支持(5 分)；

⑤ 对“(一)活动流程”中的各项活动不提供任何数学支持(0 分).

(4) 在组间交流的基础上，取长补短，进一步修改本组原有的研究结果.

① 主动承担进一步修改原有结论的任务，成为推动小组探究活动前进的主要力量(20 分)；

② 尝试对原有结论进行修改，能推动小组探究活动的前进(15 分)；

③ 能够对原有结论的修改提出意见和建议(10 分)；

④ 对原有结论的修改提出意见和建议较少(5 分)；

⑤ 对原有结论的修改不提出任何意见和建议，也不参与修改的过程(0 分).

(5) 公平、公正地进行自我评价和小组互评，评价过程认真、负责、有诚信，逐步形成良好的个人品质.

① 公平的开展自我评价、小组互评(20 分)；

② 自我评价或小组互评中有一项有待改进(10 分)；

③ 自我评价与小组互评情况均有待改进(0 分).

(6) * 在小组合作探究和班级交流中有突出表现的，酌情加分.

2. 评价量表

<table>
<tr><td>基本信息</td><td colspan="4">组员：________________________________</td></tr>
<tr><td rowspan="2">研究所得基本数据</td><td>自主研究所得性质或规律</td><td>正确________条</td><td>错误________条</td><td>修改________条</td></tr>
<tr><td>小组研究所得性质或规律</td><td>正确________条</td><td>错误________条</td><td>修改________条</td></tr>
<tr><td rowspan="6">过程评价</td><td>评价项目(分值)</td><td>自 我 评 价</td><td>小 组 互 评</td><td>教 师 评 价</td></tr>
<tr><td>主动探究、积极思考(20 分)</td><td></td><td></td><td></td></tr>
<tr><td>积极合作、有效交流(20 分)</td><td></td><td></td><td></td></tr>
<tr><td>论证说明、严谨求真(20 分)</td><td></td><td></td><td></td></tr>
<tr><td>取长补短、修正提升(20 分)</td><td></td><td></td><td></td></tr>
<tr><td>公正评价、诚信负责(20 分)</td><td></td><td></td><td></td></tr>
</table>

注：总分＝自我评价 * 0.3＋小组互评 * 0.3＋教师评价 * 0.4

四、活动反思与体会

复数有代数和几何两种描述方式,代数方式对于学生的数学抽象、逻辑推理等能力要求比较高,而几何方式(含三角形式)就充分利用了“形”的直观性的优点,便于学生理解,从而让学生明确“虚数不虚”,也能让学生理解复数的价值与应用.因此,学习活动中,要充分发挥“形”的作用,通过复数及其运算的几何意义,促进学生理解复数,提升学生数学抽象、逻辑推理、直观想象、数学运算素养.特别地,在《普通高中数学课程标准(2017 年版)》中,“复数”是属于四大主线之“几何与代数”的内容之一,就是为了凸显“复数”在促进学生利用“形”来理解“数”的过程中的独特功能,突出几何直观与代数运算之间的融合,感悟数学知识之间的关联,加强对数学整体性的理解.

设计复数几何意义的学习活动,要注重从向量入手,引导学生自主探索复数作为描述几何关系的代数工具的作用,启发学生尝试利用复数刻画简单的几何关系.复数加减法的平行四边形法则,复数模的性质的阐述等,不仅其结论是重要的工具,而且在获得这些结论的过程中包含着丰富的逻辑推理,其中体现的数学思想方法也应在学习活动中得到充分的重视.

案例 2-9-3　实系数一元二次方程

一、设定活动目标、确定活动名称

单元名称	复数
教材版本	上教社 2020 年版
活动目标	通过回顾实系数一元二次方程的求解过程,明确该类方程的本质是求实数的平方根,据此引入复数的平方根的概念,了解复数的平方根概念实际上是正数的平方根概念的拓展,并进一步运用到方程求解中;能利用求根公式给出根与系数的关系(韦达定理),学会利用根与系数的关系进行计算.
活动名称	实系数一元二次方程
活动意义	通过将复数应用于求解实系数一元二次方程,使学生对复数的应用有初步体验,进一步感受推广的数学思想方法,发展数学运算、逻辑推理素养.

二、活动方案设计

问题设计	1. 可以用判别式 $\Delta = b^2 - 4ac$ 来判定一元二次方程 $ax^2 + bx + c = 0(a, b, c \in \mathbf{R}, a \neq 0)$ 的实根的存在性并给出求根公式,即 (1) 当 $\Delta > 0$ 时,该方程有两个不相等的实根 $\dfrac{-b \pm \sqrt{\Delta}}{2a}$;

续表

	(2) 当 $\Delta=0$ 时,该方程有两个相等的实根(二重根) $-\frac{b}{2a}$; (3) 当 $\Delta<0$ 时,该方程没有实根. 请同学们回忆一下,为什么会有上述结论? 初中阶段是如何求解一元二次方程? 或者换句话说,是如何推导一元二次方程的求根公式的? 2. 我们知道在实数范围内,当 $c\geqslant 0$ 时,c 有平方根 $\pm\sqrt{c}$;当 $c<0$ 时,没有平方根. 当把取值范围从实数拓展到复数,情况又如何呢? 相应地,当 $\Delta<0$ 时,将该问题的结论应用到解相应的一元二次方程. 3. 实系数一元二次方程的两根若是虚数根,则根与系数的关系是否仍然适用? *4. 对于任何复数 $a+bi(a, b\in\mathbf{R})$,是否存在平方根呢,即是否存在实数 x, y,使得 $(x+yi)^2=a+bi$?
活动类型	☑知识建构活动 □问题探究活动 □专题实践活动
核心素养	□数学抽象 ☑数学运算 ☑逻辑推理 ☑直观想象 □数据分析 □数学建模
活动年级	☑高一 □高二 □高三
活动形式	□课内活动 ☑课外活动 □课内外兼顾
活动方式	☑自主学习 ☑小组合作 □班级研讨交流
活动资源	□工具学具 ☑文本资料 □媒体资料
活动水平	☑理解与运用 □综合运用 ☑探究与发现
所需课时	1 课时(课外)
评价方法	☑自我评价 ☑小组评价 ☑教师评价
活动品质评估	主体性 A B [C] 整体性 A B [C] 合作性 A [B] C 适切性 A [B] C 激励性 A [B] C

注:A 表示"很好",B 表示"良好或较好",C 表示"一般或较差"

三、活动实施、总结评价

(一) 活动流程

1. 自主探究

回顾实系数一元二次方程求根公式的推导过程:

对于 $ax^2+bx+c=0(a\neq 0)$,有 $x^2+\frac{b}{a}x+\frac{c}{a}=0$,配方得到 $\left(x+\frac{b}{2a}\right)^2=\frac{b^2-4ac}{4a^2}=\frac{\Delta}{4a^2}$,即 $(2ax+b)^2=\Delta$,其中 $\Delta=b^2-4ac$ 是实数.

当 $\Delta\geqslant 0$ 时,Δ 有平方根 $\pm\sqrt{\Delta}$,该方程有两个实根 $\frac{-b\pm\sqrt{\Delta}}{2a}$(可能为重根);

当 $\Delta<0$ 时,Δ 没有实数平方根时,该方程没有实根. 而虚数单位的引进,解决了负数开方的问题,所以可将此时的 x 限定在复数范围内. 一般地,对于任何负数 c,也可以象正

数一样,定义它的平方根,即 $(a+b\mathrm{i})^2=c$,其中 a,$b\in\mathbf{R}$. 这样的 a,b 应该满足怎样的条件?

2. 形成负数的平方根的结论

当 $c<0$ 时,c 有两个平方根:$\pm\sqrt{-c}\,\mathrm{i}$,它们是两个共轭的纯虚数;并由此得到当 $\Delta<0$ 时,方程 $ax^2+bx+c=0$ 的两根为 $\dfrac{-b\pm\sqrt{-\Delta}\,\mathrm{i}}{2a}$.

3. 自主探究

当 $\Delta<0$ 时,方程 $ax^2+bx+c=0$ 的两根 $\dfrac{-b\pm\sqrt{-\Delta}\,\mathrm{i}}{2a}$ 为共轭虚根,此时根与系数的关系(即韦达定理)是否依然成立?

4. 形成结论

当 $\Delta<0$ 时,方程 $ax^2+bx+c=0$ 的两根 x_1,x_2 依然满足 $x_1+x_2=-\dfrac{b}{a}$,$x_1x_2=\dfrac{c}{a}$.

5. 小组合作

拓展研究:类似于负数 c 的平方根的求法,探究任何复数 $a+b\mathrm{i}(a,b\in\mathbf{R})$ 的平方根的存在性,即存在实数 x,y,使得 $(x+y\mathrm{i})^2=a+b\mathrm{i}$.

6. 小组交流

(1) 各小组派代表交流本组研究结果;

(2) 组间提问,讨论研究结果正确与否.

7. 教师指导

(1) 解一元二次方程的配方法本质上利用了“转化与化归”的数学思想,将任何实系数一元二次方程 $ax^2+bx+c=0$ 转化为最简形式 $t^2=d$,从而方程求解就转化为求实数 d 的平方根. 从复数的运算性质可以知道,这样的过程对于复系数的一元二次方程也是成立的;

(2) 对于实系数一元二次方程 $ax^2+bx+c=0$,可以利用判别式 $\Delta=b^2-4ac$ 判断方程的根为实根还是虚根,但是如果方程中存在虚数系数,那么就不能简单地依据 Δ 的结果判断方程根的情形;

(3) 对于次数更高的实系数方程,如 $a_nx^n+a_{n-1}x^{n-1}+\cdots+a_1x+a_0=0(n\geqslant 3)$,可以通过因式分解等方式将求解问题转化为次数较低的方程求解,类似于一元二次方程,可以验证:如果该方程有一个虚根 $u+v\mathrm{i}(u,v\in\mathbf{R})$,则必有另一根 $u-v\mathrm{i}$,且各根之和为 $-\dfrac{a_{n-1}}{a_n}$,各根之积为 $(-1)^n\dfrac{a_0}{a_n}$(可以通过特殊方程进行验证);

(4) *类似于复数的平方根,可以定义复数的立方根,甚至 n 次方根,有兴趣的同学可探究如何求一个给定的非零复数的立方根.

8. 小组研讨

(1) 对研究所得的结论进行证明;

(2) 梳理研究所得的结论哪些正确,哪些错误?错在哪里?是否可以改进?

(3) 形成小组研究成果

(二) 活动评价

1. 评价原则

(1) 认真进行自主探究的学习过程,积极思考,逐步形成浓厚的数学学习兴趣.

① 积极自主探究,在"(一)活动流程"中,能得到6条及以上性质或规律(20分);

② 主动自主探究,在"(一)活动流程"中,能得到3条及以上性质或规律(15分);

③ 能进行自主探究,在"(一)活动流程"中,能得到1条及以上性质或规律(10分);

④ 有自主探究的意愿,但不能完成"(一)活动流程"中的任何一项活动(5分);

⑤ 不愿意自主探究(0分).

(2) 积极参加合作学习,与组员交流自己的想法,逐步提高数学表达与交流能力.

① 积极在小组合作学习中交流自己的发现,并给予同伴有价值的建议(20分);

② 主动在小组合作学习中交流自己的发现,并给予同伴一些建议(15分);

③ 能在小组合作学习中交流自己的发现,在给予同伴建议方面有待加强(10分);

④ 能在小组合作学习中交流自己的发现,但交流效果并不理想(5分);

⑤ 不愿意在小组合作学习中交流自己的发现(0分).

(3) 能对"(一)活动流程"中的各项活动提供数学支持(如比较、抽象、逻辑推理等),逐步形成严谨的科学态度.

① 主动对"(一)活动流程"中的各项活动提供数学支持(20分);

② 主动判断小组讨论所得的结论是否准确,并有证明的想法(15分);

③ 能尝试对"(一)活动流程"中的各项活动提供数学支持(10分);

④ 在同伴的提醒下,尝试对"(一)活动流程"中的各项活动提供数学支持(5分);

⑤ 对"(一)活动流程"中的各项活动不提供任何数学支持(0分).

(4) 在组间交流的基础上,取长补短,进一步修改本组原有的研究结果.

① 主动承担进一步修改原有结论的任务,成为推动小组探究活动前进的主要力量(20分);

② 尝试对原有结论进行修改,能推动小组探究活动的前进(15分);

③ 能够对原有结论的修改提出意见和建议(10分);

④ 对原有结论的修改提出意见和建议较少(5分);

⑤ 对原有结论的修改不提出任何意见和建议,也不参与修改的过程(0分).

(5) 公平、公正地进行自我评价和小组互评,评价过程认真、负责、有诚信,逐步形成良好的个人品质.

① 公平的开展自我评价、小组互评(20分);

② 自我评价或小组互评中有一项有待改进(10 分)；

③ 自我评价与小组互评情况均有待改进(0 分).

(6) * 在小组合作探究和班级交流中有突出表现的，酌情加分.

2. 评价量表

<table>
<tr><td>基本信息</td><td colspan="4">组员：________________</td></tr>
<tr><td rowspan="2">研究所得基本数据</td><td>自主研究所得性质或规律</td><td>正确______条</td><td>错误______条</td><td>修改______条</td></tr>
<tr><td>小组研究所得性质或规律</td><td>正确______条</td><td>错误______条</td><td>修改______条</td></tr>
<tr><td rowspan="6">过程评价</td><td>评价项目(分值)</td><td>自我评价</td><td>小组互评</td><td>教师评价</td></tr>
<tr><td>主动探究、积极思考(20 分)</td><td></td><td></td><td></td></tr>
<tr><td>积极合作、有效交流(20 分)</td><td></td><td></td><td></td></tr>
<tr><td>论证说明、严谨求真(20 分)</td><td></td><td></td><td></td></tr>
<tr><td>取长补短、修正提升(20 分)</td><td></td><td></td><td></td></tr>
<tr><td>公正评价、诚信负责(20 分)</td><td></td><td></td><td></td></tr>
</table>

注：总分＝自我评价 * 0.3＋小组互评 * 0.3＋教师评价 * 0.4

四、活动反思与体会

实系数一元二次方程并不总是有实数解，这是因为在实数范围内负数不能进行开平方运算. 通过引入复数，负数开方得以解决，从而实系数一元二次方程的求解问题得到彻底解决. 不仅如此，从学习内容中也可以看到，实根情形下的结论(根与系数的关系)对于虚根来说，也是成立的，从而让学生感受到了复数作为实数的拓展是多方面的，既有四则运算及其几何意义方面，又有方程的求解方面，从而可以促使学生思考进一步的问题，既可以是与方程的系数相关的，也可以是与方程的次数相关的，激发学生进一步探究的动力. 当然，这方面的话题应该点到为止，避免以此为话题而过多引入各种复数范围内方程求解问题. 本节学习活动要积极倡导学生通过自主探究或以合作学习的方式，获得数学新概念推动原有数学知识发展的实践体验.

高中数学
必修　第三册

第 10 章　空间直线与平面

一、学习内容分析

空间直线与平面是学习立体几何的起始章，属于几何与代数知识板块.本章建立在初中平面几何课程的基础上.通过本章的学习，学生可以获得处理三维空间问题的基础知识、基本技能、基本思想方法与基本活动经验，发展空间想象能力，提高逻辑推理能力.

平面及其基本性质是本章的基础，主要内容是建立立体几何公理体系并用文字语言、图形语言和符号语言表示；根据公理体系分析空间中直线与平面的基本性质与位置关系；本章还包括空间图形的平面直观图画法等内容.

空间中直线与直线的位置关系是在平面中直线与直线的相交与平行两种位置关系的基础上，给出了空间中直线的相交、平行与异面三种位置关系.本节介绍了异面直线的画法和异面直线判定定理，学生要会证明两条直线异面，会求两条异面直线所成角.

直线与平面的位置关系包括直线在平面上、直线与平面相交、直线与平面平行.本节介绍了直线与平面所成的角、直线与平面之间的距离等度量的基础性概念，给出并证明了相关的一系列定理.

平面与平面的位置关系包含平面与平面平行、平面与平面相交.本节证明了相关的判定定理与性质定理；介绍了二面角的概念与度量方法.

异面直线间的距离是选学内容，介绍了异面直线的公垂线，学生要会求简单情况下两条异面直线间的距离.

本章处理问题的一个基本思路是把三维空间的问题通过截面、投影等方法转化为同一个平面中的问题.空间观念与空间想象能力是学习本章的关键，在教学中，应关注用特殊的空间图形(如长方体、四面体等)或结合实物、模型、图形等来辅助理解和解决空间问题，加强空间观念的建立.另外，本章几乎所有的定理与推论都给出了证明(或在课堂练习或课后作业中由学生证明)，希望学生通过学习立体几何定理的证明过程，不仅加深对定理本身的理解和运用，更是将之作为载体发展逻辑推理能力.

二、学习活动设计

(一) 学习活动设计整体分析

1. *学习活动的目标*

① 在学习公理 2 的基础上，通过探究经过空间中 4 个点的平面个数问题，给出相应证

明，拓展空间直观想象能力与逻辑推理能力；

② 通过类比平面几何中直线分割平面问题，研究立体几何中平面分割空间问题，发展类比方法、从特殊到一般等逻辑推理能力；

③ 通过构造方法与运动观点，研究异面直线的公垂线的存在性与唯一性，结合距离的一般化定义，探索异面直线间距离的刻画方法，发展空间想象能力.

2. 学习活动的意义

我们生活在三维空间中，立体几何是最具有生活体验的，但同时立体几何也是比较抽象的，这是因为三维空间中的操作比平面中要困难，因此在实践操作的基础上，辅以类比、推理等逻辑方法.

本单元的活动都是从空间实例出发，类比与对照平面几何中的类似问题，通过实践活动与思维活动，理解与建构空间问题，获得相应的结果.在活动中发展空间想象能力与逻辑推理能力.

3. 学习活动分析表

活动名称	活动目标	所需课时	活动类型			核心素养及其水平			评价方式		
			知识构建	问题探究	专题实践	核心素养	具体方面	水平	自我评价	小组评价	教师评价
过空间中四个点的平面有几个？	①	0.5	√	√		逻辑推理 直观想象	知识与技能 思维与表达	二 二	√	√	√
平面分割空间问题	②	1		√		逻辑推理 直观想象	情境与问题 思维与表达	二 二	√	√	√
异面直线间的距离	③	1	√			直观想象 数学抽象	知识与技能 思维与表达	二 三	√	√	√
总　计		2.5	2	1	0				3	3	3

(二) 学习活动案例

案例 3－10－1　过空间中四个点的平面有几个？[①]

一、设定活动目标、确定活动名称

单元名称	空间直线与平面
教材版本	上教社 2021 年版
活动目标	加深对公理 2 的理解，发现推论 1,2,3
活动名称	过空间中四个点的平面有几个？
活动意义	通过对公理 2 的理解，讨论过空间中四个点的平面有几个，从中发现推论 1,2,3

① 本活动设计由上海交通大学附属中学侯磊老师提供

二、活动方案设计

问题设计	过空间中四个点的平面有几个?		
活动类型	□知识建构活动	☑问题探究活动	□专题实践活动
核心素养	☑数学抽象 ☑直观想象	□数学运算 □数据分析	☑逻辑推理 □数学建模
活动年级	□高一	☑高二	□高三
活动形式	☑课内活动	□课外活动	□课内外兼顾
活动方式	☑自主学习	☑小组合作	☑班级研讨交流
活动资源	□工具学具	☑文本资料	□媒体资料
活动水平	☑理解与运用	☑综合运用	☑探究与发现
所需课时	0.5		
评价方法	☑自我评价	☑小组评价	☑教师评价
活动品质评估	主体性 [A] B C　　整体性 [A] B C　　合作性 A [B] C　　适切性 A [B] C　　激励性 A [B] C		

注:A 表示“很好”,B 表示“良好或较好”,C 表示“一般或较差”

三、活动实施、总结评价

(一) 活动流程

1. 提出问题:经过空间中的 4 个点,有几个平面?

公理 2:不在同一直线上的三点确定一个平面.

那么我们来讨论一个问题:经过空间中的 4 个点,有几个平面?

(可能的回答)经过空间中的 4 个点有一个平面.

(可能的回答)经过空间中的 4 个点可能一个平面都没有.

(教师总结)两名同学说得都有一定的道理.

需要注意的是,这里“确定一个平面”指的是“经过空间中不共线的三个点,有且只有一个平面”或者说“存在唯一的平面经过空间中不共线的三个点”.

(学生活动)请大家独立思考一下,对于空间中的 4 个点,可能有哪些位置关系.在每一种情况下,经过这 4 个点的平面分别有几个?

2. 请同学们展示自己的发现.

(学生展示 1)如果这 4 个点在同一条直线上,那么经过这 4 个点的平面有无穷多个,如图 1;如果有 3 个点在同一条直线上,另一个点不在这条直线上,那么经过这 4 个点的平面有且只有一个,如图 2.

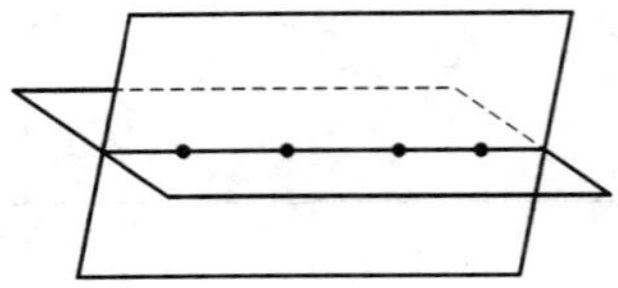

图 1

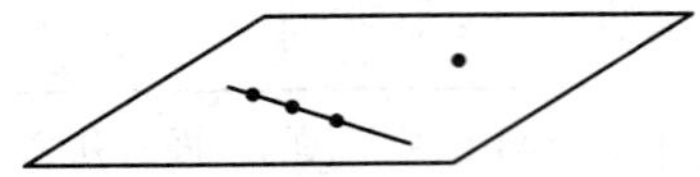

图 2

(教师总结 1)第二种情况可以归结为：一条直线和这条直线外的一点确定一个平面. 也就是课本第 5 页的推论 1.

(学生展示 2)如果有两个点在直线 l 上，而另外两个点在直线 m 上，且直线 l 与直线 m 相交，那么经过这 4 个点的平面有且只有一个，如图 3；如果直线 l 与直线 m 平行，那么经过这 4 个点的平面也是有且只有一个，如图 4.

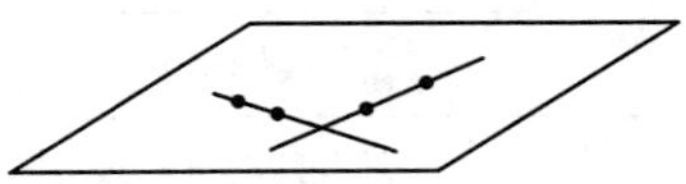

图 3

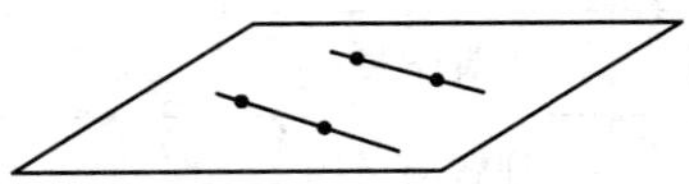

图 4

(教师总结 2)这两种情况可以归结为：

两条相交直线确定一个平面，就是课本第 5 页的推论 2.

两条平行直线确定一个平面，就是课本第 5 页的推论 3.

(学生在展示 2 的基础上补充)还有一种情况，那就是直线 l 与直线 m 既不相交也不平行，这个时候经过这 4 个点的平面一个也没有.

(教师总结 4)这种情况就是我们将在后续课程中学习的两条直线异面的情况，在这种情况下，不存在任何一个平面使其同时经过这 4 个点.

3. 分组讨论如何证明刚才得到的结论.

(分小组活动)每小组选择其中一个问题.

(小组分享 1)证明推论 1.

(小组分享 2)证明推论 2.

(小组分享 3)证明推论 3.

(二) 活动评价

1. 评价原则

(1) 认真进行自主探究的学习过程，积极思考，通过已经系统学习过的三条公理进一步探索，逐步建立空间想象能力以及相应的逻辑推理能力.

① 积极自主探究，能找出所有情况(20 分)；

② 主动自主探究，能找出三种情况(15 分)；

③ 在引导下进行自主探究，能找出两种情况(10 分)；

④ 在引导下进行探究，但没有探究的主动性，只能找出一种情况(5 分)；

⑤ 不愿意自主探究(0 分).

(2) 积极参加合作学习，与组员交流自己的想法，逐步提高数学表达与交流能力.

① 积极在小组合作学习中交流自己的发现,并给予同伴有价值的建议(20 分);

② 主动在小组合作学习中交流自己的发现,并给予同伴一些建议(15 分);

③ 能在小组合作学习中交流自己的发现,在给予同伴建议方面有待加强(10 分);

④ 能在小组合作学习中交流自己的发现,但交流效果并不理想(5 分);

⑤ 不愿意在小组合作学习中交流自己的发现(0 分).

(3) 能对不同情况进行证明(说明),发展相应的逻辑推理能力.

① 主动对小组讨论所得的所有情况进行证明(20 分);

② 参加小组中的讨论,对同伴的证明(说明)进行肯定或质疑、或对同伴的证明加以补充(15 分);

③ 能对部分情况进行证明(说明),为余下情形提供证明思路(10 分);

④ 能在同伴的提醒下,尝试判断小组讨论所得的结果是否正确(5 分);

⑤ 完全没有融入小组讨论,不去判断小组讨论结果是否正确(0 分).

(4) 在班级交流的基础上,取长补短,完善本组的研究结果.

① 主动承担完善小组结果的任务,是推动小组探究活动前进的主要力量(20 分);

② 辅助组内同伴完善结果,共同推动小组探究活动(15 分);

③ 能够从某一角度对原有结果提出部分修改建议(10 分);

④ 参与小组活动,但基本没有提出有效建议(5 分);

⑤ 不提出任何建议,不参与修改过程(0 分).

(5) 公平、公正地进行自评和互评,评价过程认真、负责、有诚信,逐步形成良好的个人品质.

① 公平的开展自评、互评(20 分);

② 自评或互评中有一项有待改进(10 分);

③ 自评与互评情况均有待改进(0 分).

(6) * 在小组合作探究和班级交流中有突出表现的,酌情加分.

2. 评价量表

<table>
<tr><td>组长</td><td></td><td>组员</td><td colspan="2"></td></tr>
<tr><td rowspan="6">过程评价</td><td>评价项目(分值)</td><td>自我评价</td><td>小组互评</td><td>教师评价</td></tr>
<tr><td>主动探究、积极思考(20 分)</td><td></td><td></td><td></td></tr>
<tr><td>积极合作、有效交流(20 分)</td><td></td><td></td><td></td></tr>
<tr><td>论证说明、严谨求真(20 分)</td><td></td><td></td><td></td></tr>
<tr><td>取长补短、修正提升(20 分)</td><td></td><td></td><td></td></tr>
<tr><td>公正评价、诚信负责(20 分)</td><td></td><td></td><td></td></tr>
<tr><td rowspan="2">加分</td><td colspan="3">加分理由</td><td>分值</td></tr>
<tr><td colspan="3"></td><td></td></tr>
<tr><td>总分</td><td colspan="4"></td></tr>
</table>

备注:自我评价占 30%,小组互评占 30%,教师评价占 40%;如果没有小组互评,则自我评价占 50%,教师评价占 50%

2. 评价量表

评价表 1(自我评价)

<table>
<tr><th>自 评 内 容</th><th>方 式</th></tr>
<tr><td>(1) 你是否一直对参与的主题活动感兴趣?</td><td rowspan="8">每一个研究课题结束后,填写“综合实践活动记录与评价表”或用描述性语言的方法对以上内容进行一次自评,完成后经指导教师审阅后收入档案袋中,该分数可作为平时分数的参考依据.</td></tr>
<tr><td>(2) 你是否参加过活动主题的选择?</td></tr>
<tr><td>(3) 你收集信息、资料的途径有哪些?</td></tr>
<tr><td>(4) 你在活动中遇到的最大问题是什么?</td></tr>
<tr><td>(5) 本次活动中你最感兴趣的是什么?</td></tr>
<tr><td>(6) 你对活动成果是否满意?</td></tr>
<tr><td>(7) 本次活动中,你发现了什么?</td></tr>
<tr><td>(8) 活动中,你最大的收获是什么?</td></tr>
</table>

评价表 2(小组互评)

<table>
<tr><th>互 评 内 容</th><th>方 式</th></tr>
<tr><td>(1) 小组成员合作是否愉快?</td><td rowspan="4">每一个主题活动结束后,小组成员集体讨论,组长执笔用描述性评价方法对以上内容进行评价,完成后经指导教师审阅后收入档案袋中.</td></tr>
<tr><td>(2) 你们在活动中遇到哪些困难或问题?</td></tr>
<tr><td>(3) 你们是怎样合作克服困难的?</td></tr>
<tr><td>(4) 你们认为下次活动还应从哪些方面加以改进?</td></tr>
</table>

四、活动反思与体会

在以往的教学经历中,教师往往认为推论 1,2,3 是在完成公理的学习后自然而然地可以理解并掌握的.然而事实证明,现在学生的空间想象能力越来越薄弱,这三个推论对于学生来说并不是显然的.所以设计这个活动,引导学生自行发现这三个推论.在发现的过程中,学生自身的思考绝不能被小组所替代,否则他的空间想象能力永远得不到提高.因此在这个环节中,设计了学生自主探究.

在第二个证明环节中,这些推论的证明有一定的难度,部分学生难以独立完成.所以将之设计为小组讨论的模式,并在讨论完成之后分小组来与同学们分享.这样学生在经历了基本的活动体验的同时,也提升了团队合作能力.

整个活动从自主探索开始,在相互激发中开展,在小组分享中达到高潮.

案例 3 - 10 - 2 平面分割空间问题

一、设定活动目标、确定活动名称

单元名称	空间直线与平面
教材版本	上教社 2021 年版

续表

活动目标	1. 通过活动操作提高空间想象能力，加深对公理 3 的理解，发展直观想象素养； 2. 通过将 3 个平面问题拓展到 n 个平面问题，从 1 个平面、2 个平面到多个平面的问题中发现规律形成递推、归纳的处理问题的习惯，发展逻辑推理素养.
活动名称	平面分割空间问题
活动意义	本活动基于平面几何中的“直线分割平面”问题，通过类比形成研究“平面分割空间”的经验与方法，发展类比推理能力.

二、活动方案设计

问题设计	1. 回顾初中经历过的“直线分割平面”问题； 2. 三个平面可以将空间分为几个部分？（提示：类比平面中三条直线分割平面问题） 3. n 个平面最多可以将空间分割成几个部分？				
活动类型	□知识建构活动	☑问题探究活动	□专题实践活动		
核心素养	□数学抽象 ☑直观想象	□数学运算 □数据分析	☑逻辑推理 □数学建模		
活动年级	□高一	☑高二	□高三		
活动形式	□课内活动	□课外活动	☑课内外兼顾		
活动方式	□自主学习	☑小组合作	□班级研讨交流		
活动资源	☑工具学具	□文本资料	□媒体资料		
活动水平	□理解与运用	□综合运用	☑探究与发现		
所需课时	1 课时				
评价方法	☑自我评价	☑小组评价	☑教师评价		
活动品质评估	主体性 [A] B C	整体性 A [B] C	合作性 A [B] C	适切性 A [B] C	激励性 A [B] C

注：A 表示“很好”，B 表示“良好或较好”，C 表示“一般或较差”

三、活动实施、总结评价

（一）活动流程

1. 复习公理 3：如果两个不同的平面有一个公共点，那么它们有且只有一条过该点的公共直线.

画两个相交平面的直观图方法：先画两条相交直线（图 1），再沿同一方向画等长的平行线（图 2），连接相应的线段（图 3）. 注意：在画图时，凡被一个平面遮住的所有线条要画成虚线.

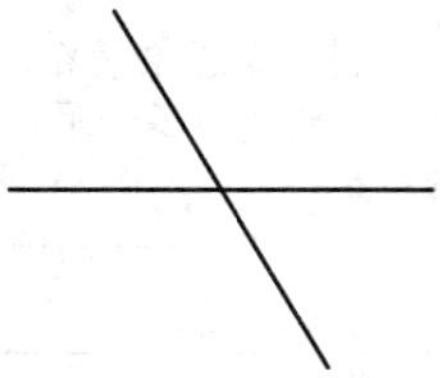

图 1

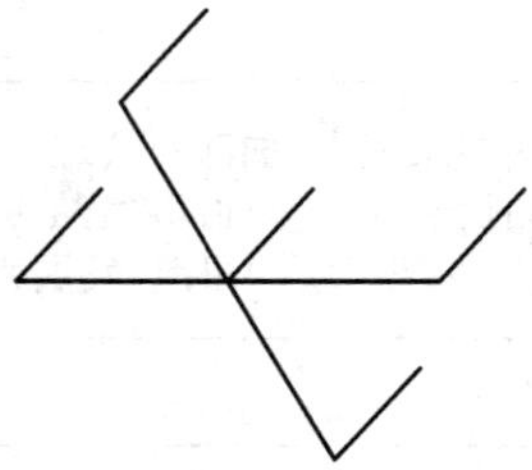

图 2

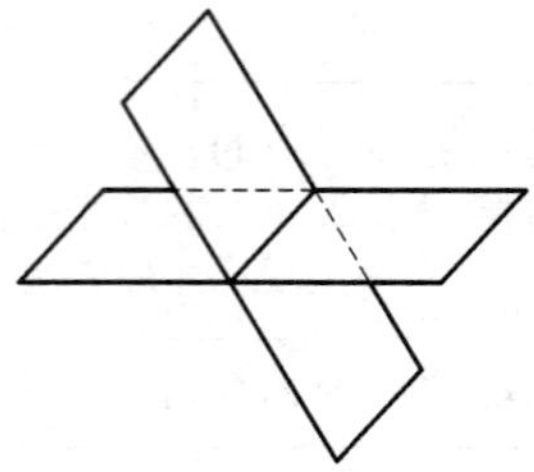

图 3

2. 问题 1：(改编自课本第 7 页练习 10.1(3)第 2 题)用硬纸板作为平面的模型，摆出三个平面各种位置关系的不同情况.你能摆出几种情况？各种情况下这三个平面分别将空间分割为几个部分？

(1) 用硬纸板探索三个平面各种位置关系的所有情况(每四人一个小组合作).

(2) (选用)(如果有小组只能得到 2～3 种情况)提示：回顾初中问题，三条直线分割平面的所有情况？(图 4～7)

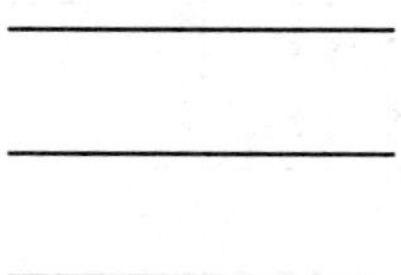

分为4个部分

图 4

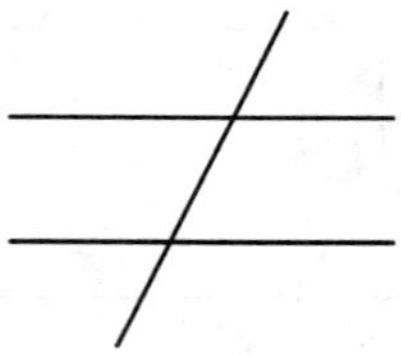

分为6个部分

图 5

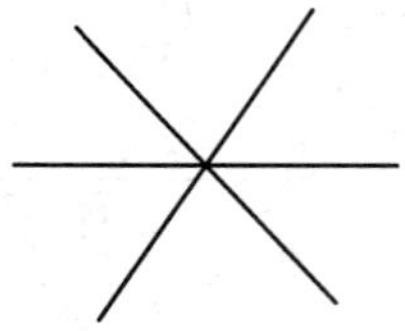

分为6个部分

图 6

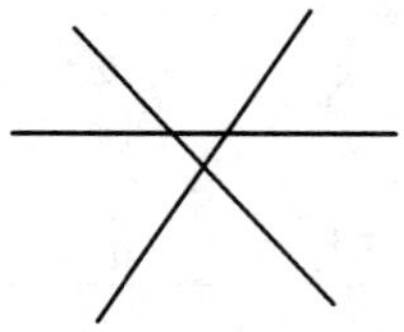

分为7个部分

图 7

(3) 作出所有情况的直观图(图 8～12).

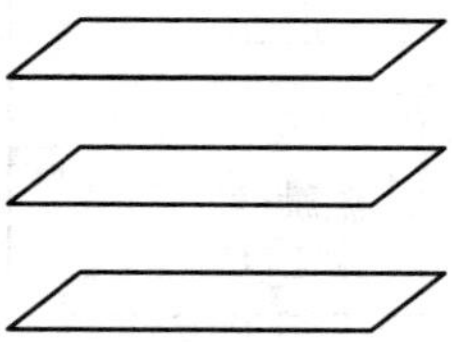

分为4个部分

图 8

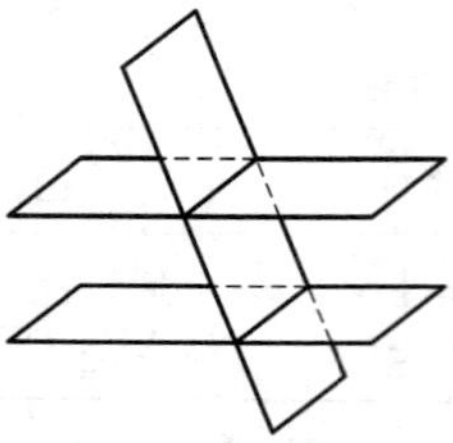

分为6个部分

图 9

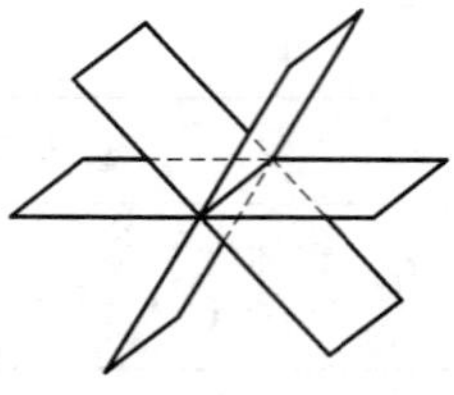

分为6个部分

图 10

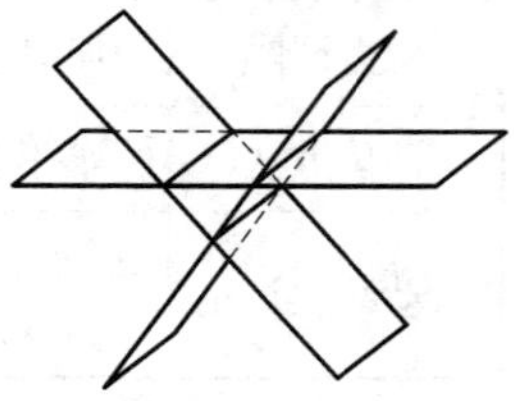

分为7个部分

图 11

(4) 班级交流：随机抽取两个小组，通过实物投影仪展示平面分割空间的直观图，说明思路历程；说明不同的图形中平面分别将空间分割为几个部分.

(5) 思考：3 个平面分割空间，至多分为 8 个部分.一般的，如果 n 个平面分割空间，期望分割成尽可能多的部分，这些平面之间的关系如何？

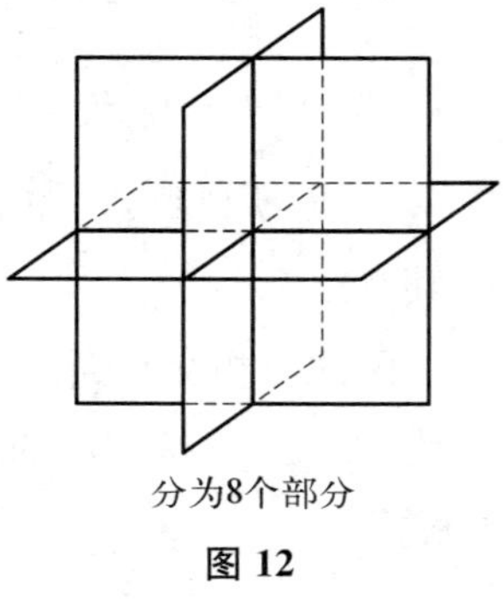

分为8个部分

图 12

(期望的回答)(直观想象即可，无需证明)(提示类比直线分

割平面问题）

这些平面两两相交；这些平面不能交于同一条直线，交线之间不能互相平行.

3. 问题 2：4 个平面分割空间，最多分为几个部分？5 个平面呢？

(1)（知难而退 1）5 条直线分割平面，最多分为几个部分？

（期望有部分或个别同学能够回答，或者提前布置课前研究或查阅资料学习）

如果 n 条直线最多将平面分割成 a_n 个部分，那么有 $a_1=2$，$a_2=4$，$a_3=7$，$a_4=11$，…，可以继续一一列举下去.

这组数据的规律如何？能根据规律直接写出 a_5 吗？

观察上述数据，有 $a_2-a_1=2$，$a_3-a_2=3$，$a_4-a_3=4$. 猜想 $a_5-a_4=5$，所以 $a_5=a_4+5=16$.

(2)（知难而退 2）1 个平面分割空间，至多分为几个部分？2 个平面分割空间，至多分为几个部分？

（必然的回答）1 个平面分割空间，至多分为 2 个部分；2 个平面分割空间，至多分为 4 个部分.

(3) 和平面中一样，若 n 个平面最多将空间分割成 b_n 个部分，则 $b_1=2$，$b_2=4$，$b_3=8$，那么 $b_4=?$，$b_5=?$

（学生很有可能回答）$b_4=16$，$b_5=32$.

（小组活动）各小组用纸板构造 4 个平面分割空间的情况

（选用 1，活动前的思想准备 1）如果 4 个平面将空间分割成 b_4 个部分，那么减少一个平面，即 3 个平面，这 3 个平面是否将空间分割成 $b_3=8$ 个部分？为什么？

（选用 2，活动前的思想准备 2）回顾 4 条直线将平面分割成 $a_4=11$ 个部分，我们是如何进行的？

（提示）3 个平面分割空间，至多分为 8 个部分，我们总结了哪些经验？

（期待回答，班级统一结论）4 个平面将空间分割成 b_4 个部分，需建立在 3 个平面将空间分割成 8 个部分的基础上；在此基础上，第四个平面需与前三个平面都相交，且交线互不平行；（新增，类比平面所得）不能有四线共点.

(4) 班级交流：一个小组进行交流，通过摆放纸板模型，结合说明，得 4 个平面最多将空间分割成 15 个部分，即 $b_4=15$.

(5)（教师引导）进一步用模型构造 5 个平面情况，复杂性快速提升！我们观察 $b_1=2$，$b_2=4$，$b_3=8$，$b_4=15$，能否找到规律，猜测 $b_5=?$

观察上面数据，有 $b_2-b_1=2$，$b_3-b_2=4$，$b_4-b_3=7$，发现有 $b_2-b_1=a_1$，$b_3-b_2=a_2$，$b_4-b_3=a_3$，猜测 $b_5-b_4=a_4$，即 $b_5=b_4+a_4=26$.

4. 问题 3：$b_2-b_1=a_1$，$b_3-b_2=a_2$，$b_4-b_3=a_3$，$b_5-b_4=a_4$，… 可以一直延续下去吗？能否说明（证明）？

(1)（知难而退）平面中的 $a_2-a_1=2$，$a_3-a_2=3$，$a_4-a_3=4$，$a_5-a_4=5$，… 能否一

直延续下去？如何证明？

（师生共同探究）（结合图示）每增加一条直线，比如在 4 条直线的基础上增加第五条直线.为使分割得到的部分最多，应满足：4 条直线将平面分割成 $a_4=11$ 个部分，增加的直线与已有的 4 条直线都有交点，且交点不重合.

已有 a_4 个部分，新增的直线与已有的直线有 4 个交点，这些交点把新增的直线分为 5 段（线段或射线），分割的部分相应地增加了 5 个.

因此，$a_5-a_4=5$.

按此流程可以持续，有 $a_6-a_5=6$，$a_7-a_6=7$，…（如果有递推表达基础，得 $a_{n+1}-a_n=n+1$）.

（2）类比上述说明，写出 $b_4-b_3=a_3$，$b_5-b_4=a_4$ 的理由.

课后完成，作为作业的一部分.

5. 拓展研究，问题的尾声（学习了数列后解决，或者仅提出问题为学习数列埋下伏笔）.

（1）写出 $a_1=2$，$a_2-a_1=2$，$a_3-a_2=3$，$a_4-a_3=4$，$a_5-a_4=5$，… 的一般表达式.

$a_1=2$，$a_{n+1}-a_n=n+1(n\in\mathbf{N}$ 且 $n\geqslant 1)$.

（2）写出 $b_1=2$，$b_2-b_1=a_1$，$b_3-b_2=a_2$，$b_4-b_3=a_3$，$b_5-b_4=a_4$，…的一般表达式.

$b_1=2$，$b_{n+1}-b_n=a_n$（$n\in\mathbf{N}$ 且 $n\geqslant 1$）.

（3）“$a_1=2$，$a_{n+1}-a_n=n+1(n\in\mathbf{N}$ 且 $n\geqslant 1)$”和“$b_1=2$，$b_{n+1}-b_n=a_n(n\in\mathbf{N}$ 且 $n\geqslant 1)$”分别是数列 $\{a_n\}$，$\{b_n\}$ 的递推公式，请进一步得到数列 $\{a_n\}$，$\{b_n\}$ 的通项公式.

$a_n=1+\dfrac{n^2+n}{2}(n\in\mathbf{N}$ 且 $n\geqslant 1)$，

由于 $a_n=1+\dfrac{n^2+n}{2}=1+C_{n+1}^2$，所以 $b_n=2+1+C_2^2+1+C_3^2+\cdots+1+C_n^2=n+1+C_{n+1}^3=n+1+\dfrac{(n+1)n(n-1)}{6}=\dfrac{(n+1)(n^2-n+6)}{6}$.（$n\in\mathbf{N}$ 且 $n\geqslant 1$，且规定 $C_2^3=0$）（较难，且需在学习了组合数的性质以后）

（二）活动评价

1. 评价原则

（1）认真进行自主探究的学习过程，积极思考，通过纸板模型搭建出平面分割空间的不同情形，逐步建立空间想象能力.

① 积极自主探究，搭建出所有 5 种不同的模型并能够阐述理由（20 分）；

② 主动自主探究，通过类比平面情况的指导，搭建出 5 种空间模型（15 分）；

③ 能在引导下进行自主探究，搭建出 3～4 种空间模型（10 分）；

④ 能在引导下进行探究，但没有探究的主动性，仅搭建 1～2 种空间模型（5 分）；

⑤ 不愿意自主探究（0 分）.

(2) 积极参加合作学习，与组员交流自己的想法，逐步提高数学表达与交流能力.

① 积极在小组合作学习中交流自己的发现，并给予同伴有价值的建议(20 分)；

② 主动在小组合作学习中交流自己的发现，并给予同伴一些建议(15 分)；

③ 能在小组合作学习中交流自己的发现，在给予同伴建议方面有待加强(10 分)；

④ 能在小组合作学习中交流自己的发现，但交流效果并不理想(5 分)；

⑤ 不愿意在小组合作学习中交流自己的发现(0 分).

(3) 能对平面分割空间问题或直线分割平面问题进行证明(说明)，逐步形成严谨的科学态度.

① 主动对小组讨论所得的直线分割平面问题或平面分割空间问题进行证明(20 分)；

② 参加小组中的讨论，对同伴的证明(说明)进行肯定或质疑、或对同伴的证明加以补充(15 分)；

③ 能对直线分割平面问题进行证明(说明)，为平面分割空间问题提供思路(10 分)；

④ 能在同伴的提醒下，尝试判断小组讨论所得的结果是否正确(5 分)；

⑤ 完全没有融入小组讨论，不去判断小组讨论结果是否正确(0 分).

(4) 在班级交流的基础上，取长补短，完善本组的研究结果.

① 主动承担完善小组结果的任务，是推动小组探究活动前进的主要力量(20 分)；

② 辅助组内同伴完善结果，共同推动小组探究活动(15 分)；

③ 能够从某一角度对原有结果提出部分修改建议(10 分)；

④ 参与小组活动，但基本没有提出有效建议(5 分)；

⑤ 不提出任何建议，不参与修改过程(0 分).

(5) 公平、公正地进行自我评价和小组互评，评价过程认真、负责、有诚信，逐步形成良好的个人品质.

① 公平的开展自我评价、小组互评(20 分)；

② 自我评价或小组互评中有一项有待改进(10 分)；

③ 自我评价与小组互评情况均有待改进(0 分).

(6) * 在小组合作探究和班级交流中有突出表现的，酌情加分.

2. 评价量表

<table>
<tr><td>组长</td><td></td><td>组员</td><td colspan="4"></td></tr>
<tr><td>阶段</td><td>评 价 内 容</td><td>分值</td><td>自我评价</td><td>小组互评</td><td>教师评价</td><td>阶段总分</td></tr>
<tr><td>1</td><td>认真复习、积极探索</td><td>20</td><td></td><td>/</td><td></td><td></td></tr>
<tr><td rowspan="2">2</td><td>主动探究、积极思考</td><td>10</td><td></td><td></td><td></td><td rowspan="2"></td></tr>
<tr><td>积极合作、有效交流</td><td>10</td><td></td><td></td><td></td></tr>
</table>

续表

<table>
<tr><th>阶段</th><th>评价内容</th><th>分值</th><th>自我评价</th><th>小组互评</th><th>教师评价</th><th>阶段总分</th></tr>
<tr><td rowspan="2">3</td><td>积极合作、有效交流</td><td>10</td><td></td><td></td><td></td><td rowspan="2"></td></tr>
<tr><td>取长补短、修正提升</td><td>10</td><td></td><td></td><td></td></tr>
<tr><td rowspan="3">4</td><td>积极合作、有效交流</td><td>10</td><td></td><td></td><td></td><td rowspan="3"></td></tr>
<tr><td>论证说明、严谨求真</td><td>10</td><td></td><td></td><td></td></tr>
<tr><td>取长补短、修正提升</td><td>10</td><td></td><td></td><td></td></tr>
<tr><td>评价</td><td>公正评价、诚信负责</td><td>10</td><td></td><td></td><td></td><td></td></tr>
<tr><td rowspan="2">加分</td><td colspan="4">加分理由</td><td>分值</td><td rowspan="2"></td></tr>
<tr><td colspan="4"></td><td></td></tr>
<tr><td colspan="6">总　分</td><td></td></tr>
</table>

备注：自我评价占30%，小组互评占30%，教师评价占40%；如果没有小组互评，则自我评价占50%，教师评价占50%

四、活动反思与体会

1. 立体几何的教学目标之一是养成学生的空间想象能力，而平面又是立体几何的基本要素之一.本活动通过纸板模型研究平面分割空间问题，对不同的平面位置关系进行讨论，发展学生的直观想象素养.

2. 从与平面几何的类比中寻求结论与方法是研究立体几何问题的方式之一，本活动通过研究与“平面分割空间”相类似的“直线分割平面”问题，给出了用类比平面几何问题得出立体几何问题解决方案的案例，培养学生类比推理能力.

3. 立体几何的公理体系源自于《几何原本》，是人类宝贵的思想遗产.通过类比得到的方法与结果，需进行相应的论证.本活动出于降低难度和课时要求等原因，用说明代替了证明，但仍维持了“大胆猜想，小心求证”的严谨态度.

4. “从特殊到一般”是人类逻辑思维的重要过程，本活动在搭建平面分割模型中逐一增加平面个数，形成特殊结论，进而归纳一般结论是解决类似问题的重要方法.本活动的探究过程在“从特殊到一般”的研究方法案例中具有相当的典型性.

5. 数学活动重在人人参与和个体体验，重在从外显活动中获得内化经验.通过本活动，让同学们能通过思维互补，激发出思想火花；养成良好、规范、严谨的思维习惯，获得相应学习成果的同时也获得相应的学习和思维经验.

案例 3－10－3　异面直线间的距离

一、设定活动目标、确定活动名称

单元名称	空间直线与平面
教材版本	上教社 2021 年版
活动目标	1. 通过活动探究异面直线公垂线的存在性与唯一性，发展空间想象能力； 2. 通过异面直线公垂线存在性与唯一性的证明，发展逻辑推理素养.
活动名称	异面直线间的距离
活动意义	1. 通过探究活动，直观体验异面直线间的距离，降低学生对异面直线间距离的理解难度； 2. 通过对异面直线公垂线的探究过程，体会构造法研究问题的路径，提升发现问题与解决问题的能力； 3. 通过异面直线公垂线的证明过程，综合运用立体几何的公理体系，发展逻辑推理素养.

二、活动方案设计

问题设计	1. 你觉得异面直线间的关系可以从哪几个方面刻画？之前学习了异面直线所成的角，还应该从哪方面着手？ 2. 什么是距离？如何定义异面直线间的距离？ 3. 对于任意一组异面直线，与这两条直线都垂直并且相交的直线是否存在？是否唯一？ 4. 如何作出异面直线的公垂线？				
活动类型	☑知识建构活动	□问题探究活动		□专题实践活动	
核心素养	□数学抽象 ☑直观想象	□数学运算 □数据分析		☑逻辑推理 □数学建模	
活动年级	□高一	☑高二		□高三	
活动形式	☑课内活动	□课外活动		□课内外兼顾	
活动方式	□自主学习	□小组合作		☑班级研讨交流	
活动资源	□工具学具	☑文本资料		□媒体资料	
活动水平	☑理解与运用	□综合运用		□探究与发现	
所需课时	1 课时				
评价方法	☑自我评价	☑小组评价		☑教师评价	
活动品质评估	主体性 [A] B C	整体性 A B [C]	合作性 A B [C]	适切性 A [B] C	激励性 [A] B C

注：A 表示“很好”，B 表示“良好或较好”，C 表示“一般或较差”

三、活动实施、总结评价

（一）活动流程

1. 复习回顾，异面直线的定义，异面直线的判定，异面直线所成的角.

(1)（学生回答）不同在任何一个平面上的两条直线叫做异面直线.

(2)（预期的学生回答）异面直线判定定理：过平面外一点与平面上一点的直线，和此平面上不经过该点的任何一条直线都是异面直线.

（继续引导）除了判定定理，还有什么方法呢？

（期待回答）可以从定义入手，用反证法.

“不同在任何一个平面上”.先假设这两条直线在同一个平面上，导出矛盾，因此，这两条直线不同在任何一个平面上.或者利用下表，两条直线不相交，不平行，则异面.

<table>
<tr><th>是否有公共点</th><th>位置关系</th><th>是否共面</th></tr>
<tr><td>是</td><td>相交</td><td rowspan="2">是</td></tr>
<tr><td rowspan="2">否</td><td>平行</td></tr>
<tr><td>异面</td><td>否</td></tr>
</table>

(3)（学生回答）两条异面直线平移到相交位置时所得到的锐角或直角，称为这两条异面直线所成的角，在弧度制下，异面直线所成的角 $\theta \in \left(0, \frac{\pi}{2}\right]$.

2. 关于距离的认识.

(1) 盘点曾经学过的距离.

（学生抢答）两点间距离、点到直线距离，两条平行线间的距离.

(2) 这些距离是如何定义的？公共特征是什么？

（学生回答）在平面上，以两点为端点的线段的长度为这两点间的距离.

在平面上，过点作直线的垂线，点与垂足之间的距离为点到直线的距离.

在两条平行线的任意一条上任取一点，该点到另一条直线的距离为两条平行线间的距离.

（师生共同探究）两点间的距离是这两点任意连线中长度的最小值；点到直线的距离是该点与直线上所有点所连线段的长度的最小值；两条平行线间的距离是这两条直线上所有点之间所连线段的长度的最小值.

（教师补充）因为空间两点、一点与一条直线、两条平行直线都分别可以看作同一平面上的几何对象，因此在空间中上述定义可以直接运用.

（教师介绍）据此，数学中定义两个几何体间的距离是这两个几何体上所有点之间所连线段的长度的最小值.

比如,两个圆的圆心间的距离为 5,半径分别是 1 和 2,那么可以定义这两个圆之间的距离为 $5-1-2=2$.

(3) 按上面的特征,如何定义异面直线间的距离?

(学生尝试定义)异面直线间的距离是这两条异面直线上所有点之间所连线段的长度的最小值.(存在性问题?)

(4) 这个定义比较抽象,具体的如何选取这两个点,才能取得这个最小值?

(师生共同探究)如图 1,a, b 是异面直线,线段 AB 的长度是前面所说最小值.在直线 b 任取一点 B',有 $|AB'|\geqslant|AB|$ 恒成立,因为 $A\notin b$,所以点 A, b 确定平面 α,在平面 α 中,根据平面几何知识,有 $AB\perp b$. 同理,有 $AB\perp a$.

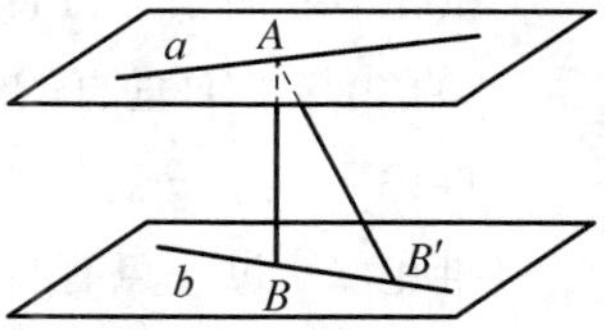

图 1

3. 问题 1:对于任意一组异面直线,与这两条直线都垂直并且相交的直线是否存在?

(1) (教师提示)这个问题比较复杂,能否将这个大问题分割为若干个小问题?

(期待回答)对于任意一组异面直线,与这两条直线都垂直的直线是否存在?

对于任意一组异面直线,与这两条直线都垂直的直线中是否存在与这两条直线都相交的直线?

(2) 对于任意一组异面直线,与这两条直线都垂直的直线是否存在?

(学生研究后抢答)必然存在.

(构造)如图 2,a, b 是异面直线,在直线 a 上任取一点 P,过点 P 作直线 b',使 $b'\parallel b$.

设 a 及 b' 所确定的平面为 α,任作平面 α 的垂线 l.

因为 $l\perp\alpha$,且 $a\subset\alpha$, $b'\subset\alpha$,所以 $l\perp a$, $l\perp b'$.

又因为 $b'\parallel b$,所以 $l\perp b$. 直线 l 即为与这两条直线都垂直的直线.

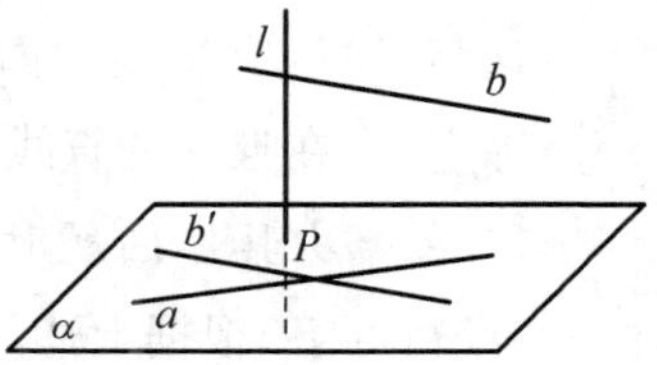

图 2

(3) 对于任意的一组异面直线,与这两条直线都垂直的直线中是否存在与这两条直线都相交的直线?

(师生继续共同构造)如图 3,在直线 b 上任取一点 B_1,过 B_1 作平面 α 的垂线 l_1,与平面 α 交于点 A_1,根据前述证明,A_1B_1 与直线 a、b 都垂直.设点 A_1 与直线 b 所确定的平面为 β,所以平面 α 与平面 β 有一条过 A_1 的交线,设为 b_2. 由 $b\parallel\alpha$,得 $b\parallel b_2$. 又因 $b\parallel b'$,故 $b'\parallel b_2$.

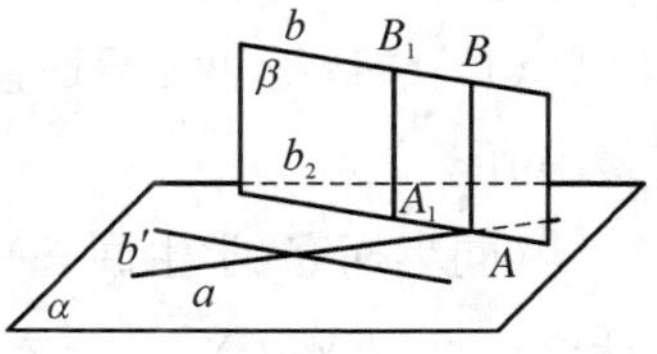

图 3

设 a 与 b_2 的交点为 A,在平面 β 上过点 A 作直线 AB 垂直于 b_2. 因为平面 β 垂直于平面 α,所以直线 AB 垂直于平面 α,从而直线 $AB\perp a$. 这样,直线 AB 与异面直线 a, b 都垂直且相交.

4. 问题 2：对于任意一组异面直线，与这两条直线都垂直并且相交的直线是否唯一？

(1) 在我们前面的学习中，类似这样的唯一性问题有哪些，举 1～2 个例子，我们如何证明这些唯一性问题的？

(期待回答)(公理 2 的三个推论)

推论 1　一条直线和这条直线外的一点确定一个平面.

推论 2　两条相交直线确定一个平面.

推论 3　两条平行直线确定一个平面.

(直线与平面垂直的性质定理的两条推论)

推论 1　过一点有且只有一个平面与给定的直线垂直.

推论 2　过一点有且只有一条直线与给定的平面垂直.

参考上述推论的证明，一般我们用反证法证明唯一性.

(2) 求证：对于任意一组异面直线，存在唯一的直线与这两条直线都垂直且相交.

证明：(反证法)(可以自学课本)

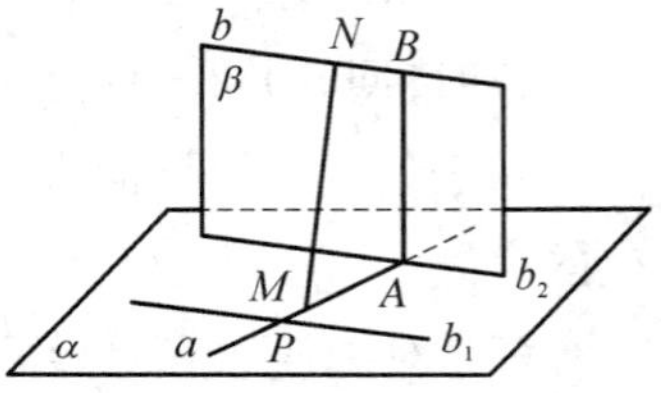

图 4

如图 4，假设除了 AB，还有一条公共的垂线 MN，使得 $MN \perp a$，$MN \perp b$，垂足分别为点 M，N.

因为 $b \parallel b_2$，所以 $MN \perp b_2$，而 a 与 b_2 是平面 α 上的两条相交直线，所以 $MN \perp \alpha$.

又 $AB \perp \alpha$，所以 $MN \parallel AB$，从而点 A，B，M，N 共面，这与 AM，BN 是异面直线矛盾.所以仅有一条公垂线.

综上，存在唯一的直线与 a，b 都垂直且相交.

5. 在解决具体问题时，如何作出异面直线的公垂线？

(期待回答)根据上述的证明过程，可先寻求与这两条异面直线都垂直的直线(族)，再通过平移，得到与这两条异面直线都垂直且相交的直线.

我们称与两条异面直线都垂直且相交的直线为这两条异面直线的公垂线.公垂线的两个垂足之间的线段称为这两条异面直线的公垂线段，两条异面直线的公垂线段的长度就叫做这两条异面直线间的距离.

(1) 请验证，两条异面直线的公垂线段的长度是在两条异面直线上所有点所连线段长度的最小值.

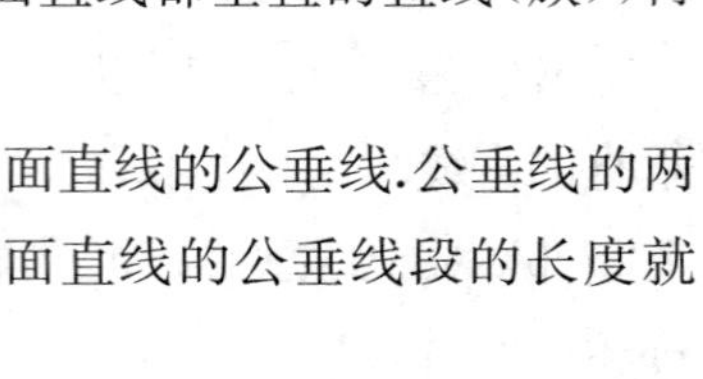

图 5

(同桌探究，学生回答)如图 5，首先，两条异面直线上各任取一点如 M，N.

接下来证明，线段 MN 的长度大于或等于线段 AB 的长度.作 $MM_1 \perp a$ 于点 M_1，连接 M_1N.

易知 $MM_1 = AB$，且 $MM_1 \parallel AB$，所以 $MM_1 \perp$ 平面 α，因为 $M_1N \subset \alpha$，所以 $MM_1 \perp M_1N$，所以 $MN \geqslant AB$.

（二）活动评价

1. 评价原则

(1) 认真进行复习回顾，理解距离的定义并加以发展.

① 积极复习并互动，发展出两个几何体间的距离的概念，并能够阐述理由(20分)；

② 积极复习并互动，发展出两个几何体间的距离的概念，但停留于直观感觉，不能够阐述理由(15分)；

③ 能复习距离概念，在老师和同伴的引导或提示下发展出两个几何体间的距离的概念(10分)；

④ 能复习距离概念，但无法发展出两个几何体间的距离的概念(5分)；

⑤ 不愿意进行复习与发展距离的概念(0分).

(2) 根据几何体间距离的定义探究异面直线间的距离，提出公垂线的思想.

① 积极自主探究，根据几何体间的距离，萌发出用公垂线研究异面直线间距离的思想(20分)；

② 积极探究，根据几何体间的距离，理解用公垂线研究异面直线间距离的思想(15分)；

③ 跟随班级探究，在教师或同桌指导下，逐步理解用公垂线研究异面直线间距离的思想(10分)；

④ 能跟随班级探究，知道用公垂线可以研究异面直线间的距离(5分)；

⑤ 不愿意参加课堂探究活动(0分).

(3) 能证明(说明)异面直线公垂线的存在性与唯一性，逐步形成严谨的科学态度.

① 能主动分析问题，意识到证明(说明)异面直线公垂线的存在性与唯一性的必要性，并能基本完成证明(说明)(20分)；

② 能主动分析问题，能基本完成异面直线公垂线的存在性与唯一性的证明(说明)(15分)；

③ 能跟随引导分析问题，能部分完成异面直线公垂线的存在性与唯一性的证明(说明)(10分)；

④ 能跟随引导，完成异面直线公垂线的存在性与唯一性的证明(说明)之一(5分)；

⑤ 没有论证意识(0分).

(4) 公平、公正地进行自我评价和小组互评，评价过程认真、负责、有诚信，逐步形成良好的个人品质.

① 公平的开展自我评价、小组互评(20分)；

② 自我评价或小组互评中有一项有待改进(10分)；

③ 自我评价与小组互评情况均有待改进(0分).

(5) * 在小组合作探究和班级交流中有突出表现的，酌情加分.

2. 评价量表

<table>
<tr><th>阶段</th><th>评 价 内 容</th><th>分值</th><th>自我评价</th><th>小组互评</th><th>教师评价</th><th>阶段总分</th></tr>
<tr><td>1</td><td>认真回顾、主动探究</td><td>10</td><td></td><td></td><td></td><td></td></tr>
<tr><td rowspan="2">2</td><td>认真回顾、积极思考</td><td>10</td><td></td><td></td><td></td><td rowspan="2"></td></tr>
<tr><td>主动探究、有效交流</td><td>10</td><td></td><td></td><td></td></tr>
<tr><td rowspan="3">3、4</td><td>积极思考、努力解决</td><td>10</td><td></td><td></td><td></td><td rowspan="3"></td></tr>
<tr><td>认真学习、有效交流</td><td>10</td><td></td><td></td><td></td></tr>
<tr><td>论证说明、严谨求真</td><td>10</td><td></td><td></td><td></td></tr>
<tr><td rowspan="2">5</td><td>积极思考、有效交流</td><td>10</td><td></td><td></td><td></td><td rowspan="2"></td></tr>
<tr><td>认真验证、修正提升</td><td>10</td><td></td><td></td><td></td></tr>
<tr><td>评价</td><td>公正评价、诚信负责</td><td>20</td><td></td><td></td><td></td><td></td></tr>
<tr><td rowspan="2">加分</td><td colspan="4">加分理由</td><td>分值</td><td rowspan="2"></td></tr>
<tr><td colspan="4"></td><td></td></tr>
<tr><td colspan="6">总　分</td><td></td></tr>
</table>

注：自我评价占30%，小组互评占30%，教师评价占40%；如果没有小组互评，则自我评价占50%，教师评价占50%

四、活动反思与体会

1. 异面直线间的距离是教材中打“＊”的内容，对学生要求比较高.本活动试图通过问题链铺设思想阶梯，使更多的同学能顺利理解并掌握该项内容.

2. 距离是几何中一项重要的度量.通过本活动，理解两个几何体之间距离的定义，并通过这个定义推动对异面直线公垂线的研究，发展学生逻辑推理素养.

3. 本活动较多次回顾了前面的知识和方法.一方面，异面直线间的距离作为本章的最后一课，通过本活动能梳理与连接本章的内容，进行初步的综合；另一方面，从已有的学习内容和经验中寻找新问题的解决方案是我们必然的思想经历，本活动使学生再次经历了这种体验.

第 11 章　简单几何体

一、学习内容分析

“简单几何体”是“空间直线与平面”的后继章节，通过一些简单几何体的概念、特征及相关的论证与定量计算发展逻辑推理能力，建立空间观念.

柱体一节中严格定义了棱柱、圆柱的概念，用祖暅原理给出了柱体体积的计算公式，给出了表面积的定义，推导了柱体的表面积公式.

锥体一节的逻辑编排与柱体一节基本相同，严格定义了棱锥、圆锥的概念，用祖暅原理给出了锥体体积的计算公式，推导了锥体表面积的公式.

多面体和旋转体是对前两节提出的柱体和锥体的总结和概括，给出了旋转体的一般概念.

球一节中先定义了球的概念，论证了球的体积公式，给出了球的表面积公式（只需理解，不严格证明）.

和前一章一样，本章的教学仍应遵循从具体到抽象的原则，通过丰富的实物、模型等帮助学生建立空间图形的数学直观，理解空间几何体的结构特征，进一步进行相关论证与计算；注意培养学生的读图、作图能力，并根据需要进行实物、模型、图形、符号、文字之间的相互转换.

二、学习活动设计

（一）学习活动设计整体分析

1. 学习活动的目标

① 通过研究柱体、锥体的实物、平面直观图、展开图，进行相关的定量研究，发展空间直观能力；

② 通过欧拉定理及相关研究，渗透数学史与数学文化，发展逻辑推理素养；

③ 通过祖暅原理及相关研究，渗透数学文化与爱国情怀，发展逻辑推理素养.

2. 学习活动的意义

简单几何体是我们所处的三维空间中常见的几何体，通过单元学习活动，从不同角度积累对三维空间的理解与认识，积累空间直观经验与分解转化经验.

在经验的基础上，通过立体几何的公理定理体系和本章所给的定义定理等，对直观经验得到的结果进行严格的逻辑论证，养成逻辑推理的习惯.

在活动中，需对一些具体结果进行相关计算，如折线段的总长度、部分面的面积、不规则几何体的体积等，推进对相应公式理解的同时也发展了数学运算素养.

3. 学习活动分析表

活动名称	活动目标	所需课时	活动类型			核心素养及其水平			评价方式		
			知识构建	问题探究	专题实践	核心素养	具体方面	水平	自我评价	小组评价	教师评价
包装彩带——空间几何体的平面展开图的一个应用	①	1		√	√	数学建模 直观想象	情境与问题 知识与技能 思维与表达	二 一	√	√	√
包粽子引出的一个问题	①	1		√	√	数学建模 直观想象	情境与问题 知识与技能	一 一	√	√	√
鳖臑	①	1	√	√		逻辑推理	知识与技能	二	√	√	√
多面体的欧拉定理	②	1	√	√		数学抽象 直观想象	思维与表达 交流与反思	三 二	√	√	√
探寻球的体积	③	1	√	√		逻辑推理 数学运算	情境与问题 知识与技能	二 二	√	√	√
总　计		5	3	5	2				5	5	5

(二) 学习活动案例

案例 3-11-1　包装彩带——空间几何体的平面展开图的一个应用①

一、设定活动目标、确定活动名称

单元名称	简单几何体
教材版本	上教社 2021 年版
活动目标	1. 通过实际情境，引导学生用数学的语言表达实际问题，发展数学抽象素养； 2. 经历长方体表面展开的过程，利用展开图解决几何体表面最短路径的问题；掌握将空间问题转化为平面问题的方法，体会转化与化归的数学思想，发展逻辑推理素养；并将研究思想和方法迁移到其他几何体上，应用于生活中用彩带包装盒子等问题中，培养数学应用的意识和能力； 3. 通过小组合作学习、动手实验的方式，引导学生主动思考、提升合作探究的能力，促进学生深度学习.
活动名称	包装彩带——空间几何体的平面展开图的一个应用
活动意义	运用生活情境，动手实验，结合立体几何知识，发展数学抽象素养.运用空间想象和侧面展开，将空间问题平面化，解决生活中用彩带包装盒子的问题，渗透转化与化归的思想，培养学生数学应用的意识和能力.

① 本活动设计由杨浦高级中学陆劼卿老师提供

二、活动方案设计

问题设计	用彩带包装盒子的不同方法的比较与探究		
活动类型	☐知识建构活动	☑问题探究活动	☐专题实践活动
核心素养	☑数学抽象 ☑直观想象	☐数学运算 ☐数据分析	☐逻辑推理 ☑数学建模
活动年级	☐高一	☑高二	☐高三
活动形式	☐课内活动	☐课外活动	☑课内外兼顾
活动方式	☐自主学习	☑小组合作	☐班级研讨交流
活动资源	☑工具学具	☐文本资料	☐媒体资料
活动水平	☐理解与运用	☐综合运用	☑探究与发现
所需课时	2		
评价方法	☑自我评价	☑小组评价	☑教师评价
活动品质评估	主体性 $\boxed{A}$ B C　整体性 $\boxed{A}$ B C　合作性 $\boxed{A}$ B C　适切性 A $\boxed{B}$ C　激励性 $\boxed{A}$ B C		

注：A 表示“很好”，B 表示“良好或较好”，C 表示“一般或较差”

三、活动实施、总结评价

（一）活动流程

1. 活动一（提出问题）

小组活动：学生互送礼物欢度五四青年节，心灵手巧的学生们为了美观用包装纸包装礼物，并用彩带捆扎，有时还会扎出一个花结（图 1）.其实，这些精美的包装彩带也不便宜，因此需要尽量节省彩带，这也有利于环境保护.请尝试用彩带捆扎包装礼物.

图 1

小组交流：各小组交流扎法，比较各扎法所需彩带长度，学生展现出如下扎法，如图 2～4.

图 2

图 3

图 4

问题 1：对特定的扎法和确定形状的礼物，可以用测量的方法比较长度.那这个结论可以推广到一般的长方体形状的礼物上吗？

生：对特殊的长方体可以测量长度，对一般的长方体只能尝试代数证明，可以设长方体盒子的长、宽、高分别为 x，y，z.

设计意图：通过用彩带包装盒子这一生活中熟悉的情境，提出要求“节省彩带”的问题，将特殊的长方体一般化并引入变量.

2. 活动二(数学抽象)

小组讨论，交流评价.

问题 1：谈一谈彩带长度和哪些因素有关；应当对这些因素进行怎样的合理假设？

生 1：扎法(图 2 中绳子过长方体棱上哪个点)，花结的绳子用量等；

生 2：可以假设以棱上一点为起点，可以不考虑花结的用绳量等.

问题 2：是否所有的扎法都是可以实现的？实验并解释.

生：实验后发现彩带若不“抓紧”长方体盒子，就可以继续拉动以减少绳子的用量.

问题 3：要达到“包装”的效果，捆扎方法有哪些限制条件？

生：彩带是“抓紧”长方体盒子的，彩带在长方体盒子表面形成了一段闭合路径.

设计意图：合理简化模型，抽象出扎法的要求.

3. 活动三(计算求解)

问题 1：若要比较图 2 和图 3 这两种有代表性的扎法，你能提出一个解决“节省包装彩带”的数学问题吗？

生：计算两种扎法下，绳子在长方体表面形成闭合路径的总长度.

问题 2：符合要求的路径长和哪些因素有关，应当如何建立模型？

设计意图：用字母表示数，对一般情况进行比较.

4. 小组合作探究

问题 1：图 2 的扎法，所需绳长是多少？

生：设长方体盒子的长、宽、高分别为 x，y，z，依据图 2 的捆扎方式，把彩带的长度记作 l，因为长方体的每个面上的那一段彩带都与相交的棱垂直，所以 $l=2x+2y+4z$.

问题 2：图 3 的扎法，所需最短绳长应当如何计算？

依据图 3 的捆扎方法，可以想象将长方体盒子展开在一个平面上，则彩带的平面展开图是一条由点 A 到点 A 的折线，在“扎紧”的情况下，彩带的平面展开图是一条由点 A 到点 A 的线段，记为 $A'A''$，这时所用彩带最短，彩带长记作 m. 在 $\Delta A'BA''$ 中，由三角形中两边之和大于第三边，得

$m=|A'A''|<|A'B|+|A''B|=2y+2z+2x+2z=2x+2y+4z$.

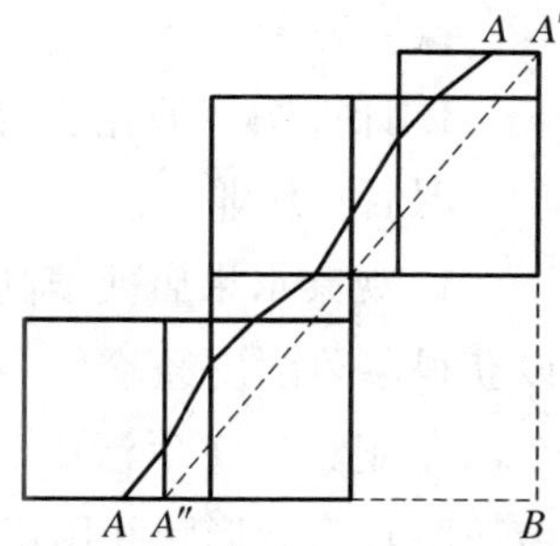

图 5

问题 3：如何比较两种扎法的长短？

生：$l>m$.

课后思考：扎紧的绳子在展开后，必然会形成如图 $A'A''$ 的线段，而不可能是折线段.

设计意图：利用平面展开图和平面上两点间线段最短进行求解.

5. 活动五(迁移应用)

例 1　线圈是在电路中常用的元器件(图 6)，通常指呈环形的导线绕组，最常见的线圈应用有：马达、电感、变压器和环形天线等.某电子元器件需要在底面半径为 5 cm，高为 12 cm 的圆柱表面缠 10 圈导线，最少需要多少厘米长的导线？

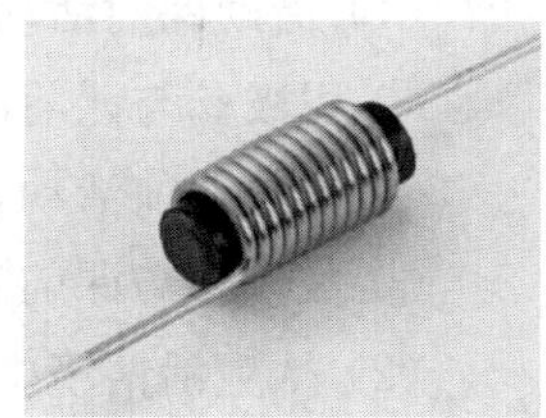
图 6

引例 1　如图 7，圆柱的底面半径为 5 cm，高为 12 cm.若要从其中的一条母线 AA_1 的 A 点处绕圆柱侧面一周到达 A_1 点处，求经过的最短距离，并画出路线图.

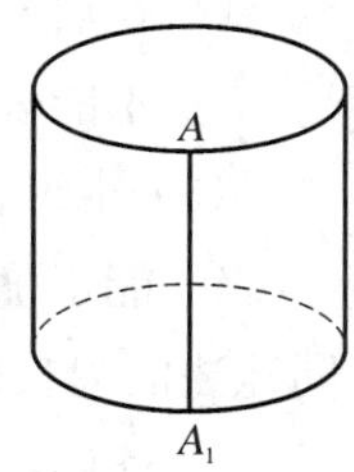

图 7

生：沿母线 AA_1 将圆柱侧面展开，对角线长即为最短距离，还原为圆柱后所得路径即为路线图.

引例 2　如图 7，圆柱的底面半径为 5 cm，高为 12 cm.若要从其中的一条母线 AA_1 的 A 点处绕圆柱侧面两周到达 A_1 点处，求经过的最短距离，并画出路线图.

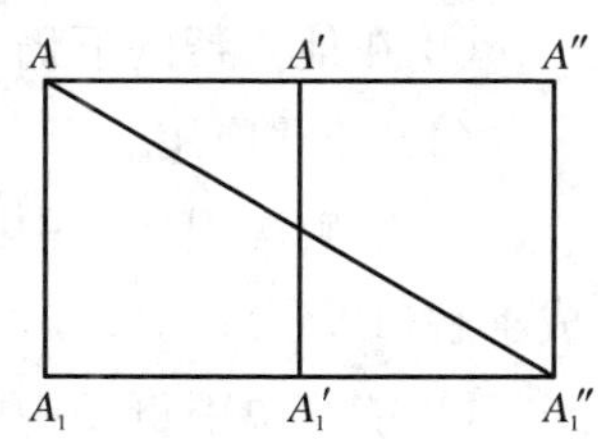

图 8

生：如图 8，沿母线 AA_1 将圆柱侧面展开得矩形 $AA'A_1'A_1$，构造与 $AA'A_1'A_1$ 全等的矩形 $A'A''A_1''A_1'$，则矩形 $AA''A_1''A_1$ 的对角线长即为最短距离，还原为圆柱后所得路径即为路线图.

生：沿母线 AA_1 将圆柱侧面展开，类似于上面的作法，得宽为 12 cm，长为 100π cm 的矩形，对角线长约为 314.4 cm，即为最少需要的导线长，还原为圆柱后所得路径即为路线图.

设计意图：本节课主要对长方体表面研究最短路径长，例题中运用同样的方法，研究圆柱表面的最短路径，同样有实际生活的背景，让学生落实研究方法，感受数学在实际生活中的应用.

课后思考：

1. 计算图 4 的扎法所需绳长，需要引入哪些变量，小组合作尝试求解.

课后长作业：

1. 观察水果店菠萝削皮的过程，注意削皮的要求和店员选择的路线，可以和店员交流以获得菠萝削皮经验.

2. 观察现实生活中的菠萝，制作“菠萝”模具(菠萝表面有菠萝眼)，观察形状并用铅笔画出.

3. 运用几何体表面展开的知识，小组合作，分析店员削皮时为何选择图 9 中的路径.

图 9

（二）活动评价

1. 评价原则

(1) 借助课前活动，得到定性猜想.

① 积极参与课前活动，比较所需绳长，得到定性猜想(20 分)；

② 参与课前活动，比较所需绳长，未能得到定性猜想(10 分)；

③ 被动参与课前活动，不进行进一步思考(0 分).

(2) 从生活情境中抽象出数学问题.

① 能准确表达扎法满足的条件，基于合理假设，提出数学问题(30 分)；

② 在启发下，能大致表达扎法满足的条件，有假设思想，提出数学问题(15 分)；

③ 不能表达扎法满足的条件，没有假设思想，无法提出数学问题(0 分).

(3) 小组合作，比较一般情况下不同扎法需要的绳长.

① 能正确地用未知数表示一般情况，能够独立想到表面展开图的研究方法，能列出不同扎法的绳长表达式，能求解并比较大小(30 分)；

② 能够在教师指导下想到表面展开图的研究方法，在启发下利用转化和化归的思想，解决最短路径问题，且积极参与交流(15 分)；

③ 在他人帮助下仍无法想到表面展开图的研究方法，或无法求解且拒绝回答(0 分).

(4) 迁移应用.

① 能解决引例 1 中的问题，并将研究方法类比到引例 2 和例 1 的问题解决中，独立完成求解(10 分)；

② 能解决引例 1 中的问题，并将研究方法类比到引例 2 和例 1 的问题解决中，但未能想到多次展开，未能求解例 1(5 分)；

③ 无法解决引例 1 中的问题，或未能将研究方法类比到引例 2 和例 1 的问题解决中，未能求解例 1(0 分).

(5) 课后长作业.

① 积极参与小组合作，正确应用建模步骤，得到合理结论(10 分)；

② 参与小组合作，正确应用建模步骤，对问题有所思考(5 分)；

③ 被动参与小组合作,不清楚建模步骤,缺乏对问题的思考(0 分).

2. 评价量表

组长		组员				
阶段	评价内容(分值)	自我评价	小组互评	教师评价	阶段总分	权重、备注
一	借助课前活动,得到定性猜想(20 分)					自我评价 * 0.5 + 教师评价 * 0.5
二	抽象出扎法要满足的条件(10 分)					自我评价 * 0.5 + 教师评价 * 0.5
	设置合理假设(10 分)					
	提出合理的数学问题(10 分)					
三	设置合理参数,想到研究方法(10 分)					自我评价 * 0.3 + 小组互评 * 0.3 + 教师评价 * 0.4
	列出表达式(10 分)					
	完成求解(10 分)					
四	完成迁移应用(10 分)					自我评价 * 0.5 + 教师评价 * 0.5
五	完成课后长作业(10 分)					自我评价 * 0.3 + 小组互评 * 0.3 + 教师评价 * 0.4
总分	各阶段总分相加					

四、活动反思与体会

本次活动给出的情境是贴近学生日常生活的,许多学生都有用彩带包装盒子的经验,因此容易提出有价值的生活问题,而许多学生将日常问题转化为数学问题的能力还有所不足.因此教师应当引导学生用数学的眼光看待问题,用数学的语言表达问题,由学生自主讨论探究,完成数学抽象和提出问题的环节.在求解过程中,学生需要结合实物模型进行几何抽象,教师应当帮助学生厘清问题中的变量和常数,并比较不同模型的结果,对比分析得出结论.在迁移应用环节,教师应当引导学生自主探究,将研究方法迁移到其他几何体上.

案例 3-11-2　包粽子引出的一个问题

一、设定活动目标、确定活动名称

单元名称	简单几何体
教材版本	上教社 2021 年版

续表

活动目标	1. 通过实际情境,引导学生借助直观想象,将实际问题抽象为数学问题,发展直观想象素养; 2. 经历展开正四面体等几何体的过程,利用展开图解决相关路径的最短问题;掌握将空间问题转化为平面问题的思想,体会转化与化归的数学思想,发展逻辑推理素养; 3. 通过小组合作学习、动手实验的方式,引导学生主动思考、提升合作探究的能力,促进学生深度学习.
活动名称	包粽子引出的一个问题
活动意义	以“包粽子”这一生活情境,抽象数学问题,发展数学抽象素养;用表面展开的方法和转化与化归的思想进行研究;推广到其他几何体表面,并与两点间最短路径问题进行比较,发展逻辑推理和直观想象素养.

二、活动方案设计

问题设计	用绳子扎紧粽子的实践与探究				
活动类型	□知识建构活动		☑问题探究活动		□专题实践活动
核心素养	☑数学抽象 ☑直观想象		□数学运算 □数据分析		☑逻辑推理 □数学建模
活动年级	□高一		☑高二		□高三
活动形式	☑课内活动		□课外活动		□课内外兼顾
活动方式	□自主学习		☑小组合作		□班级研讨交流
活动资源	☑工具学具		□文本资料		□媒体资料
活动水平	□理解与运用		□综合运用		☑探究与发现
所需课时	1				
评价方法	☑自我评价		☑小组评价		☑教师评价
活动品质评估	主体性 [A] B C	整体性 [A] B C	合作性 [A] B C	适切性 A [B] C	激励性 [A] B C

注:A 表示“很好”,B 表示“良好或较好”,C 表示“一般或较差”

三、活动实施、总结评价

(一)活动流程

1. 活动一:情境与问题

端午节来临,为营造节日气氛、纪念爱国诗人屈原,老师家所在的社区将开展“包粽子,迎端午”活动.经过讨论,居委会决定将粽子包为图 1 的形状.

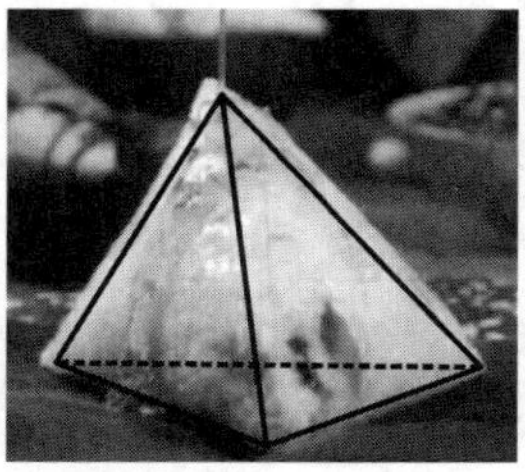

图 1

图 2

一般地，包粽子的最后一步是用细绳将粽子扎起来(图 2).生活中的粽子是不规则的几何体，为了研究的方便，我们可以将粽子看成与之形状类似的正四面体，并思考绳子在正四面体表面绕一周的情况.可以将起点设置为正四面体的一条棱上，终点和起点重合，即绳子在正四面体表面形成了一段闭合路径.

在实际授课中，端午节是学生熟悉的情境，学生的兴趣一下子被激发了起来.学生对粽子是很熟悉的，但大多数学生没有包粽子的经验，因此该情境在熟悉中又有陌生的地方，学生有进一步研究的意愿.

设计意图：上教版必修第四册教材中有包装彩带的案例，与“包粽子”这一问题有相似之处，选用正四面体作为模型是由于它面数较少，实现“扎紧”的方法也相对比较简单；很多学生都有包粽子、吃粽子的经验；另外授课时间邻近端午，以粽子为例更能激发学生兴趣.学生在立体几何章节的学习中，研究过利用平面展开图求几何体的表面积，也解决过简单的几何体表面两点间最短路径问题，因此本问题的起点相对是比较低的，可以让每个同学参与到学生活动之中.

2. *活动二：活动与转化*

为每个学生提供纸质的正四面体模型、绳子等工具，小组合作探究.

环节 1：学生用细绳在沿正四面体的表面形成一段闭合路径.(1～2 分钟)

预设学生有以下两种不同的扎法：

(1) 四个面都有线绕过；

(2) 有至少一个面没有线绕过.

教师展示两种不同的包法，并请学生相互点评.

总结归纳：要使得正四面体不滑落出来，必须每个面都有线绕过，并要求改进扎法；

环节 2：除了防止滑落，我们还需要将四面体扎紧，以防粽叶散开.展示学生的扎法，并请对应的学生进行说明.其中图 3 的扎法是无法实现的，实验该扎法，绳子会滑动成一条新的路径(图 4).由此可以发现，能保证“扎紧”的闭合路径是有一定要求的.

生活中的解释：绳子拉不动，从实验的角度就可以说明扎紧了.所有“多余”的绳子都被抽出，所得路径即为最短路径.

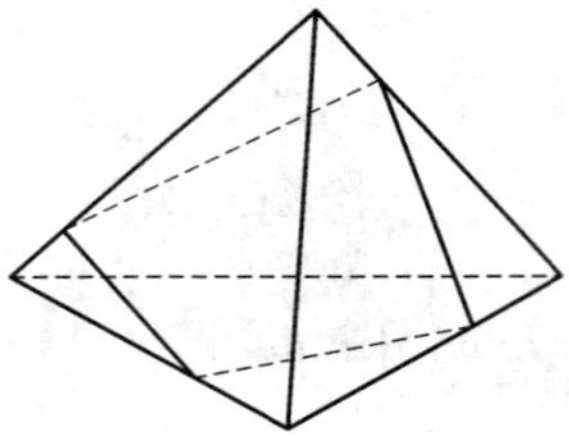

图 3

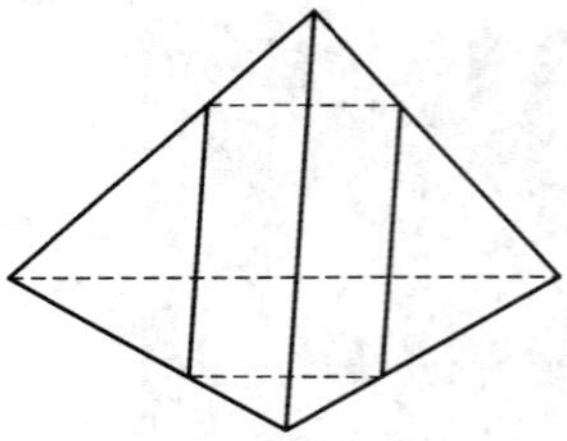

图 4

数学中的解释：由于绷紧的绳子可以形成平面上的最短路径，可行的路径需要满足的要求是以该点为起点和终点的经过正四面体表面的最短路径.

学生在环节 1 中保持了高昂的学习热情，有很多学生的扎法出现了预设(2)中的问题，其中也有部分学生自己纠正了这一问题.教师展示出现问题的扎法，让自主纠正了的学生点评，其他学生或跃跃欲试或恍然大悟，顺利地完成了环节 1.

在环节 2 中，学生并未出现图 3 的情况，几乎所有学生做出了图 4，但学生对图 4 中路径特点的描述主要集中在中位线，与棱平行等方面，没有归纳出该路径的最小性.教师要求学生实验图 3 的扎法并扎紧，研究路径的变化，但学生对这个实验的兴趣不高.课后访谈学生，学生“感觉”取每个三角形的中位线肯定是对的，就没有必要再研究其他路径了.教师最后使用平面上拉紧绳子会形成最短路径类比到几何体表面，解决了从实际情境抽象出最小性的问题，但耗费了很多时间，学生活动的热情也有所下降.

设计意图：利用数学实验，抽象出该闭合路径具有最小性，将实际问题转化为数学问题.

3. 活动三：推理与探究

环节 3：用红色记号笔，沿着细绳，在正四面体上描下这一路径，思考如何从理论上证明这条路径是满足要求下的最短距离？

生：由于平面上两点间的最短路径是连接两点的线段，因此将几何体展开成平面图形，若该路径是线段即可说明.

总结归纳：要从理论上证明路径的最小性，必须通过表面展开图说明.

环节 4：将正四面体的表面展开为平面图形.

若要将正四面体表面展开成平面图形，至少需要剪开三条棱.(学生动手)

总结归纳：可以证明正四面体的展开图只可能为平行四边形和正三角形，展开后只要路径是平面内连接两点的线段，即可说明其最小性.

环节 5：如果改变起点在棱上的位置，是否能够得到更短的距离？

从平行四边形的性质出发，容易发现起点在棱上的位置，并不影响符合要求的路径的长度.学生可以换取棱上另取一点作为起点，在平面展开图上画出最短路径，然后将平面展开图折回正四面体，用大家手中的绳子再扎起来，用实验验证可行性.

在环节 4 中，学生呈现出以下结果(图 5～7).

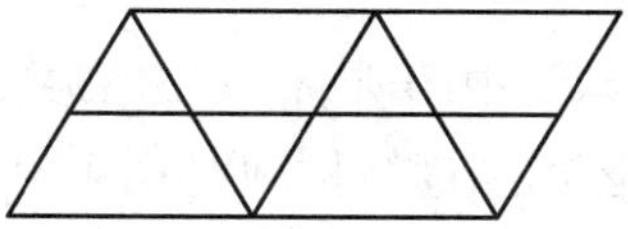

图 5

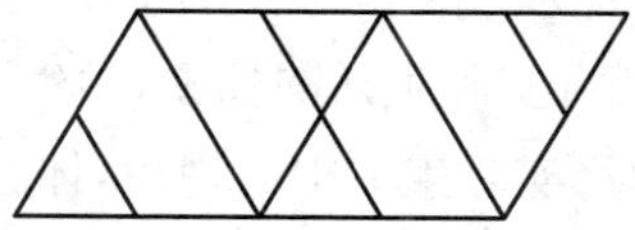

图 6

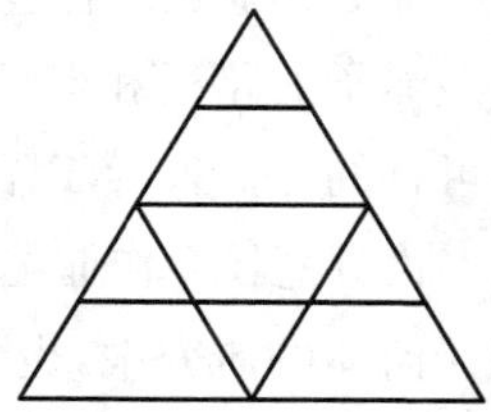

图 7

学生互相评价：由于图 6、图 7 中的线是断开的，无法说明最小性，图 5 可以说明.

师：思考为什么同样剪开成平行四边形，图 5 中展开图的路径能形成一条线段，而图 6 中的路径是断开的？

生：若将 AB 的中点 D 视为起点，则在三角形 ABP 中所形成的线段是 DE，无法在平面展开图中形成线段(图 8、图 9).

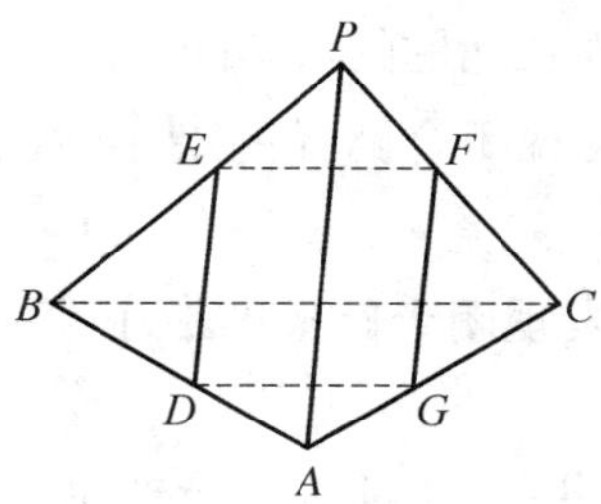

图 8

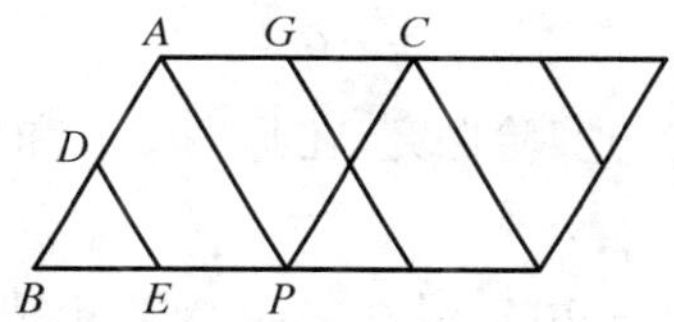

图 9

有一组作出图 7 的学生将其中一个正三角形剪下，拼接成图 5，教师进一步引导，学生提出需要同一条棱才能拼接到一起，其实图 6 也可以用同样的方法进行拼接，使路径连接成一条线段.

在环节 5 中，学生验证了直观感受到的“中位线”确实是最短的闭合路径之一，也发现了“不直观”的性质，即起点不同，所得的路径长度是相等的.另外，也有学生发现，“每个面上都与棱平行的闭合路径最短”只是正四面体的特殊性质.

最后，学生比较完整地小结了本节课的研究问题、研究方法和结论，并与实际生活中的情况比较.

设计意图：提出说理证明和拓展探究问题，通过活动展开深度学习.

4. 活动四：小结与升华

学生进行活动小结：

问题：扎紧粽子是特定要求(四个面都绕到)下的最短距离问题；

方法：通过平面展开图研究两点间的线段.

与实际生活的联系：研究结果显示，要扎住这个“粽子”至少需要长度为侧棱长 2 倍的线.当然实际生活中，还需要考虑绳子打结或者多绕几圈的问题.不过，现实中所需绳长可以基于研究所得结果进行估算.

课后作业：试着包几个粽子，根据粽子的形状抽象成与之形状类似的几何体，并解决所缠绳子的路径和绳长问题.另外，按照生活经验，包粽子时，从面上任一点开始缠绳子都是可行的，思考：若以面上一点为起点和终点，如何确定该路径呢?

设计意图：作业题是更符合实际生活的抽象，学生可以将课堂中的研究经验迁移到新的几何体的研究中，也可以解释实际生活中的现象，体会数学运算和逻辑推理对现实生活的指导和说明作用.

（二）活动评价

1. 评价原则

(1) 从现实情境中抽象出数学模型.

① 将粽子抽象成合理的数学模型，将绳长问题抽象为表面闭合路径问题(20 分)；

② 能部分地完成数学抽象过程(10 分)；

③ 不能完成数学抽象过程(0 分).

(2) 利用实验探究进一步抽象，提出用以解决绳长问题的数学问题.

① 积极主动地参与实验探究，在小组讨论中发现闭合路径的最小性，提出数学问题(30 分)；

② 主动参与实验探究，在师生交流和启发中，发现闭合路径的最小性，提出数学问题(15 分)；

③ 被动参与实验探究，未能发现闭合路径的最小性，未能提出数学问题(0 分).

(3) 在平面展开图中解决最短路径问题.

① 能够独立想到平面展开图的研究方法，利用转化和化归的思想，解决最短路径问题，且积极参与交流(30 分)；

② 能够在教师指导下想到平面展开图的研究方法，在启发下利用转化和化归的思想，解决最短路径问题，且积极参与交流(15 分)；

③ 在他人帮助下仍无法想到平面展开图的研究方法，或无法求解且拒绝回答(0 分).

(4) 利用结论，解决现实问题.

① 能清晰地表达研究所得的数学结论，并找到结论的现实意义，解决现实问题(10 分)；

② 能大致表达研究所得的数学结论，并找到结论的现实意义，解决现实问题(5 分)；

③ 无法表达研究所得的数学结论，不能找到结论的现实意义，未能解决现实问题(0 分).

(5) 推广结论，小组合作探究其他相关问题.

① 能理解问题的研究方法，小组成员间积极合作，在其他几何体表面用类似的方法，解决闭合路径问题(10 分)；

② 能参考本问题的研究过程，小组成员间能有效合作，在其他几何体表面用类似的方法，分析闭合路径问题(5 分)；

③ 小组成员配合不畅，无法在其他几何体表面分析闭合路径问题(0 分).

2. 评价量表

<table>
<tr><td>组长</td><td></td><td>组员</td><td colspan="4"></td></tr>
<tr><td>阶段</td><td>评价内容(分值)</td><td>自我评价</td><td>小组互评</td><td>教师评价</td><td>阶段总分</td><td>权重、备注</td></tr>
<tr><td>一</td><td>从现实情境中抽象出合理的数学模型(20 分)</td><td></td><td></td><td></td><td></td><td>自我评价 * 0.5＋教师评价 * 0.5</td></tr>
<tr><td rowspan="3">二</td><td>发现闭合路径需要经过每个面(10 分)</td><td></td><td></td><td></td><td rowspan="3"></td><td rowspan="3">自我评价 * 0.3＋小组互评 * 0.3＋教师评价 * 0.4</td></tr>
<tr><td>发现闭合路径的最小性(10 分)</td><td></td><td></td><td></td></tr>
<tr><td>提出数学问题(10 分)</td><td></td><td></td><td></td></tr>
<tr><td rowspan="2">三</td><td>积极合作实验，思考剪开后的路径及其形成的原因(15 分)</td><td></td><td></td><td></td><td rowspan="2"></td><td rowspan="2">自我评价 * 0.3＋小组互评 * 0.3＋教师评价 * 0.4</td></tr>
<tr><td>求解问题，得到结论(15 分)</td><td></td><td></td><td></td></tr>
<tr><td>四</td><td>利用结论，解决现实问题(10 分)</td><td></td><td></td><td></td><td></td><td>自我评价 * 0.5＋教师评价 * 0.5</td></tr>
<tr><td>五</td><td>能推广结论，小组合作探究其他相关问题(10 分)</td><td></td><td></td><td></td><td></td><td>自我评价 * 0.3＋小组互评 * 0.3＋教师评价 * 0.4</td></tr>
<tr><td colspan="5">总　分</td><td></td><td>各阶段总分相加</td></tr>
</table>

四、活动反思与体会

课后对比学生在环节 1 和环节 2 中表现的反差，笔者有以下几点反思：

1. 学生对于自己没有遇到过的问题兴致不高；

2. 正四面体的性质比较特殊，学生感知到的“平行”“中位线”等都是对的，也是学生解决本问题最容易想到的方法.因此，教师应当做好预设，设计引导方法.

改进的引导方法的教学实践如下：

师：同学们所选择的路径非常一致，这是不是唯一可行的路径呢？

师：思考图 3 的路径是否可行.

由于每个面上的线都是直的，学生可能认为该路径也是可行的.此时教师否认这一猜想，并要求学生实践.学生在此处产生了认知冲突，因此有了实践的兴趣.再类比平面，得到该闭合路径具有最小性.

深度探究的环节中，课堂的氛围是十分热烈的.笔者思考原因，每个学生都有正四面体模具，都能获得几何直观经验.问题的起点比较低，无论数学情境还是生活情境都是学生相对熟悉的，每个学生可以上手开展探究.而随着研究的深入，符合条件的闭合路径的最小性，正四面体的多种展开方式，路径在不同展开方式下对应的图形及其原理都是值得学生深入思考的.问题的结论既有在情理之中的部分，也有意料之外的地方.学生在实验知其然之后，对运用逻辑推理，研究其背后的原理是很有兴趣的，而且也很有成就感.

3. 对基于学生活动的拓展课设计和实施的思考：

根据教学实践及反馈，基于学生活动的拓展课的设计应当联系生活实际，选择学生相对熟悉的情境，发展数学抽象和数学建模素养，体现数学对实际生活的指导作用；探究问题的难度需要控制，让所有学生都可以高度参与活动和研究；问题应当有进一步拓展研究的空间，渗透数学思想，发展核心素养，便于进行深度探究.

实际授课中，激发并维持学生的研究热情是很重要的.教师在授课中应当尽可能根据学生遇到的问题推进课堂节奏.为了深入研究，需要提出有价值的但学生未遇到的问题，应当尝试让学生形成认知冲突，这样可以更大程度上激发学生学习的积极性.另外，数学课堂的逻辑性和拓展课的开放性都有利于促使学生主动地深入思考.

案例 3-11-3　鳖　臑

一、设定活动目标、确定活动名称

单元名称	简单几何体
教材版本	上教社 2021 年版
活动目标	1. 通过对“鳖臑”的研究，渗透数学史与数学文化，发展人文情怀； 2. 通过查找与归类活动，梳理研究几何体的经验，反思与分析研究的中间过程，进而能主动构建几何模型，提升空间想象素养.
活动名称	鳖臑
活动意义	中国古代数学著作《九章算术》中就把“鳖臑”作为一个特殊的几何体进行研究.本活动汇总了课本中与“鳖臑”相关问题进行研究，积累研究多面体的经验，并通过本活动体会中国古代的文化与智慧.

二、活动方案设计

问题设计	1. 你能根据课本的介绍作出鳖臑的直观图吗？ 2. 根据鳖臑的特征，从课本的例题与练习中的图形中寻找鳖臑. 3. 你能再举几个鳖臑的案例吗？		
活动类型	□知识建构活动	□问题探究活动	☑专题实践活动
核心素养	□数学抽象 ☑直观想象	□数学运算 □数据分析	□逻辑推理 □数学建模

续表

活动年级	□高一	☑高二	□高三
活动形式	☑课内活动	□课外活动	□课内外兼顾
活动方式	□自主学习	☑小组合作	☑班级研讨交流
活动资源	□工具学具	☑文本资料	□媒体资料
活动水平	☑理解与运用	□综合运用	□探究与发现
所需课时	1 课时		
评价方法	☑自我评价	☑小组评价	☑教师评价
活动品质评估	主体性 [A] B C　整体性 [A] B C	合作性 A [B] C　适切性 A [B] C	激励性 [A] B C

注：A 表示“很好”，B 表示“良好或较好”，C 表示“一般或较差”

三、活动实施、总结评价

（一）活动流程

1. 你能根据课本的介绍作出鳖臑的直观图吗？

(1) 同学们把课本翻到第 76 页，研究练习 11.3 第 1 题.

（可以让一名学生念）我国古代数学著作《九章算术》中研究过一种叫“鳖（biē）臑（nào）”的几何体（见《九章算术》卷第五“商功”之一六），它指的是由四个直角三角形围成的四面体.用你学过的立体几何知识说明这种四面体确实存在.

(2) 请同学们用笔搭建出这种四面体.

学生各自分别搭建，选一名同学展示，证明（说明）搭建的几何体符合要求.

(3) 介绍完整版《九章算术》卷第五“商功”之一六.

今有鳖臑下广五尺，无袤，上袤四尺，无广，高七尺.问积几何？

答曰：二十三尺、少半尺.

术曰：广袤相乘，以高乘之，六而一.

（刘徽注：此术臑者，臂节也，或曰：半阳马，其形有似鳖肘，故以名云.中破阳马，得两鳖臑，鳖臑之见数即阳马之半数，数同而实据半，故云六而一，即得.）

（关于阳马）（刘徽注：……，邪解立方，得两堑堵.邪解堑堵，其一为阳马，一为鳖臑.阳马居二，鳖臑居一，不易之率也.合两鳖臑成一阳马，和三阳马而成一立方，故三而一，验之以棊，其形露矣.……）

（请语文课代表翻译为现代文）（略）

(4) 活动 1：请各小组同学分工作出相应几何体的直观图（图 1）.

（由一个小组展示）

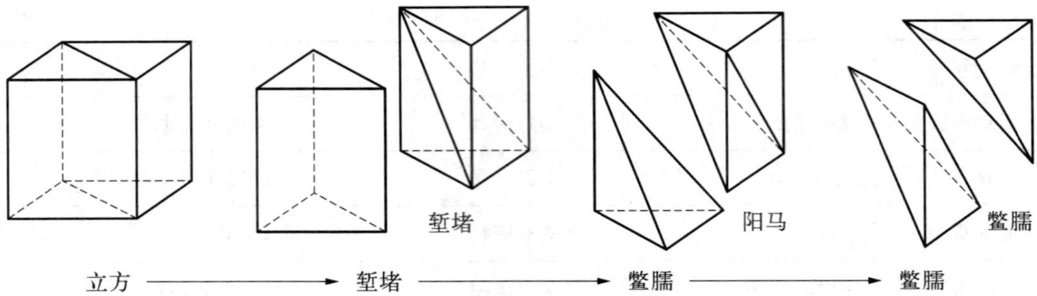

图 1

(5) 这个过程是不是有点熟悉，在课本的哪一页上？

(回答)课本第 67 页，图 11－2－11.课本用这个分解过程推导了三棱锥的体积公式.课本中的图是将一个斜三棱柱分割成三个三棱锥.

2. 课本中将一个斜三棱柱分割成三个三棱锥，比《九章算术》中将一个堑堵分割为三个鳖臑更具有一般性.在利用祖暅原理求棱锥体积的过程中，用一般的三棱锥与用鳖臑并无不同.由于有四个直角三角形的几何体易于计算，因此古代对这样的几何体专门命名，称之为鳖臑.

(1) 鳖臑的各棱中哪些棱互相垂直？各面中哪些面互相垂直？

如图 2，在四面体 $A-BCD$ 中，$\triangle ABC$，$\triangle ABD$，$\triangle BCD$，$\triangle ACD$ 均为直角三角形.试判断四面体 $A-BCD$ 各棱中哪些棱互相垂直？各面中哪些面互相垂直？

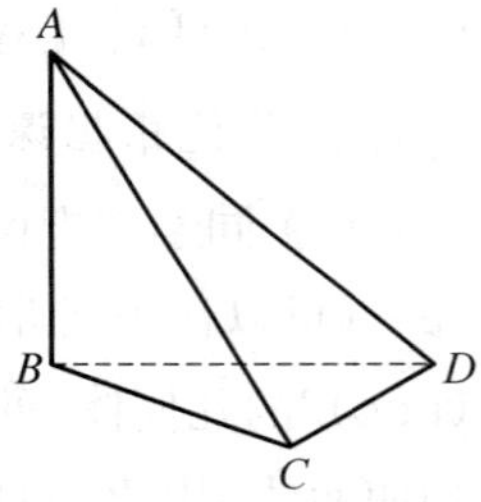

图 2

(回答) $AB \perp BC$，$AB \perp BD$，$CD \perp BC$，$CD \perp AC$，$AB \perp CD$.

(回答)平面 $ABC \perp$ 平面 BCD，平面 $ABD \perp$ 平面 BCD，平面 $ABC \perp$ 平面 ACD.

(追问)如何证明 $AB \perp CD$？

(比较理想的回答)利用三垂线定理(略).

(2) 活动 2：课本中有很多例题和练习的图形中都有鳖臑或隐藏着鳖臑，请大家一起来找一找.

(分工，每 4 名同学一组，班级中一半组在第 10 章中找，另一半组在第 11 章中找)

(从负责第 10 章的小组中选一组，该组选派一名学生代表回答，至少说出 3 个)

(可能的回答)课本第 30 页，10.3(3)直线与平面所成的角，例 7.

如图 3，设 l 是平面 α 的一条斜线，与平面 α 交于点 O，l' 是 l 在平面 α 上的投影，l'' 是平面 α 上过点 O 的另一条直线，l 与 l' 所成的角为 θ，l 与 l'' 所成的角为 μ. 求证：$\theta < \mu$.

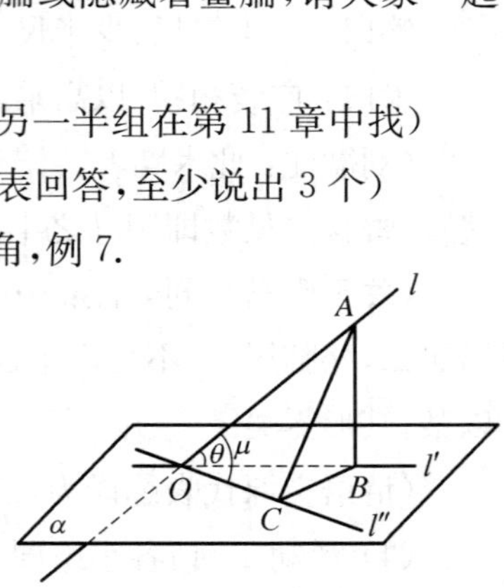

图 3

其中四面体 $AOBC$ 为鳖臑.

课本第 31 页，练习 10.3(4)第 3 题(图同上).

和例 7 一样，四面体 $AOBC$ 为鳖臑.

课本第 32 页，10.3(4)三垂线定理，例 9.

如图 4，小河的一侧有一条笔直的道路 l，对岸有电塔 AB，已知其高为 h. 现只有小平板仪（可用于测量水平的角度）和皮尺作为测量工具，请说明还需测量的数据，然后运用三垂线定理给出求电塔顶 A 与道路 l 的距离 d 的公式.

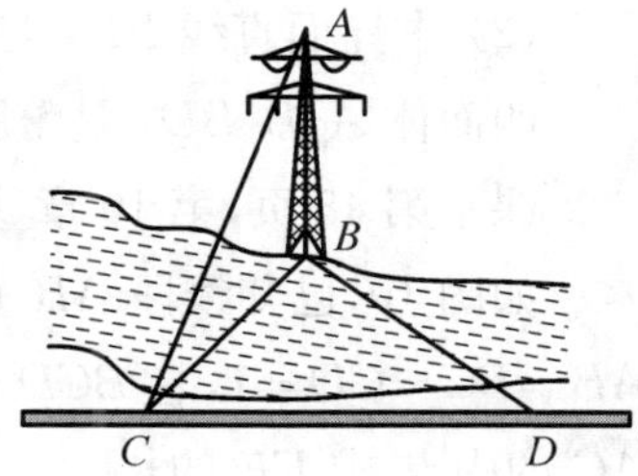

图 4

连接 AD，四面体 $ABCD$ 为鳖臑.

课本第 34 页，习题 10.3B 组第 5 题.

如图 5，在 $\triangle ABC$ 中，$\angle ACB = 90°$，且 DA 垂直于 $\triangle ABC$ 所在的平面 α，M，N 分别是边 AC，DB 的中点. 求证：$MN \perp AC$.

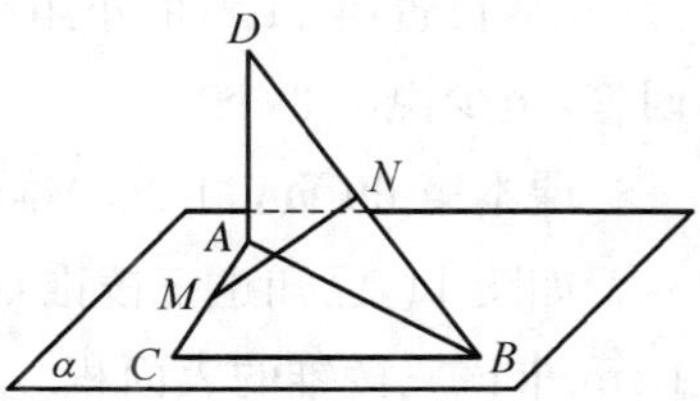

图 5

连接 CD，四面体 $ABCD$ 为鳖臑.

课本第 39 页，10.4(2)二面角，例 3.

如图 6，已知正方体 $ABCD-A_1B_1C_1D_1$.

(1) 作出二面角 A_1-BD-A 的平面角；

(2) 求证：平面 $A_1ACC_1 \perp$ 平面 A_1BD.

其中，四面体 A_1AOD 与 A_1AOB 都是鳖臑.

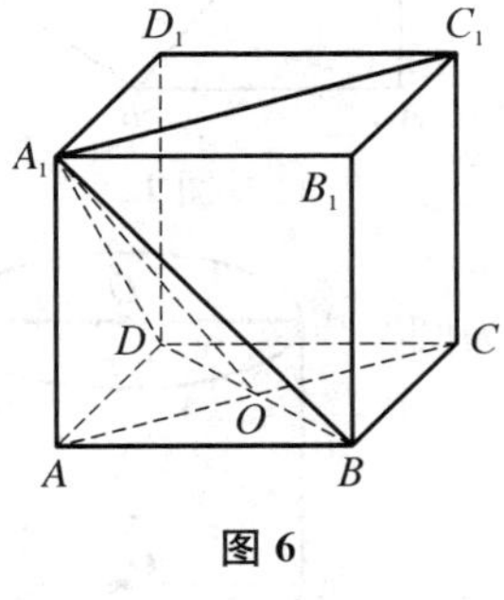

图 6

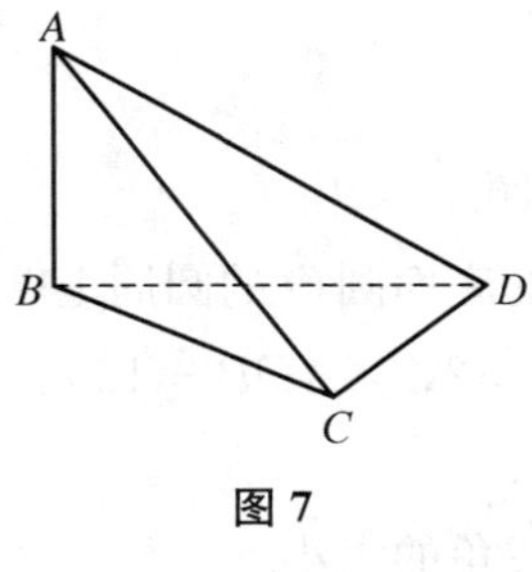

图 7

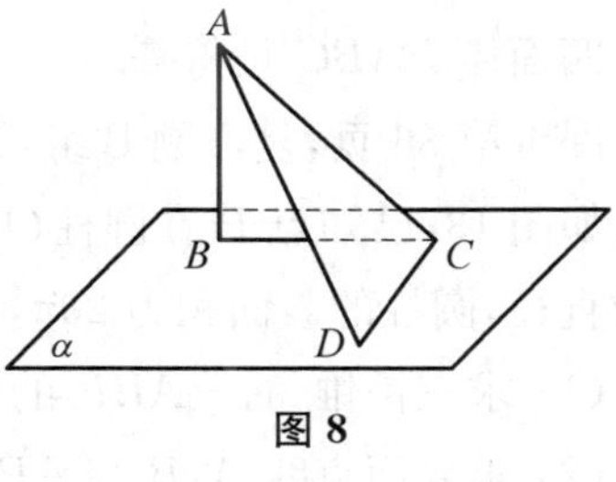

图 8

课本第 39 页，练习 10.4(2)，第 2 题.

如图 7，已知 $AB \perp$ 平面 BCD，$BC \perp CD$，有哪些平面互相垂直？为什么？

四面体 $ABCD$ 是鳖臑.

课本第 41 页，习题 10.4A 组，第 10 题.

如图 8，已知 AB 是平面 α 的垂线，AC 是平面 α 的一条斜线，CD 在 α 上，且垂直于 AC. 求证：平面 $ABC \perp$ 平面 ACD.

连接 BD，四面体 $ABCD$ 是鳖臑.

课本第 43 页，10.5 异面直线间的距离，例 1.

如图 9，已知正方体 $ABCD-A_1B_1C_1D_1$ 的棱长为 a.

(1) 求异面直线 D_1B_1 与 AB 之间的距离；

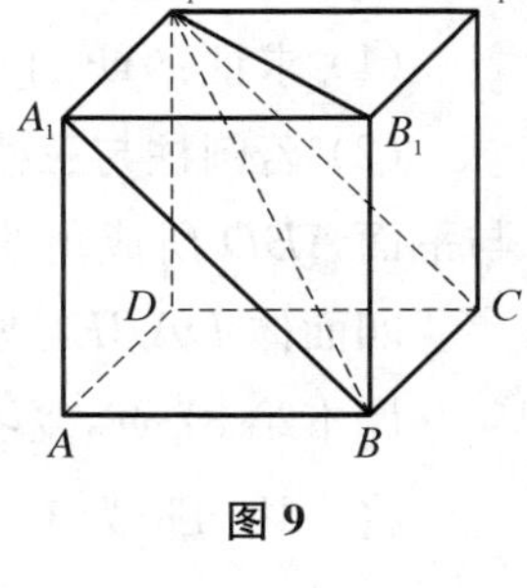

图 9

(2) 求异面直线 BD_1 与 AD 之间的距离.

四面体 $A_1B_1BD_1$ 是鳖臑.

课本第 48 页,第 10 章 复习题 A 组,第 8 题.

如图 10,已知线段 AB 垂直于三角形 BCD 所在的平面,且 $AB=BC=CD=1$, $\angle BCD=90°$. $BE\perp AD$,点 E 为垂足,F 为 AC 的中点.求 EF 的长.

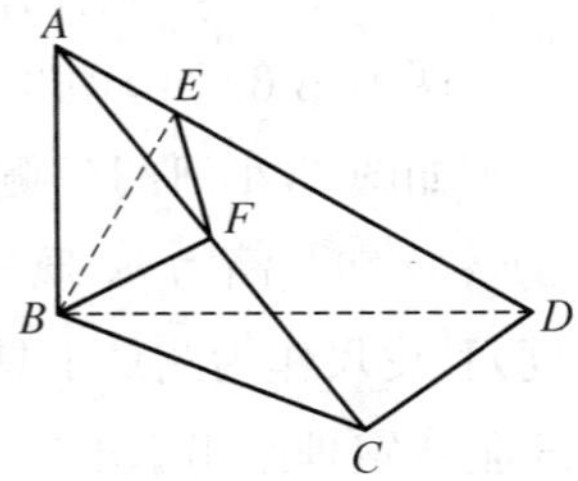

图 10

四面体 $ABCD$ 是鳖臑.

(从负责第 11 章的小组中选一组,该组选派一名学生代表回答,至少说出 3 个)

课本第 69 页,11.2(3)锥体的表面积,例 6.

如图 11,已知正三棱锥 $O-ABC$ 的底面边长为 2 cm,高为 1 cm.求该三棱锥的表面积.

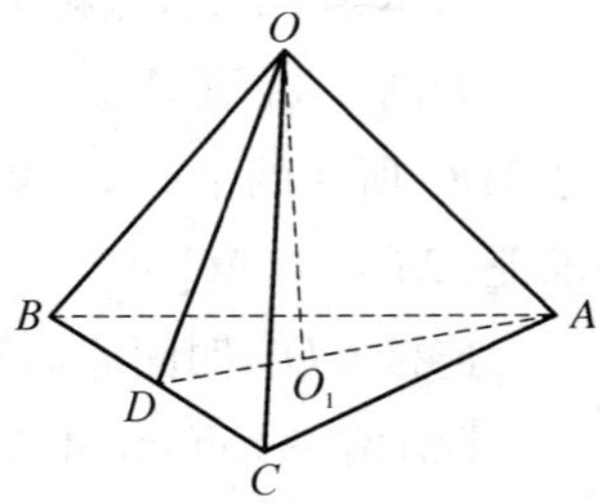

图 11

添加辅助线 O_1B (或 O_1C),四面体 OO_1DB(OO_1DC) 是鳖臑.

课本第 70 页,习题 11.2A 组,第 2 题.

如图 12,已知三棱锥 $P-ABC$ 中,PA 垂直于平面 ABC, $AB\perp BC$, $PA=4$, $AB=3$, $AC=5$.

(1) 求点 A 到平面 PBC 的距离;

(2) 求三棱锥 $P-ABC$ 的表面积.

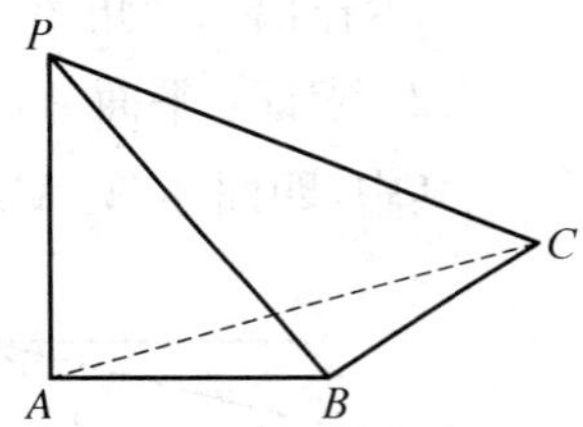

图 12

四面体 $PABC$ 是鳖臑.

课本第 86 页,复习题 B 组,第 8 题.

如图 13,已知点 P 在圆柱 O_1O 的底面圆 O 的圆周上,AB 为圆 O 的直径,圆柱的表面积为 20π, $OA=2$, $\angle AOP=120°$.

(1) 求三棱锥 A_1-ABP 的体积;

(2) 求异面直线 A_1B 与 AP 所成角的大小.

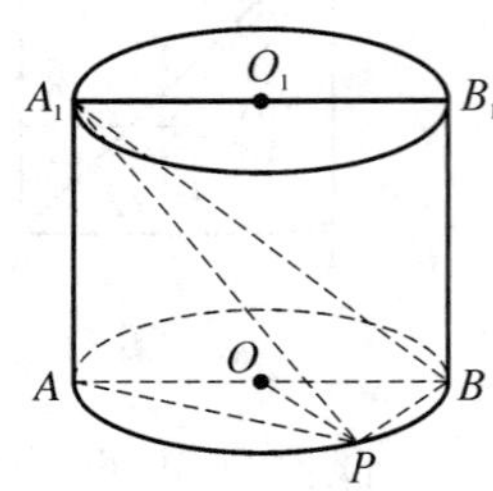

图 13

四面体 A_1APB 是鳖臑.

课本第 86 页,复习题 B 组,第 9 题.

如图 14,在圆柱中,底面直径 AB 等于母线 AD,点 E 在底面的圆周上,且 $AF\perp DE$,点 F 是垂足.

(1) 求证: $AF\perp DB$;

(2) 若圆柱与三棱锥 $D-ABE$ 的体积的比等于 3π,求直线 DE 与平面 ABD 所成角的大小.

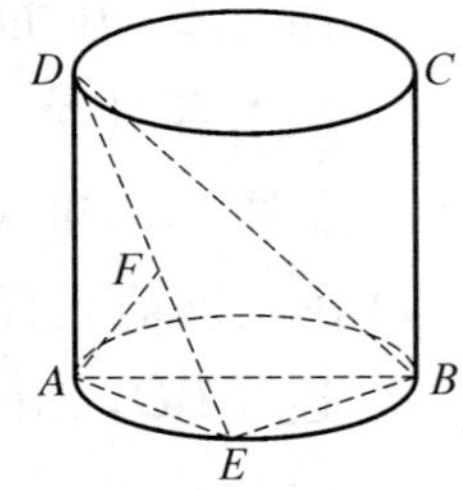

图 14

四面体 $DABE$ 是鳖臑.

课本第 87 页,复习题拓展与思考,第 4 题.

将一块边长为 10 cm 的正方形铁片裁下图 15 所示的阴影部分,用余下的四个全等的等腰三角形加工成一个无盖的正四棱锥形容器罩.

(1) 试把容器罩的表面积 S 表示为 x 的函数;

(2) 试把容器罩的体积 V 表示为 x 的函数.

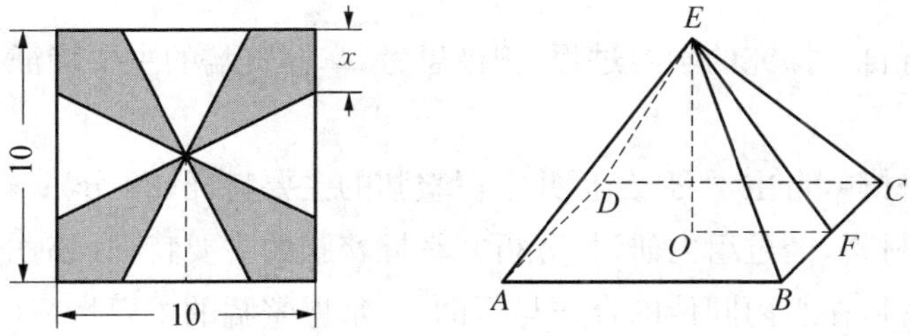

图 15

添加辅助线 OB（或 OC），四面体 $EOBF$（$EOCF$）是鳖臑.

3. 你能再举几个用鳖臑的案例吗?

(1) 鳖臑为什么出现了那么多次?

(小组讨论,举手回答)

(可能的回答 1)鳖臑的四个面都是直角三角形,计算方便.降低了计算难度,突出了空间想象能力的要求.

(可能的回答 2)在生活中,正方体、长方体是较常见的几何体,将这两个几何体切割,很多的情况会构成鳖臑.鳖臑确实是一种较为常见的几何体.

(可能的回答 3)研究几何体的时候常常会作某条棱的垂线或某个面的垂线,然后就出现了鳖臑.

(2) 你能再举几个用鳖臑的案例吗?

(教师引导)前面有同学发现,在正三棱锥与正四棱锥中,由顶点、底面的中心、底面的顶点和底面棱的中点所形成的四面体为鳖臑,一般的正棱锥呢?

(期待的回答)对于正棱锥 $P-A_1A_2\cdots A_n$，设点 P 在平面 $A_1A_2\cdots A_n$ 上的射影为 O，线段 A_1A_2 的中点为 B_1，则 POA_1B_1 与 POA_2B_1 都是鳖臑.

(教师引导)鳖臑是一个四个面都是直角三角形的棱锥.是否存在各个侧面都是直角三角形的棱锥(对于非三棱锥的棱锥,由于底面不是三角形,所以就无法要求底面也是直角三角形)?

(抢答)(比较成熟的回答)

存在,(举一种构造方案)如图 16,构造底面 $A_1A_2A_3\cdots A_{n-1}A_n$，使 $\angle A_1A_2A_3$，$\angle A_1A_3A_4$，…，$\angle A_1A_{n-1}A_n$ 都是直角,棱锥 $P-A_1A_2A_3\cdots A_{n-1}A_n$ 的侧棱 $PA_1\perp$ 平面 $A_1A_2A_3\cdots A_{n-1}A_n$，根据三垂线定理,得 $\angle PA_2A_3$，$\angle PA_3A_4$，…，$\angle PA_{n-1}A_n$ 都是直角,又因

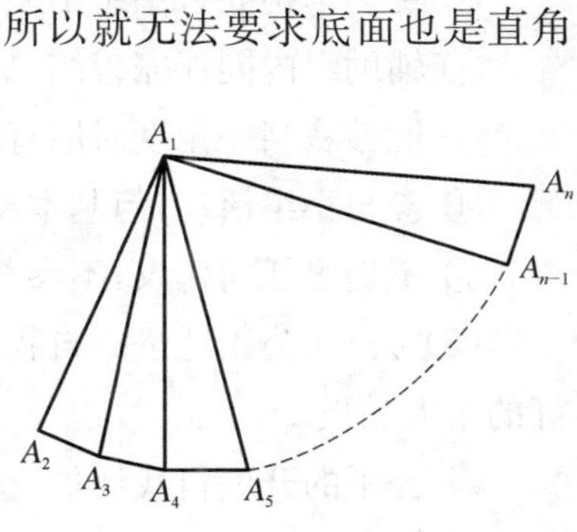

图 16

为$\angle PA_1A_2=\angle PA_nA_{n-1}=90^\circ$，因此，各侧面都是直角三角形.

这里，四面体$PA_1A_2A_3$，$PA_1A_3A_4$，…，$PA_1A_{n-1}A_n$都是鳖臑.

(二) 活动评价

1. 评价原则

(1) 认真进行自主探究的学习过程，积极思考，掌握鳖臑的主要特征，进一步发展空间想象能力.

① 认真阅读材料，自主学习，分析并掌握鳖臑的主要特征(20分)；

② 认真阅读材料，经过组内研讨，分析并掌握鳖臑的主要特征(15分)；

③ 能阅读材料，在组内同伴的合作与帮助下，掌握鳖臑的主要特征(10分)；

④ 阅读材料略有困难，在组内同伴的帮助下，掌握鳖臑的一些特征(5分)；

⑤ 不愿意阅读与研究(0分).

(2) 积极查阅与回顾课本，与组员交流与汇总，逐步提高数学表达与交流能力.

① 积极查阅与回顾课本，能独立发现3个及以上的鳖臑案例，并在小组中交流自己的发现(20分)；

② 积极查阅与回顾课本，与小组同学共同发现3个及以上的鳖臑案例(15分)；

③ 能查阅与回顾课本，发现1～2个鳖臑案例(10分)；

④ 能在课本中翻阅找到小组同学的交流的案例，理解这是鳖臑的案例(5分)；

⑤ 不愿意查阅与回顾课本，不愿意参与小组合作学习活动(0分).

(3) 能对鳖臑案例进行分析与证明(说明)，逐步形成严谨的科学态度.

① 主动对班级中给出的所有鳖臑问题进行分析与证明(说明)，得出正确的结论(20分)；

② 对班级中给出的部分鳖臑问题进行分析与证明(说明)，得出正确的结论(15分)；

③ 仅对自己或组内有兴趣的鳖臑问题进行分析与证明(说明)(10分)；

④ 能在同伴的帮助下，对部分鳖臑问题进行分析与证明(说明)(5分)；

⑤ 不作任何证明(说明)(0分).

(4) 在班级交流的基础上，取长补短，完善本组的研究结果.

① 主动承担完善小组结果的任务，是推动小组探究活动前进的主要力量(20分)；

② 辅助组内同伴完善结果，共同推动小组探究活动(15分)；

③ 能够从某一角度对原有结果提出部分修改建议(10分)；

④ 参与小组活动，但基本没有提出有效建议(5分)；

⑤ 不提出任何建议，不参与修改过程(0分).

(5) 公平、公正地进行自我评价和小组互评，评价过程认真、负责、有诚信，逐步形成良好的个人品质.

① 公平的开展自我评价、小组互评(20分)；

② 自我评价或小组互评中有一项有待改进(10分)；

③ 自我评价与小组互评情况均有待改进(0 分).

(6) * 在小组合作探究和班级交流中有突出表现的，酌情加分.

2. 评价量表

<table>
<tr><td>组　长</td><td></td><td>组　员</td><td colspan="2"></td></tr>
<tr><td rowspan="6">过程评价</td><td>评价内容(分值)</td><td>自我评价</td><td>小组互评</td><td>教师评价</td></tr>
<tr><td>认真学习、积极思考(20 分)</td><td></td><td></td><td></td></tr>
<tr><td>积极合作、有效交流(20 分)</td><td></td><td></td><td></td></tr>
<tr><td>论证说明、严谨求真(20 分)</td><td></td><td></td><td></td></tr>
<tr><td>取长补短、修正提升(20 分)</td><td></td><td></td><td></td></tr>
<tr><td>公正评价、诚信负责(20 分)</td><td></td><td></td><td></td></tr>
<tr><td rowspan="2">加　分</td><td colspan="3">加　分　理　由</td><td>分　值</td></tr>
<tr><td colspan="3"></td><td></td></tr>
<tr><td>总　分</td><td colspan="4"></td></tr>
</table>

注：总分＝自我评价 * 0.3＋小组互评 * 0.3＋教师评价 * 0.4

四、活动反思与体会

1. 利用好课本中的素材是把学生的注意力集中到课本的基本手段.本次活动通过发现课本例题、习题中的鳖臑问题，让同学对课本的问题进行仔细地梳理，发现教材选题的目的性与代表性.

2. 鳖臑是一个比较好的几何对象，比常见的长方体、正棱锥要稍微复杂一些，但依然是一种比较简单和典型的几何体.鳖臑可以承载异面直线、线面垂直、三棱锥等立体几何研究问题；在未来的空间向量学习中，鳖臑也是一个较好的几何模型，本活动降低了鳖臑在学生心中的神秘感，从心理上“战胜”了鳖臑.

案例 3 - 11 - 4　多面体的欧拉定理

一、设定活动目标、确定活动名称

单元名称	简单几何体
教材版本	上教社 2021 年版

续表

活动目标	1. 通过对已知多面体(以棱柱、棱锥为主)的研究,总结出多面体的欧拉定理,重新经历定理的发现过程,培养学生的数学抽象能力; 2. 通过以非严格地、操作性地证明多面体的欧拉定理为载体介绍拓扑学的思想,拓宽学生的数学视野; 3. 通过多面体的欧拉定理得出正多面体只有五种这一结论,体现数学的简洁与优雅的同时发展学生逻辑推理素养.
活动名称	多面体的欧拉定理
活动意义	1. 多面体的欧拉定理源自于对几何体的点线面对象进行简单计数和总结,这是一项朴素的、简单的但又有着重大意义的发现,是数学文化的一个独特体现. 2. 初步涉及拓扑领域,打开一扇通往抽象几何的小窗.

二、活动方案设计

问题设计	1. (复习回顾)什么是多面体?多面体最少有几个面? 2. 画一些多面体的直观图,统计它们的顶点数、边数、棱数,能否发现它们之间存在的规律. 3. 如何证明多面体的欧拉定理? 4. 有没有更多的正多面体?				
活动类型	☑知识建构活动		☑问题探究活动		□专题实践活动
核心素养	☑数学抽象 ☑直观想象		□数学运算 □数据分析		☑逻辑推理 □数学建模
活动年级	□高一		☑高二		□高三
活动形式	☑课内活动		□课外活动		□课内外兼顾
活动方式	☑自主学习		☑小组合作		☑班级研讨交流
活动资源	☑工具学具		□文本资料		□媒体资料
活动水平	☑理解与运用		□综合运用		☑探究与发现
所需课时	1.5 课时				
评价方法	☑自我评价		☑小组评价		☑教师评价
活动品质评估	主体性 A [B] C	整体性 A B [C]	合作性 A [B] C	适切性 A [B] C	激励性 [A] B C

注:A 表示"很好",B 表示"良好或较好",C 表示"一般或较差"

三、活动实施、总结评价

(一) 活动流程

1. (复习)多面体的定义.

(1) 什么是多面体?多面体最少有几个面?

(学生回答)多面体是由三角形或平面多边形围成的封闭几何体.多面体最少有 4 个面.

(2)(小组活动)每个小组从 4 面体、5 面体、6 面体、7 面体、8 面体、9 面体、10 面体中选作 3 个多面体，且这 3 个多面体的面数的总和为 20.(注：可以作两个面数相同的多面体，但这两个多面体不能是“差不多的”.比如，选作 2 个 6 面体，不能作一个正方体和一个长方体；但可以作一个正方体和一个 5 棱锥)

(3) 各小组展示.

2. 各小组统计所作的多面体的顶点数(V)、棱数(E)和面数(F)，尝试发现这些数之间的关系.

(1)(小组活动)进行多种尝试，发现所作的 3 个几何体的 V, E, F 间满足的统一的关系式.

(期待的结论) $V+F-E=2$.

(2)(可能会有小组作出的是非简单多面体，得到了不同的结论)是否所有小组的几何体都满足 $V+F-E=2$?

(如果没有，使用课本第 75 页图 11-3-4(图 1)的多面体)

这个几何体中，$V=16$, $E=28$, $F=16$, $V+F-E=4$.

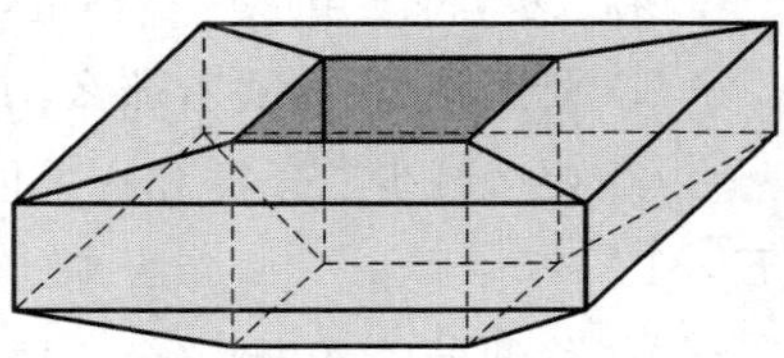

图 1

简单多面体：设想多面体的面都是用具有良好弹性的橡胶做成的.如果往这个多面体充足够多的气体以后能够使这个多面体膨胀成一个球体，那么这个多面体就是一个简单多面体.

(3) 结论：简单多面体的顶点数 V、棱数 E 与面数 F 有关系 $V+F-E=2$.

3. 如何证明多面体的欧拉定理?

(1) 分析欧拉定理的适用对象.

根据简单多面体的定义，我们学习的棱柱、棱锥等多面体都是简单多面体，课本中第 75 页图 11-3-4 的多面体(图 1)和第 48 页第 4 题中的两个多面体都不是简单多面体(图 2).

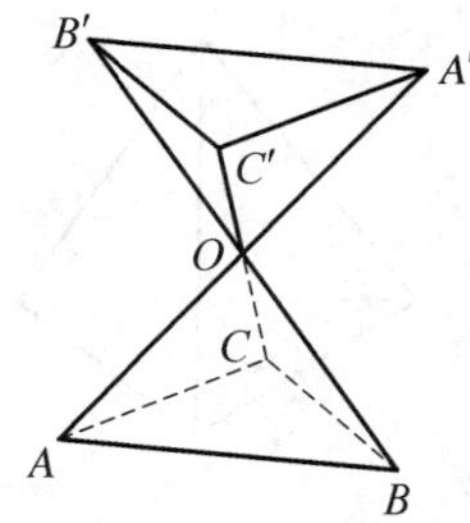

图 2

(活动)请画一个不是简单多面体的几何体的直观图.

(2) 从简单多面体的定义到拓扑学.

在简单多面体的定义中，“设想多面体的面都是用具有良好弹性的橡胶做成的，往这个多面体充足够多的气体以后能够使这个多面体膨胀”是一种拓扑变形.

拓扑学是研究几何图形或空间在连续改变形状后还能保持不变的一些性质的学科，关注的是“相邻”状态与“连续”变形，而不是度量(长度、角度以及派生的面积、体积等).

(提问)从拓扑学角度解释前述的两个“差不多”的多面体的含义，以正方体与长方体为例.

(可能的回答)把一个正方体沿着一条棱的方向拉伸(膨胀)，就能得到长方体；反过来，把一个长方体的各边都拉伸(膨胀)到相同的长度，就得到了一个正方体.

(教师,更进一步)按照简单多面体的定义,三棱柱和四棱锥如何相互转化?

(教师演示)将三棱柱的一条侧棱缩短,不停地缩短,直至成为一个点.此时,三棱柱就变成了一个四棱锥.

(3) 证明多面体的欧拉定理

第一步,想象多面体是空心的,有一层橡皮做的表面,如果我们切掉其中一个面,再将剩下的表面放在黑板上紧绷而不撕破.

这里,面和棱会变形,但 V 和 E 不会变.

相对于 $V+F-E=2$, 这个平面上的图形,我们有 $V+F-E=1$.

第二步,作三角剖分,把所有的多边形,通过连接对角线(对角线之间不相交),剖分为一些三角形.

每画一条线, E 增加 1, F 也增加 1, 因此仍有 $V+F-E=1$.

第三步,将三角形逐步移走,从“外侧”开始,每移走一个三角形:

① 要么减少一条棱,那么, E 减少 1, F 也减少 1, 因此仍有 $V+F-E=1$.

② 要么减少二条棱和一个顶点,那么, E 减少 2, F、V 各减少 1, 因此仍有 $V+F-E=1$.

③ 移到最后,仅剩一个三角形,那么显然 $V+F-E=1$.

据此,证明了 $V+F-E=1$ 成立,因此对多面体,有 $V+F-E=2$ 成立.

4. 用多面体的欧拉定理证明正多面体只有 5 种.

(1) 有没有更多的正多面体呢?

课本中给出了 5 种正多面体,如图 3 所示.

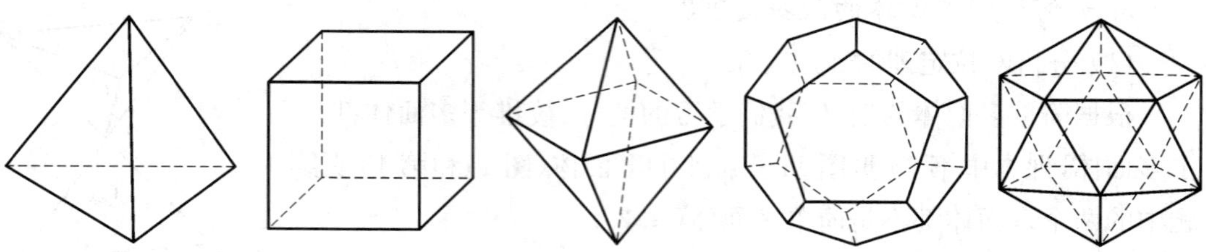

图 3

我们知道,正多边形有无数个,相对于此,正多面体的个数“少得可怜”,有没有更多的正多面体呢?

(2) (教师给出案例)考虑各面为正三角形的正多面体.

设该多面体是正 m 面体,即 $F=m$; 由于每个面有 3 条边,而每两个面有一条公共棱,所以该多面体的边数 $E=\dfrac{3m}{2}$; 每条边连接了 2 个顶点,假设每个顶点聚集了 k 条棱 ($k\in\mathbf{N}$ 且 $k\geqslant 3$), 所以该多面体的顶点数 $V=\dfrac{3m}{k}$.

根据多面体的欧拉定理，有 $V+F-E=\frac{3m}{k}+m-\frac{3m}{2}=2$，所以，$m=\frac{4k}{6-k}$.

因为 $m\geqslant 4$（多面体至少有 4 个面），所以 $k\leqslant 5$，结合 $k\in\mathbf{N}$ 且 $k\geqslant 3$，有：

取 $k=3$，解得 $m=4$；取 $k=4$，解得 $m=8$；取 $k=5$，解得 $m=20$.

各面为正三角形的正多面体只可能有正四面体、正八面体和正二十面体.经过构建几何模型，这三种正多面体确实存在.

(3)（学生分组活动）判断各面为正 n 边形的正多面体分别有哪些？（$n\in\mathbf{N}$ 且 $n\geqslant 4$）（每组选取一个具体的 n 研究）

（小组展示）（选 $n=4$ 的小组）

设该多面体是正 m 面体，即 $F=m$；由于每个面有 4 条边，而每两个面有一条公共棱，所以该多面体的边数 $E=2m$；每条边连接了 2 个顶点，假设每个顶点聚集了 k 条棱（$k\in\mathbf{N}$ 且 $k\geqslant 3$），所以该多面体的顶点数 $V=\frac{4m}{k}$.

根据多面体的欧拉定理，有 $V+F-E=\frac{4m}{k}+m-2m=2$，所以，$m=\frac{2k}{4-k}$.

因为 $m\geqslant 4$（多面体至少有 4 个面），所以 $k\leqslant 3$，结合 $k\in\mathbf{N}$ 且 $k\geqslant 3$，只有 $k=3$，解得 $m=6$. 各面为正方形的正多面体只可能有正六面体，即正方体.

（小组展示）（选 $n=5$ 的小组）

设该多面体是正 m 面体，即 $F=m$；由于每个面有 5 条边，而每两个面有一条公共棱，所以该多面体的边数 $E=\frac{5m}{2}$；每条边连接了 2 个顶点，假设每个顶点聚集了 k 条棱（$k\in\mathbf{N}$ 且 $k\geqslant 3$），所以该多面体的顶点数 $V=\frac{5m}{k}$.

根据多面体的欧拉定理，有 $V+F-E=\frac{5m}{k}+m-\frac{5m}{2}=2$，所以，$m=\frac{4k}{10-3k}$.

因为 $m\geqslant 4$（多面体至少有 4 个面），所以 $k\leqslant 3$，结合 $k\in\mathbf{N}$ 且 $k\geqslant 3$，只有 $k=3$，解得 $m=12$. 各面为正五边形的正多面体只可能有正十二面体.

经过构建几何模型，这三种正多面体确实存在.

（小组展示）（选 $n=6$ 的小组）

设该多面体是正 m 面体，即 $F=m$；由于每个面有 6 条边，而每两个面有一条公共棱，所以该多面体的边数 $E=3m$；每条边连接了 2 个顶点，假设每个顶点聚集了 k 条棱（$k\in\mathbf{N}$ 且 $k\geqslant 3$），所以该多面体的顶点数 $V=\frac{6m}{k}$.

根据多面体的欧拉定理，有 $V+F-E=\frac{6m}{k}+m-3m=2$，所以，$m=\frac{2k}{6-2k}$.

因为 $m\geqslant 4$（多面体至少有 4 个面），所以 $k\leqslant 2$，结合 $k\in\mathbf{N}$ 且 $k\geqslant 3$，不存在各面为

正六边形的正多面体.

(期待该组同学推广)当 $n \geqslant 6$ 时,不存在各面为正 n 边形的正多面体.

(4) 综上,只有五种不同的正多面体.

(二) 活动评价

1. 评价原则

(1) 认真进行自主探究的学习过程,作出多面体的直观图;积极思考,总结归纳.

① 积极自主探究,与小组同伴共同作出 3 个多面体的直观图,统计顶点数、棱数、面数并能够发现其中的关系(20 分);

② 积极自主探究,与小组同伴共同作出 3 个多面体的直观图,统计顶点数、棱数、面数,未发现其中的关系(15 分);

③ 与小组同伴共同作出 3 个多面体的直观图,检验小组同伴的统计是否正确(10 分);

④ 与小组同伴共同作出部分多面体的直观图(5 分);

⑤ 不愿意参与研究(0 分).

(2) 积极参加合作学习,与组员交流自己的想法,逐步提高数学表达与交流能力.

① 积极在小组合作学习中交流自己的发现,并给予同伴有价值的建议(20 分);

② 主动在小组合作学习中交流自己的发现,并给予同伴一些建议(15 分);

③ 能在小组合作学习中交流自己的发现,在给予同伴建议方面有待加强(10 分);

④ 能在小组合作学习中交流自己的发现,但交流效果并不理想(5 分);

⑤ 不愿意在小组合作学习中交流自己的发现(0 分).

(3) 能用多面体的欧拉定理证明(或否定)各面为某种正多边形的正多面体的存在性问题,逐步形成严谨的科学态度.

① 能模仿老师所给的案例,用多面体的欧拉定理证明(或否定)各面为某种正多边形的正多面体的存在性问题(30 分);

② 参与小组的讨论与证明过程,并对证明进行肯定(质疑)或加以补充(20 分);

③ 主动参与小组的讨论与证明过程,能理解同伴的证明过程和最终结论(10 分);

④ 能参与小组的讨论与证明过程,但参与度一般(5 分);

⑤ 完全没有融入小组研讨过程(0 分).

(4) 在汇总班级交流的基础上,获得完整版研究结果.

① 主动承担汇总全部结果的任务,是完善研究结果的主要力量(20 分);

② 辅助组内同伴完善结果,完善研究结果(15 分);

③ 能参与小组汇总成果过程,了解完整版研究结果(10 分);

④ 部分参与汇总过程,虎头蛇尾(5 分);

⑤ 不参与汇总过程(0 分).

（5）公平、公正地进行自我评价和小组互评，评价过程认真、负责、有诚信，逐步形成良好的个人品质.

① 公平的开展自我评价、小组互评(10 分)

② 自我评价或小组互评中有一项有待改进(5 分)

③ 自我评价与小组互评情况均有待改进(0 分)

（6）* 在小组合作探究和班级交流中有突出表现的，酌情加分.

2. 评价量表

组长		组员				
阶段	评价内容	分值	自我评价	小组互评	教师评价	阶段总分
1	认真复习、积极探索	20				
2	主动探究、积极思考	10				
	仔细模仿、主动探究	10				
3	认真学习、理解思路	10				
	论证说明、严谨求真	10				
4	有效交流、积极合作	10				
	论证说明、严谨求真	10				
	互相学习、汇总结论	10				
评价	公正评价、诚信负责	10				
加分	加分理由				分值	
总分						

四、活动反思与体会

1. 本活动源于课本第 75 页课后阅读《多面体的欧拉定理》，是在学完“多面体和旋转体”后进行的学习活动，目标是深化对多面体的了解.本活动也可以和“多面体”小节的教学合并进行.

2. 历史上，多面体的欧拉定理和七桥问题、四色问题等问题是拓扑学发展中的重要问题，这个学习活动，是将同学的认知从关注度量问题(如角度、长度、面积、体积等)的传统几何学拓展到关注“相邻”状态和“连续”变化的拓扑学的极佳窗口，能极大地发展学生的数学直观素养.

3. 证明正多面体的个数有多种方法，多面体的欧拉定理只是其中一种方法.但是在用多面体的欧拉定理证明的时候只能完成必要性，即正多面体首先要满足多面体的欧拉定理，但不能说明满足了多面体的欧拉定理等条件的正多面体必然存在，必须通过实际构造才能确认其存在性.

4. 可以推荐《证明与反驳》供学生课后阅读，这是一本以多面体的欧拉定理为载体的数学哲学名著.在多面体的欧拉定理的研究发现、适用范围、证明方法等方面提出了很多的想法，并由此探讨了数学的本质与数学研究的本质.这恰好与本活动的一个意义——几何的本质是什么——有一定的共鸣.

案例 3-11-5　探寻球的体积①

一、设定活动目标、确定活动名称

单元名称	简单几何体
教材版本	上教社 2021 年版
活动目标	1. 经历球的体积公式的推导，体会归纳—猜想—论证的数学研究方法，发展数学抽象、逻辑推理素养； 2. 借助实物模型，通过实验活动和课件，理解“牟合方盖”的结构特征，以及它与球的体积之间的关联，发展直观想象素养； 3. 感受数学史中关于球的体积公式的推导过程，培养文化自信，形成积极正确的科学态度和思想方法.能运用球的体积公式解决问题，提升应用意识.
活动名称	探寻球的体积
活动意义	1. 相对于长度而言，度量体积相对困难，这是因为几何体的形状更复杂.和长度相同，度量体积是建立在刚体不变的基础上，即如果一个物体占据了某部分空间，搬走该物体并用另一种物体填充满，则两种物体的体积相同； 2. 用祖暅原理计算球体的体积是历史难题，数学家们寻找了各种方案.活动用三种不同的方案测量(计算)球体的体积，学习前人的方法和知识的同时体验了前人践行的过程与思想的进程.

二、活动方案设计

问题设计	1. 根据测量结果，你能猜测出等底等高的半球、圆柱和圆锥三者的体积之间的关系吗？ 2. 如何构造一个与球有相同体积并且易于计算体积的几何体？ 3. “牟合方盖”是一个怎样的几何体？如何制作一个“牟合方盖”？ 4. “牟合方盖”的体积和球的体积之间的关系如何？你能证明吗？		
活动类型	□知识建构活动	☑问题探究活动	☑专题实践活动
核心素养	□数学抽象 ☑直观想象	☑数学运算 □数据分析	□逻辑推理 ☑数学建模
活动年级	□高一	☑高二	□高三
活动形式	□课内活动	□课外活动	☑课内外兼顾
活动方式	□自主学习	☑小组合作	☑班级研讨交流

① 本活动由中原中学孙颖烨老师提供

续表

活动资源	☑工具学具	☑文本资料	□媒体资料		
活动水平	☑理解与运用	☑综合运用	☑探究与发现		
所需课时	1 课时				
评价方法	☑自我评价	☑小组评价	☑教师评价		
活动品质评估	主体性 A [B] C	整体性 [A] B C	合作性 [A] B C	适切性 A [B] C	激励性 [A] B C

注：A 表示“很好”，B 表示“良好或较好”，C 表示“一般或较差”

三、活动实施、总结评价

（一）活动流程

1. 实验猜想得到球的体积公式

（1）实验①：排水法求球的体积（课前实验）

实验器材：小球，直尺，量杯，计算器（图 1）.

实验过程：

第 1 步：用直尺测量小球的半径；

第 2 步：在量杯中注水（高度需要足够没过小球），将小球放入量杯中，观察小球全部入水之后，量杯中水的刻度的变化；

图 1

第 3 步：反复测量多次，对照等底等高情况下，圆柱和圆锥使用体积公式计算所得结果，对半球、圆柱和圆锥的体积进行联想猜测；

第 4 步：测量活动记录单：（可以课前完成实验）

测量次数	小球半径	水面高度 1 （放入小球前）	水面高度 2 （放入小球后）	水面上升高度	对应的球体积
1					
2					
3					
4					
5					
均值					

对照：

与半球等底等高的圆柱的体积为________，

与半球等底等高的圆锥的体积为________，

猜测：等底等高的半球、圆柱和圆锥三者的体积之间的关系式为________.

（2）实验②：设计模具实验（课前实验）

因为圆柱的体积是 πR^3，圆锥的体积是 $\frac{1}{3}\pi R^3$，而通过第一个实验，我们猜测半球的体积是 $\frac{2}{3}\pi R^3$，即在等底等高的情况下，半球的体积等于圆柱的体积减去圆锥的体积，所以设计一个具体的模型，如图 2 所示，该模型是从与半球等底等高的圆柱中挖去一个等底等高的圆锥所得：

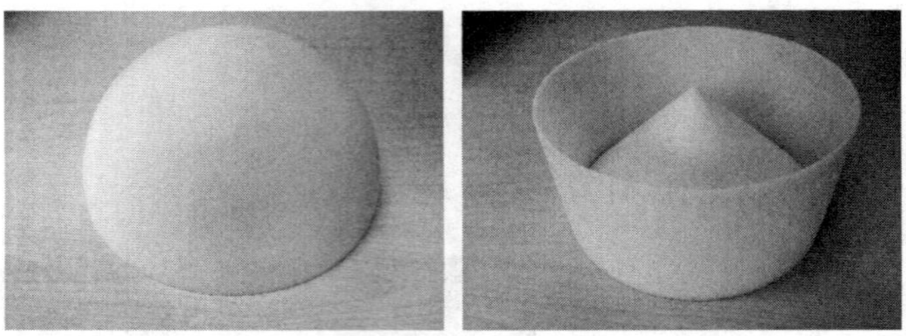

图 2

实验器材：如图 2 所示模具，细沙（或水），量杯.

实验过程：

第 1 步：用直尺测量半球的半径、圆锥的底面半径和高、圆柱的底面半径和高；

第 2 步：用沙（或水）填满半球，刮平.将半球中的沙（或水）全部倒入前面的模具中，研究是否能完整倒入.据此验证圆柱挖去圆锥后所得体积与半球体积相同.

第 3 步：验证由实验①猜测的半球体积公式.

2. 严格证明经多次实验总结得到的公式

（1）回顾：祖暅原理.

（2）验证符合祖暅原理的条件.

证明：图 3 中两个等底等高的几何体在等高处截面面积处处相等.

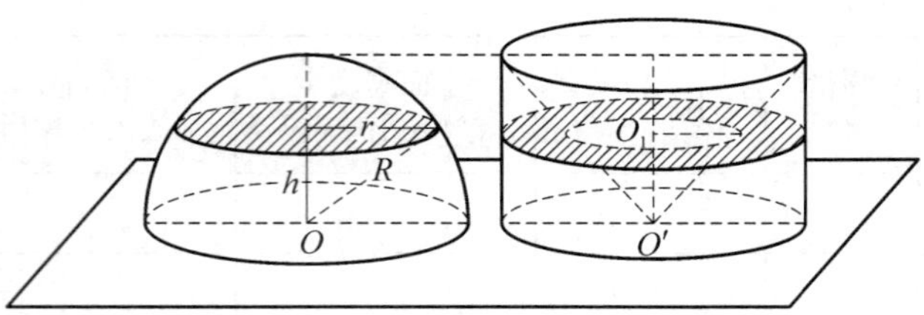

图 3

（3）两个几何体在高度为 h 处的截面面积都为 $\pi(R^2-h^2)$.

（4）根据祖暅原理，得到二者的体积相等.

3. 中国古代对球体积公式的研究

（1）阅读文献

著名古代数学家刘徽为《九章算术》作注时，就提到了书中关于球的体积公式的猜想是错误的.《九章算术》说，一个正方形和它的内切圆的面积之比是 $\frac{4}{\pi}$，所以说一个圆柱和它的内切球的体积之比应该也是 $\frac{4}{\pi}$，刘徽用轴截面和非轴截面来解释这个不妥之处.他认为，只有圆柱的轴截面是正方形时，球的截面圆才与该正方形的四边都相切，两者面积之比为 $\frac{4}{\pi}$，其他非轴截面的情况下，截面是长方形，截面圆只与该长方形的一组对边相切，面积之比肯定不是 $\frac{4}{\pi}$. 随后，刘徽又指出，只要计算出一个叫做"牟合方盖"的几何体的体积，就能解决球的体积问题.

（2）制作"牟合方盖"

"牟合方盖"是两个足够长的等底圆柱垂直相交叉所得的公共部分，如图 4 所示.

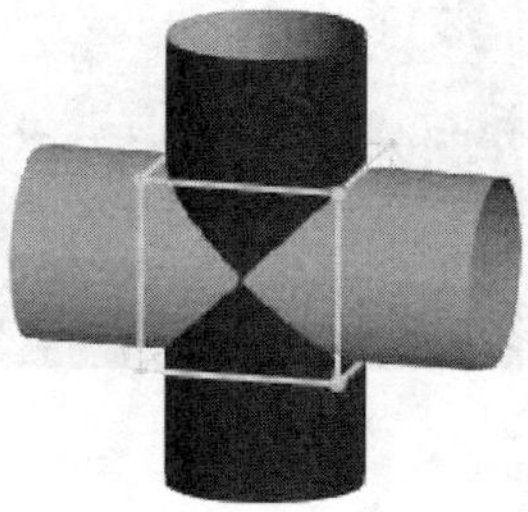

图 4

实验③道具：圆柱形塑料桶，花泥，圆形活底.

实验③过程：

第 1 步：用圆柱形塑料桶在花泥中切出第一个圆柱(图 5).

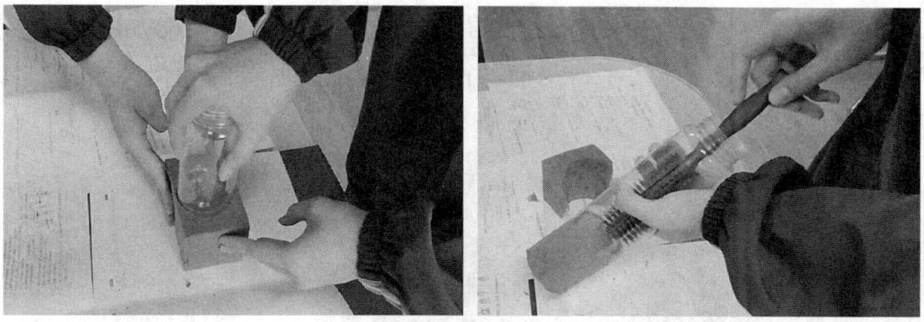

图 5

第 2 步：继续用圆柱形塑料桶与第一个圆柱垂直相交叉，切出公共部分(图 6).

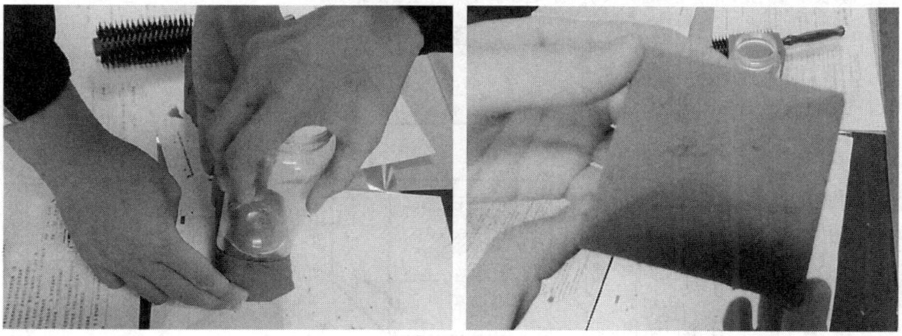

图 6

(3) 观察并研究“牟合方盖”

可以观察到，在牟合方盖中，截面能时刻保持一个正方形和它的内切圆，把这一个个的截面加起来，牟合方盖和内切圆的体积之比才应该是 $\frac{4}{\pi}$，所以只要求出牟合方盖的体积，就能解决球的体积问题，但可惜的是，刘徽没能计算出它的体积，但是他给后来者提供了一个非常明确的方向，“以俟能言者”，盼望着能解决该问题的人出现.

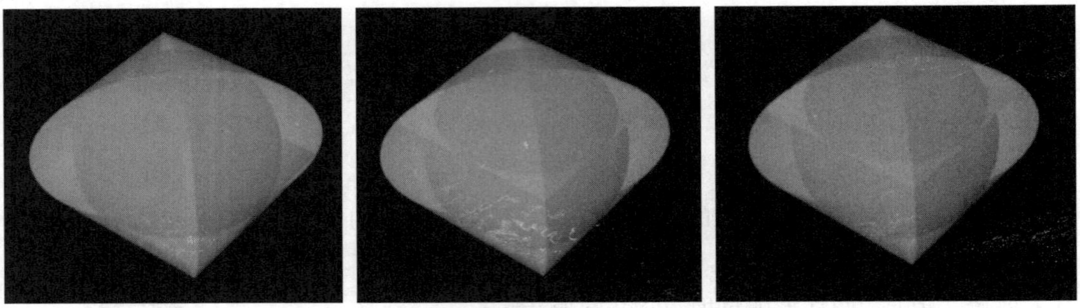

图 7

约 200 年后，刘徽所盼望的“能言者”出现了，他们就是祖冲之和祖暅父子，他们完美地解决了“牟合方盖”的体积问题.他们的方法经过后代简化，大意如下：如图 8 所示，取八分之一的牟合方盖和外接于它的八分之一的“三分之二正方体”(在正方体中，抽走以正方体中心为顶点，底面为正方体两平行平面的两个四棱锥后所剩的几何体)，这二者在等高处截面面积处处相等.

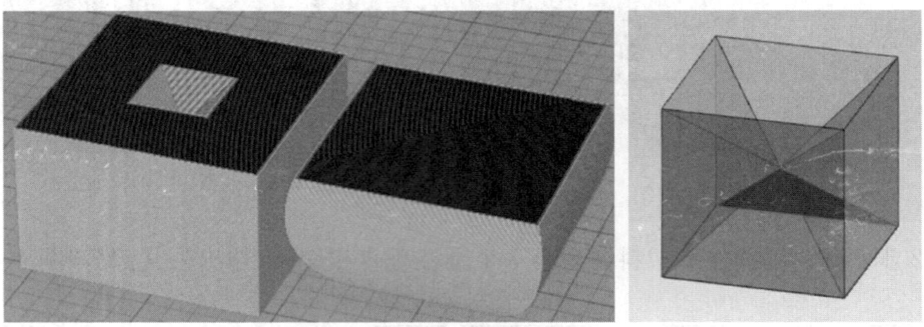

图 8

(4) 小组讨论合作再现祖暅的证明

如图 9 所示，由底面半径为 R 的足够长的两个圆柱体相交叉所得的“牟合方盖”和与其外切的“三分之二正方体”，分别取两者的八分之一模型，放置于两个水

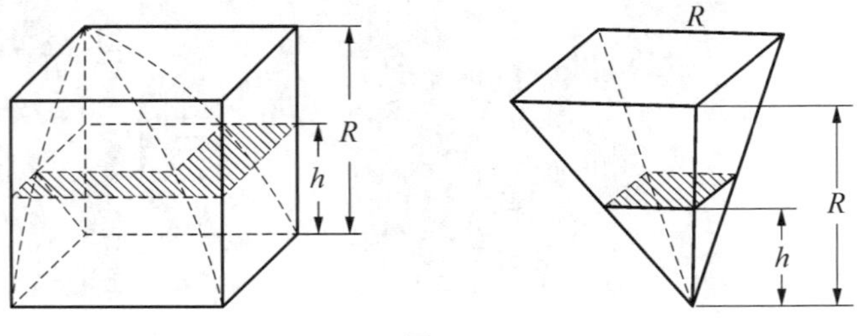

图 9

平面之间,两者在等高处的截面面积总相等,从而由祖暅原理,两者体积相等.

（二）活动评价

1. 评价原则

(1) 认真进行课前实验,发现球与圆柱、圆锥的体积关系,得出球的体积公式.

① 积极参与课前实验,发现球与圆柱、圆锥的体积关系,得出球的体积公式(20分);

② 参与课前实验,和同伴共同发现球与圆柱、圆锥的体积关系,猜想球的体积公式(15分);

③ 能参与课前实验,在同伴的激发下发现球与圆柱、圆锥的体积关系(10分);

④ 参与部分课前实验,参与发现球与圆柱、圆锥的体积关系的过程(5分);

⑤ 不愿意参与课前实验(0分).

(2) 用祖暅原理证明球的体积公式,逐步提高数学表达与交流能力.

① 有证明意识,能用祖暅原理证明球的体积公式,并会表达自己的想法(20分);

② 能用祖暅原理证明球的体积公式,并会表达自己的想法,但未意识到证明的必要性(15分);

③ 能用祖暅原理证明球的体积公式,但不能完整地表达自己的想法(10分);

④ 能理解同伴用祖暅原理证明球的体积公式的过程(5分);

⑤ 不参与证明过程(0分).

(3) 查阅资料,学习理解人类研究球体积的历史.

① 认真查阅资料,认真学习理解人类研究球体积的历史(20分);

② 认真学习同学查阅获得的资料,理解人类研究球体积的历史(15分);

③ 能阅读同学查阅获得的资料,了解人类研究球体积的历史(10分);

④ 草草阅读同学查阅获得的资料(5分);

⑤ 不参与查阅与学习活动(0分).

(4) 公平、公正地进行自我评价和小组互评,评价过程认真、负责、有诚信,逐步形成良好的个人品质.

① 公平的开展自我评价、小组互评(20分);

② 自我评价或小组互评中有一项有待改进(10分);

③ 自我评价与小组互评情况均有待改进(0分).

(5) 在小组合作探究和班级交流中有突出表现的,酌情加分(20分).

2. 评价量表

组长		组员				
阶段	评价内容	分值	自我评价	小组互评	教师评价	阶段总分
1	认真测量、积极猜想	20				
	仔细实验、汇总验证	20				

续表

阶段	评 价 内 容	分值	自我评价	小组互评	教师评价	阶段总分
2	认真研究，逻辑论证	10				
	积极合作、有效交流	10				
3	认真阅读、积极思考	10				
	细致制作，全面观察	10				
	严密推理、再现论证	10				
评价	公正评价、诚信负责	10				
加分	加分理由				分值	
总 分						

注：总分＝自我评价＊0.3＋小组互评＊0.3＋教师评价＊0.4

四、活动反思与体会

1. 在实验②中选用沙还是选用水曾经有过徘徊，最终选用了沙.这样三个实验的素材就有液态、固态小颗粒和胶泥状三种不同的形态，这些都可以作为不同形状转换研究中的保体积素材，为同学们未来的研究增加选择对象并拓宽思路.

2. 这节课耗时很长，因此把思维要求比较低的实验、查阅资料等工作放到课前作为预备作业进行.同学们非常喜欢这样的作业，完成状况出乎意料得好.今后可以在布置作业时多做点这方面的尝试，在完成一定的教学目标的同时激发同学的兴趣.

3. 较多的同学在实验得到结论后对严格论证不是太理解，这可能受自然科学的影响，比如物理学科研究牛顿定律，实验验证这个定律正确，然后就认可这个定律并且直接应用了.因此数学实验课有一个重要的工作就是要让同学们认识到实验只是用于验证猜想，但并不是论证，这也是数学学科可以作为自然科学基础的重要缘由.

第12章　概率初步

一、学习内容分析

随机现象在现实世界中大量出现，了解它的规律有着重要的理论和实际意义. 概率论就是研究随机现象所蕴藏的规律的数学理论，而概率教学旨在让学生了解随机现象的规律，体会和感受概率的意义.

在初中概率知识的基础上，通过本章的学习，学生将进一步巩固古典概率的定义以及计算公式，梳理概率的基本性质，学习独立事件的定义；了解集合语言在概率学习过程中起到的作用，加深对概率知识体系的掌握和理解，为更进一步学习概率打下基础、做好铺垫. 在教学的过程中应当充分结合具体实例，帮助学生理解样本点、样本空间等概念的含义，了解随机事件的并、交与互斥，并进行相关计算. 通过对大数定律的学习，掌握频率与概率的区别与联系. 通过具体试验，知道生活中许多现象的发生不符合古典概率的要求，但可以根据大数定律估算发生可能性的大小，感受大数定律的实际作用与意义，充分体会数学在现实生活的应用.

二、学习活动设计

(一) 学习活动设计整体分析

1. 学习活动的目标

① 通过查找和梳理伯努利大数定律的相关史料，了解大数定律的发展过程，体会数学知识不断发展和完善的过程，帮助学生形成正确的科学观；

② 通过小组合作，设计和开展伯努利试验、分析试验数据，体会伯努利大数定律的作用与意义，提升学生用数学眼光观察世界、用数学思维思考世界的能力；

③ 通过应用信息技术辅助完成试验，感受信息科技与数学发展间相辅相成的关系；

④ 结合具体情境，应用本章所学习的概率知识，对古典概率下概率的计算公式 $P(A)=\dfrac{|A|}{|\Omega|}$ 进行拓展研究. 通过探究，初步了解条件概率的意义，能够解决情境中的实际问题，并为更进一步学习概率做好铺垫.

2. 学习活动的意义

通过初中阶段以及本章的学习，学生对古典概率及其计算公式将有牢固的掌握和一定的理解. 但在计数原理尚未学习(计数原理为选择性必修内容)的情况下,围绕古典概率展开的进一步学习活动的余地不大,意义也不大. 因此,本章的学习活动设计立足于促进学生利用概率知识探索(估算)实际生活中较为复杂的概率问题. 一方面,促使学生感受到理论知识应用于实际问题时所起到的作用;另一方面,让学生感受到由于生活问题的复杂性而促使理论知识得到新的发生发展的过程. 帮助学生形成正确、积极的科学观.

学习活动 1 紧扣伯努利大数定律展开活动,着重于加深对大数定律的理解,体现大数定律的实际应用价值和理论研究的奠基作用. 与实际生活紧密联系,充分培养学生用数学眼光观察世界、用数学知识解决实际问题的能力. 活动的开放度比较大,围绕体现大数定律的作用,学生自主设计相关试验,很大程度地调动了学生的主观能动性,激发参与活动的热情. 有效结合信息技术,对提高试验的效率起到重要作用,体现数学学科与信息技术等相关学科在现代教学中相辅相成的关系.

学习活动 2 基于学生对古典概率的掌握和理解,尝试拓展思路解决新的实际问题,体现概率的广泛作用与实际意义.

3. 学习活动分析表

活动名称	活动目标	所需课时	活动类型			核心素养及其水平			评价方式		
			知识构建	问题探究	专题实践	核心素养	具体方面	水平	自我评价	小组评价	教师评价
对伯努利大数定律的理解与应用	① ② ③	2+1			√	数据分析	情境与问题 知识与技能 思维与表达	二 一 一	√	√	√
用概率知识理解核酸检测的必要性	④	1+1		√		逻辑推理	情境与问题 知识与技能 思维与表达	二 二 二			
总计		3+2	0	1	1				2	2	2

(二) 学习活动案例

案例 3-12-1 对伯努利大数定律的理解与应用

一、设定活动目标、确定活动名称

单元名称	概率初步
教材版本	上教社 2021 年版

续表

活动目标	1. 通过对大数定律史料的收集，了解大数定律的发展过程，体会从自然规律到数学结论的抽象过程，感受实际生活与数学研究的紧密关系，提升用数学眼光观察世界的意识； 2. 通过对具体试验的操作与分析，进一步加深对伯努利大数定律的理解，明确概率是在不确定性中找到可以预测的可能性的工具，发展数据分析素养； 3. 通过应用伯努利大数定律估计一些复杂的随机事件的概率值，知道该定律的重要作用，提升用数学方法解决实际问题的能力，发展数学建模素养.
活动名称	对伯努利大数定律的理解与应用
活动意义	1. 通过学生主动查找和筛选史料的学习活动，拓宽学生对大数定律的发展历史的了解. 通过课堂上的交流介绍，充分感受到一个来源于生活的数学结论的形成过程，以及该知识后续的不断发展. 由此可让学生体会到数学与实际生活的联系，知道数学家们对知识永无止境的改进和发展的科学精神； 2. 通过学生讨论设计试验，利用信息技术来减少大数次重复试验所导致的大工作量，感受到科学技术的发展对数学的辅助作用，体现学科间的相辅相成； 3. 指导学生自主分析试验数据，也是至关重要的. 初中阶段，教师往往会找出相关规律后让学生感受，但是到了高中阶段，应当对数据分析的要求有所提高，所以设计学生活动，让学生成为数据分析的主体. 在众多的数据中，引导学生自行筛选研究有价值的数据，改变以往教师筛选好数据呈现在学生面前的方式，从而进一步提升学生解决实际生活问题的能力； 4. 本案例的学生活动中，不少是需要学生以小组的形式才能有效完成的，这对学生的任务分配、组织沟通等团队协作能力都提出了一定的要求，符合现代社会的发展需要.

二、活动方案设计

问题设计	问题 1：伯努利大数定律反映了生活中随机现象的自然规律. 请查找相关史料，梳理大数定律形成的历史史料； 问题 2：伯努利大数定律揭示了随机现象的不确定性中所蕴含的稳定性. 请同学们进一步总结伯努利大数定律对概率研究的实际作用. 问题 3：请设计相应的试验，体现问题 2 中大数定律的作用； 问题 4：通过本系列的活动，说一说你的体会与心得.				
活动类型	□知识建构活动	☑问题探究活动	□专题实践活动		
核心素养	☑数学抽象 □直观想象	□数学运算 ☑数据分析	□逻辑推理 ☑数学建模		
活动年级	□高一	☑高二	□高三		
活动形式	☑课内活动	□课外活动	□课内外兼顾		
活动方式	□自主学习	☑小组合作	☑班级研讨交流		
活动资源	☑工具学具	☑文本资料	☑媒体资料		
活动水平	□理解与运用	☑综合运用	□探究与发现		
所需课时	2 课时(课内)+1 课时(课外)				
评价方法	☑自我评价	☑小组评价	☑教师评价		
活动品质评估	主体性 [A] B C	整体性 A [B] C	合作性 A B [C]	适切性 A [B] C	激励性 A [B] C

注：A 表示“很好”，B 表示“良好或较好”，C 表示“一般或较差”

三、活动实施、总结评价

（一）活动流程

1. 对大数定律的复习与回顾

阶段一：大数定律复习回顾

通过上节课的学习，我们已经掌握了伯努利大数定律的内容和含义：

独立地重复一个伯努利试验 n 次，当 n 很大时，频率 $\frac{S_n}{n}$ 逼近概率.

请同学们说一说伯努利大数定律成立的前提.

学生：伯努利大数定律成立——即频率逼近概率，需要两个必要的前提：(1) 实施的对象是能够独立地重复的伯努利试验；(2) 试验的次数要很大.

之所以命名其为伯努利大数定律而非定理，可能是因为这个结论实在是太像一个自然结论了.它是如何被抽象为一个数学结论，又经历了怎样的发展过程呢？

阶段二：大数定律史料的收集与展示

请同学们以小组为单位，完成以下的问题 1：

问题 1. 伯努利大数定律反映了生活中随机现象的自然规律.请查找相关史料，梳理大数定律形成的历史史料.

学生以小组为单位收集和整理了一些大数定律的相关内容，以下是一个示例结果(图 1).

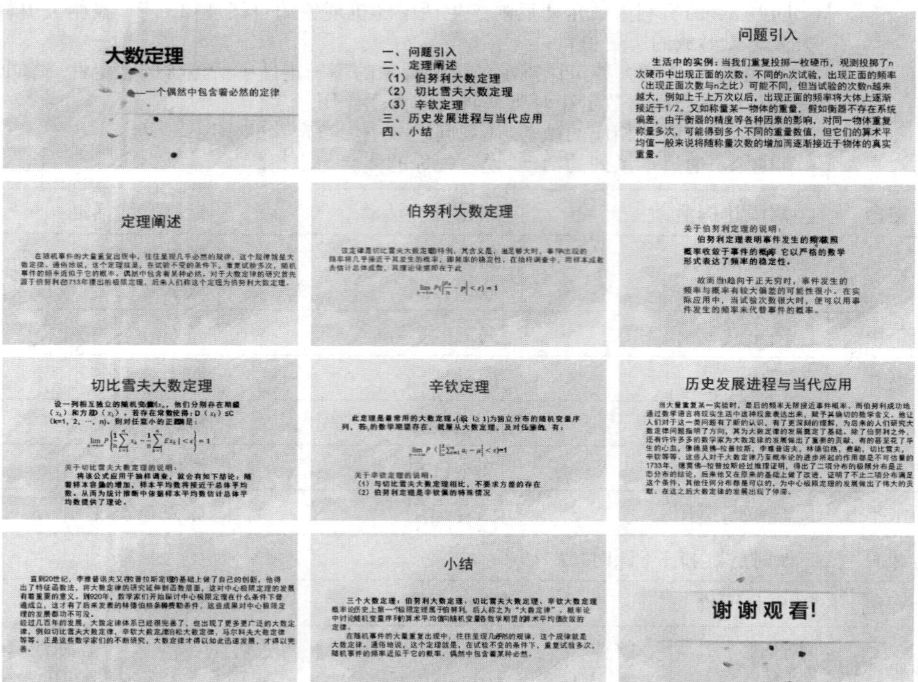

图 1

可见，数学的很多知识都是来源于生活的，同学们用数学的眼光去观察这个世界，就会发现数学无处不在.

阶段三：阐述对大数定律作用与意义的理解

伯努利大数定律揭示了随机现象的不确定性中所蕴含的稳定性.请同学们进一步总结伯努利大数定律对概率研究的实际作用.

问题 2. 在学习了伯努利大数定律之后，你认为该结论有哪些重要的作用？

学生：我认为主要有两方面的作用. 其一，研究已知的事件的理论概率.例如抛掷硬币，出现正面向上的概率为 0.5，就可以通过大数次试验来验证. 其二，对于理论上很难计算或者根本无法计算的概率值，可以基于大数定律，通过大数次试验来估计概率值.

2. 设计试验，体现大数定律的作用

阶段四：

问题 3. 请设计相应的试验，体现问题 2 中大数定律的作用.

说明：核心问题. 流程如下(图 2)：

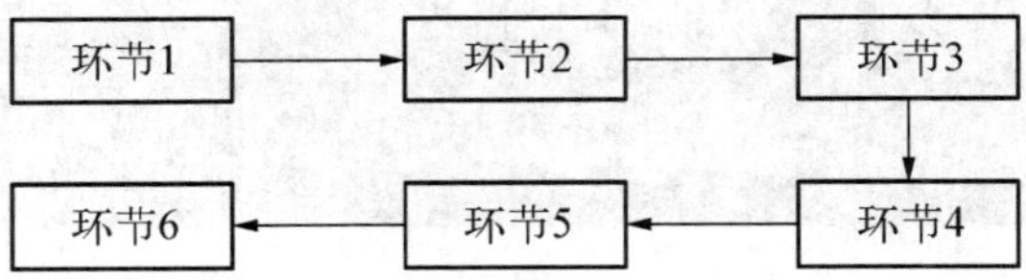

图 2

环节 1：小组讨论主要选择问题 2 中两个作用中的哪一个来设计试验；教师负责统计反馈，目的是使得小组的试验能尽可能地均匀地覆盖到两个不同的作用. 简要交流后最终确定每个小组的试验目标(即体现哪个作用).

环节 2：小组就所要实现的试验目标，讨论设计怎样的试验背景以及通过怎样的方法有效地实现. 教师负责收集学生的反馈，并参与讨论确定试验背景. 教师参与的目的是避免小组间设计完全一样的试验，同时与学生一同确定预设的试验是可以“独立地重复”的.

环节 3：学生就环节 2 中确定的试验背景进行具体的设计.教师主要是观察，必要时参与讨论和指导.

环节 4：学生就环节 3 所设计试验的实践情况进行反馈交流.

3. 试验开展与展示

小组 1：试验 1——从 1～1000 的整数中产生一个随机数.

(1) 求该数为偶数的概率；

(2) 基于伯努利大数定律，验证(1)中所求的概率值.

说明：因为本试验是准备体现大数定律的作用 1——检验理论概率的值，所以设计了第一小问，先求出该事件的理论概率.

第一小问的解答如下：

(1)“从1～1000的整数中产生一个随机数”的样本空间为$\Omega=\{1, 2, \cdots, 1000\}$；令事件$A$为“该数为偶数”，则$A=\{2, 4, \cdots, 1000\}$. 所以$P(A)=\frac{|A|}{|\Omega|}=\frac{500}{1000}=\frac{1}{2}$.

(2) 这一验证的过程可以通过编写程序，利用计算机来完成.以下是一个示例程序(图3).

```
import random
arr = input("请输入实验次数：")
num = [int(k) for k in arr.split()]
u = [0,0,0,0,0]
p=1
i,c,n,t = 1,1,0,0
for p in range(5):
    while i <= num[p]:
        t = random.randint(1,1000)
        if t % 2 == 0:
            n = n + 1
            i = i + 1
        elif t % 2 != 0:
            i = i + 1
    u[p] = n
tplt = "{0:^8}\t{1:^8}\t{2:^8}\t{3:^8}"
print(tplt.format("实验次数", "偶数的个数", "偶数的频率", "与0.5的差距"))
for c in range(5):
    print(tplt.format(num[c],u[c],u[c]/num[c],round(abs(0.5-u[c]/num[c]),8), chr(12288)))
```

图3

程序运行后输出：

实验次数，偶数的个数，偶数出现的频率，以及与0.5的差距.

如果在n足够大的情况下，频率能稳定在0.5附近(即与0.5的差距非常小)，便能验证(1)中所求的概率值.

以下是一个小组的试验情况以及分析：

首先选择了$n=$ 100, 1 000, 20 000, 100 000, 2 000 000进行验证.运行情况如下(图4).

请输入实验次数：100 1000 20000 100000 2000000

实验次数	偶数的个数	偶数的频率	与0.5的差距
100	57	0.57	0.07
1000	512	0.512	0.012
20000	10067	0.50335	0.00335
100000	50049	0.50049	0.00049
2000000	998952	0.499476	0.000524

图4

分析发现：

实验次数从100增加为100 000时，频率越来越接近0.5(差距递减)；同时，当次数为2 000 000时，相对100 000次，差距反而变大了(虽然与0.5的绝对差距还是很小).

于是，我们再一次进行实验，运行结果如下(图5).

请输入实验次数：1000000 2000000 3000000 5000000 10000000

实验次数	偶数的个数	偶数的频率	与0.5的差距
1000000	500177	0.500177	0.000177
2000000	1000637	0.5003185	0.0003185
3000000	1501039	0.5003463333333333	0.00034633
5000000	2500791	0.5001582	0.0001582
10000000	5000866	0.5000866	8.66e-05

图 5

同样发现 2 000 000 次与 3 000 000 次发生“差距”的倒挂，但整体上呈现差距减小的态势.两次运行都没有发生频率与 0.5 偏差很大的情况，当次数大于 100 000 次时，两者的偏差均在 $10^{-3} \sim 10^{-5}$ 之间.由此，我们认为实现了验证事件 A 的概率为 0.5 的目标.

追问：请问从上述试验中，同学们加深了对伯努利大数定律的哪些理解？

示例回答：

首先再一次验证了大数次的试验下，频率会稳定于概率这个事实，从而体现了概率的实际意义.同时，从试验所得的具体数据上，我们又确定了一点：并不是试验次数越多，频率就越靠近概率.哪怕是试验大次数的对比，例如次数为 2 000 000（二百万）时，相对 100 000（十万），差距反而变大了.这是我们一开始没有想到的.但是虽然两者的差距倒挂，但整体而言还是较好的稳定于概率.

小组 2：试验 2——在收集史料的时候，找到了有关蒲丰投针试验的相关资料：

在 18 世纪，著名数学家蒲丰提出以下问题：设我们有一个以平行且等距水平木纹铺成的地板，随意抛一支长度比木纹之间距离小的针（图 6），求针和其中一条木纹相交的概率.

准备进行投针试验，体现大数定律的作用——验证投针试验中，针和其中一条木纹相交的概率：$P=\dfrac{2(\text{针长})}{(\text{地板间隔})\cdot \pi}$.

具体设计步骤如下：

(1) 要解决场景的可实现性——地板改成白纸上的平行线；为了保证安全，将针换成了牙签.

准备：取一张足够大的白纸，在上面画上足够多依次间距为 a 的平行线；取若干根长度为 $l(l<a)$ 的牙签.

在实际操作中，平行线是用计算机打印的，更加精确.

(2) 要解决效率问题

① 将组内成员每 2 人分一组（共 3 组），一人抛掷，另外一人记录压线的牙签数；

② 为了短时间内增加实验次数，每次手中握有 20 根左右的小棍（初步设计是牙签的一半），一并随机向画有平行直线的纸抛掷.每组至少完成 40 次抛掷. 每次抛掷的时间控制在 30 秒内，那么共需要 20 分钟.从而得到 2 400 个试验数据.

具体实施的过程如下：

(a) 数据：两条平行线间的距离为 5.5 厘米，小棍长 3.4 厘米，即 $l=3.4$，$a=5.5$，满足 $l<a$；

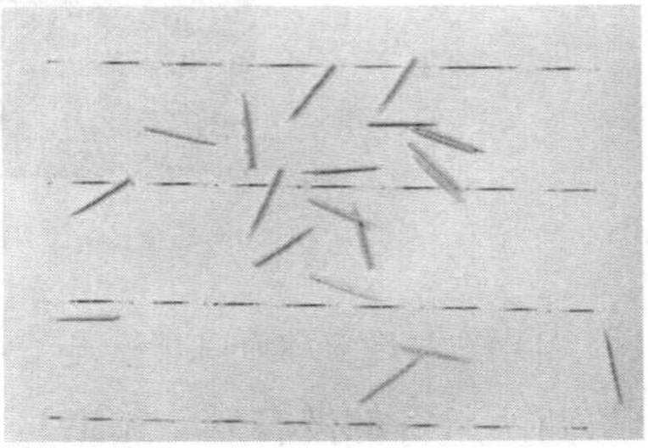

图 6

(b) 试验结果：2 400 次试验中，共有 977 次压线.

则本试验的频率为 $f=\frac{977}{2\,400}\approx 0.407\,1$；

(c) 数据分析：在 $l=3.4$，$a=5.5$ 的情况下，理论概率为 $\frac{2\times 3.4}{\pi\times 5.5}\approx 0.393\,5$.

试验结果一定程度上验证了该概率.但是两者还是有一点差距的，我们认为是试验的次数还不够多.如果增加到 10 000 次左右，基于大数定律，频率极有可能更加接近概率.

教师进一步拓展：已知验证投针试验的概率：$P=\frac{2(\text{针长})}{(\text{地板间隔})\cdot\pi}$.

(1) 当针的长度为木纹间距离的一半时，求事件的概率.

(2) 根据(1)的结果，说一说你有什么发现？

以下是学生的一个回答：

(1) 当 $l=\frac{a}{2}$ 时，$P=\frac{1}{\pi}$；

(2) 如果我们将前面的试验调整一下两条平行线和小棍的数据，使得 $l=\frac{a}{2}$，那么在大数次试验下，所得试验的频率(也就是经验概率)会向 $\frac{1}{\pi}$ 靠近.那么，经验概率的倒数就会靠近 π.

所以基于大数定律，当我们的试验次数足够多，就有理由相信所得频率的倒数 $\frac{1}{f}$ 可以作为 π 的近似值. 随着试验次数的增加，$\frac{1}{f}$ 会大概率向 π 稳定的靠近，从而成为计算圆周率的一种方法.

不过，这应该需要大量的试验次数作为支持.除了手动完成这些试验，是否可以通过计算机模拟编程呢？我们还没有想法，需要研究和尝试.

小组 3：试验 3——我们小组设计的试验是通过查找上海市市民的平均寿命，来验证上海市市民“男性与女性的平均预期寿命是等长的”这个判断.

说明：这个想法也是非常好的，体现出大数定律在实际社会生活中的作用.

学生：试验方法很简单，就是去统计局网站上找相关数据，这些数据就相当于试验数据了.

（1）找到可靠的数据网站，查找相关数据.

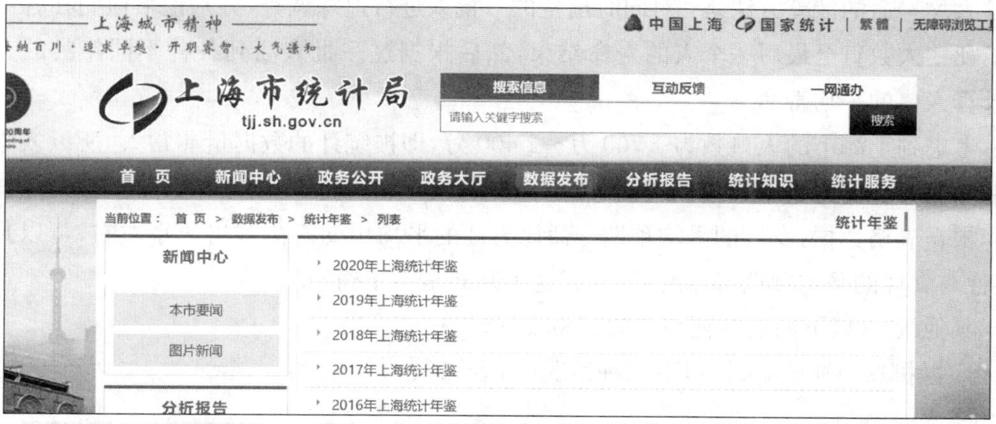

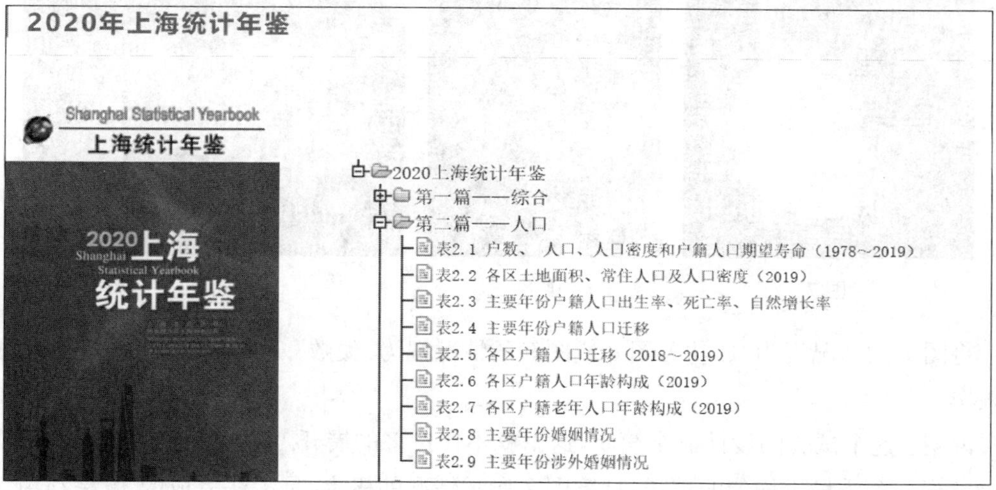

表2.1 户数、人口、人口密度和户籍人口期望寿命（1978～2019）

年份	常住人口（万人）	人口密度（人/平方公里）	总户数（万户）	平均每户人口（人）	年末户籍人口（万人）	按性别分		户籍人口期望寿命（岁）	其中	
						男性	女性		男性	女性
2003	1 765.84	2 785	486.06	2.76	1 341.77	675.47	666.30	79.80	77.78	81.81
2004	1 834.98	2 894	490.58	2.76	1 352.39	680.38	672.01	80.29	78.08	82.48
2005	1 890.26	2 981	496.69	2.74	1 360.26	683.51	676.75	80.13	77.89	82.36
2006	1 964.11	3 098	499.54	2.74	1 368.08	686.66	681.42	80.97	78.64	83.29
2007	2 063.58	3 255	503.29	2.74	1 378.86	691.08	687.78	81.08	78.87	83.29
2008	2 140.65	3 376	506.64	2.75	1 391.04	695.57	695.47	81.28	79.06	83.50
2009	2 210.28	3 486	509.79	2.75	1 400.70	699.25	701.45	81.73	79.42	84.06
2010	2 302.66	3 632	519.27	2.72	1 412.32	703.57	708.75	82.13	79.82	84.44
2011	2 347.46	3 702	522.01	2.72	1 419.36	706.37	712.99	82.51	80.23	84.80
2012	2 380.43	3 754	524.31	2.72	1 426.93	709.62	717.31	82.41	80.18	84.67
2013	2 415.15	3 809	527.52	2.72	1 432.34	711.93	720.41	82.47	80.19	84.79
2014	2 425.68	3 826	532.55	2.70	1 438.69	714.71	723.99	82.29	80.04	84.59
2015	2 415.27	3 809	536.76	2.69	1 442.97	716.37	726.60	82.75	80.47	85.09
2016	2 419.70	3 816	541.62	2.68	1 450.00	719.35	730.65	83.18	80.83	85.61
2017	2 418.33	3 814	546.13	2.66	1 455.13	721.29	733.84	83.37	80.98	85.85
2018	2 423.78	3 823	551.95	2.65	1 462.38	724.14	738.23	83.63	81.25	86.08
2019	2 428.14	3 830	556.23	2.64	1 469.30	726.75	742.55	83.66	81.27	86.14

① 户数和年末户籍人口由市公安局提供。2016年起，年末户籍人口为公安局公布的11月底数据（后表同）。户籍人口期望寿命由市卫生和计划生育委员会提供。

② 上海取消农业户口和非农业户口性质区分。

(2) 数据分析

人均寿命的计算方法是：对同时出生的一批人进行追踪调查，分别记下他们在各年龄段的死亡人数直至最后一个人的寿命结束，然后根据这一批人活到各种不同年龄的人数来计算人口的平均寿命.

考虑到上海市的人口数为 1 700 万～2 400 万，即被统计的数据量非常大，所以表中的相应数据可以作为概率的估值.

根据表格数据，女性的平均预期寿命比男性的平均预期寿命多出 4 年左右，可以判定“男性与女性的平均预期寿命的等长的”这个判断是不正确的.

其他组：(以下简述其他小组的试验设计)

1. 抛掷饮料瓶盖，关注以下三种情况(图 7～9)：

图 7

图 8

图 9

将图 7 的情况视为“成功”，图 8 或图 9 的情况视为“失败”.通过大数次试验，计算成功的频率.

说明：这个试验的设计非常简单，这里就不作过多的展开.

抛掷一个质量不均匀的盖子，计算图 7 所示情况的概率，是无法完成的.但是利用大数定律，则可以估算出概率的近似值，一定程度上满足了人们研究这一事件概率的需要.

2. 通过查询天气预报中的“降水概率”的含义，解决以下问题.

(1) 降水概率是不是理论概率？为什么？

(2) 如果“降水概率”不是理论概率，那么其意义是什么？

(3) 天气预报说“明日的降水概率为 90%”，说明什么？你听到这样的天气预报，明日会带伞吗？

说明：(1) 上网查询降水概率的计算方法，发现并不是理论概率，是同等气象条件下的降水频率；

(2) 由于统计的气象天数非常多，所以得到的频率可以看作经验概率，作为概率的估计值，还是具有相当可信度的.

(3) 说明在同等气象条件下，每 100 天里就有 90 天会下雨.明天出门应当携带雨伞.

环节 5(针对试验 1)：小组间作简要的交流和点评，从三个角度点评：(1) 所设计的试验可否实现体现大数定律的作用？(2) 你认为还有哪些地方可以改进？(3) 发言学生的语言是否清晰,表达是否完整流畅?

环节 5(针对试验 2):教师点评学生的试验和交流,从以下三个方面:(1) 肯定学生的想法和措施.应该说投针试验的实现是相对较难的.相比试验 1,学生还没有形成计算机模拟的能力,所以需要手动完成,还需要为此准备一些材料,工作量是比较大的.实际试验时,非常需要耐心和细心.所以教师点评时应对学生的努力给予肯定和鼓励.(2) 就学生的发言的流畅度、数学语言使用的规范性加以点评,不足之处给予指导.(3) 鼓励学生通过课后的补充学习,尝试用计算机来模拟投针试验.

环节 6:教师总结提炼

这些试验(活动)都非常好! 所涉及的试验情境都能符合伯努利大数定律的适用前提——独立地重复.需要说明的是:"某一个人的寿命为多长",这个随机现象是不能重复的.但是如果将与该人身体健康状况相似的人视作他的重复,从统计学的角度而言是可以接受的.虽然这样的统计对个人而言是没有意义的,但是由此统计得到的数据具有重要的指导作用.

阶段五:学生小结交流

问题 4. 通过本系列的活动,说一说你的体会与心得.

示例回答:

(1) 大数定律的作用可以是验证已有的理论概率,也可以估计复杂概率的近似值.虽然概率的近似值不是精确值,不具备理论价值,但一定程度上可以帮助判断某些论点的真假,从而为实际生活带来指导意义.

(2) 在实现活动的过程中,可以通过小组合作的形式,在短时间内获得更多的试验数据.而且成员之间的交流可以设计出更多的试验情境、更合理的试验过程,可见小组合作的重要性.

(3) 现代信息技术可以帮助我们高效地完成重复试验,以前的数学家只能通过手动完成试验,他们的耐心和毅力值得我们学习.但是具有信息科技的今天,我们应当考虑如何尽可能地让机器帮助人类完成单纯的重复性工作.

(4) 充分体会到了数学与生活、数学与其他学科之间的紧密关联.

(二) 活动评价

1. 评价原则

(1) 认真进行回顾复习.

① 仔细回顾伯努利大数定律以及定律成立的前提,能够独立、准确阐述(10 分);

② 能回忆起伯努利大数定律的大致内容,在他人提示下能想起定律成立的前提(5 分);

③ 不能说出伯努利大数定律的内容,在他人提示下仍旧想不起定律成立的前提(0 分).

(2) 积极、正确地查找相关资料.

① 积极主动地参与查找、整理相关史料,史料内容丰富,能够正确合理地利用网络资源,通过正规网站获得资料(20 分);

② 主动参与查找、整理相关史料，能够较好地利用网络资源(10 分)；

③ 被动参与查找、整理相关史料，对网络资源不加以筛选(0 分).

(3) 总结大数定律的作用并清晰阐述.

① 能够独立梳理和总结大数定律的主要作用，且积极参与交流(10 分)；

② 能够在教师指导下总结出大数定律的大致作用，且主动回答(5 分)；

③ 在他人帮助下仍无法总结出大数定律的作用，且拒绝回答(0 分).

(4) 依托小组力量，共同设计试验.

① 在小组活动中起到核心的组织作用，积极思考、参与试验的设计且思路开阔(20 分)；

② 在小组活动中起到一定的作用，能参与试验的设计(10 分)；

③ 没有在小组活动中起到作用，不主动参与试验的设计(0 分).

(5) 高效合作，开展试验.

① 小组成员间分工明确、高效合作；试验开展步骤清晰明确，数据记录准确(20 分)；

② 小组成员间能有效合作；试验开展顺利，数据记录准确(10 分)；

③ 小组成员配合不畅；试验无法开展或者数据记录出现较多错误(0 分).

(6) 对信息技术的使用.

① 能够使用信息技术，有效辅助试验的完成和数据的获得(10 分)；

② 有使用信息技术的意识，但是无法达到试验所需要的效果，没有获得必要的试验数据(5 分)；

③ 没有使用信息技术的意识，无法通过信息技术的辅助获得必要的试验数据(0 分).

(7) 对试验结果的总结与交流.

① 能够将小组试验的结果进行总结，明确该试验所反映的大数定律的作用与意义；能够主动清晰的进行阐述与交流，表达易于他人理解(10 分).

② 能够总结试验结果，知道该试验所反映的大数定律的作用与意义；能够有效交流试验结果(10 分).

③ 不能明确总结和体会试验结果所反映的含义与意义；无法进行有效交流(0 分).

2. 评价量表

<table>
<tr><td>组长</td><td></td><td>组员</td><td colspan="5"></td></tr>
<tr><th>阶段</th><th>评价项目(分值)</th><th>自我评价</th><th>小组互评</th><th>教师评价</th><th>阶段总分</th><th>权重、备注</th></tr>
<tr><td>一</td><td>知识点回顾正确无误(10 分)</td><td></td><td></td><td></td><td></td><td>自我评价 * 0.5＋教师评价 * 0.5</td></tr>
<tr><td rowspan="2">二</td><td>史料查找准确、有一定程度的核准；网络使用方法正确(10 分)</td><td></td><td></td><td></td><td rowspan="2"></td><td rowspan="2">自我评价 * 0.3＋小组互评 * 0.3＋教师评价 * 0.4
取两行得分的平均数</td></tr>
<tr><td>史料梳理清晰、主动交流(10 分)</td><td></td><td></td><td></td></tr>
</table>

续表

阶段	评价项目(分值)	自我评价	小组互评	教师评价	阶段总分	权重、备注
三	阐述清晰准确(10 分)					自我评价 * 0.3＋小组互评 * 0.3＋教师评价 * 0.4
四	积极合作、思路开阔(20 分)					自我评价 * 0.3＋小组互评 * 0.3＋教师评价 * 0.4 取两行得分的平均数
	动手积极、高效开展(20 分)					
	能使用信息技术(10 分)					
五	主动交流、表述清晰(10 分)					自我评价 * 0.3＋小组互评 * 0.3＋教师评价 * 0.4
总　分						各阶段总分相加

四、活动反思与体会

本活动具有以下特点：

(1) 活动的实际意义明确

概率是与实际生活紧密结合的，甚至说是完全起源于实际问题的数学分支.尤其是大数定律，更是建立了概率的理论数值与实际验证之间的桥梁.大数定律就是人们通过大量的实践和试验，通过数学的分析而形成的.围绕大数定律开展的试验活动，可以充分体现数学的实用价值，提高学生在用数学眼光观察世界、发现问题的能力.

(2) 活动的阶段设置合理

本次活动课计划为 2 个课时，安排在概率单元的最后.从大数定律的学习到本活动课的进行，其间还有 3 个教学课时.所以在本活动课开始前，教师设计了第一个阶段：大数定律的复习与回顾.通过这一阶段的活动，一方面复习了大数定律的知识内容，形成了后续活动所必要的知识基础；另一方面，通过对大数定律史料的收集和整理，使得学生对大数定律的地位与价值有进一步的了解，同时激发学生对大数定律以及应用的探究兴趣.阶段一的铺垫，有利于阶段二的顺利开展.

(3) 活动的开放度足够大

本活动围绕大数定律的两个主要作用展开.为了达到这一目的，学生设计怎样的试验情境、试验过程、甚至要体现的是大数定律的哪个作用都由学生自行确定.教师通过阶段二的问题 3 紧紧拉住活动的主线，放手让学生自主设计.事实上，学生在问题 3 的框架下，对活动的设计完成得很好.活动的开放度太小，会压制学生的思维发散性和主观积极性.只有足够大的开放度，才能让学生感受到“这是我的试验!”，进而积极投入其中.

(4) 活动信息技术的使用

大数定律的核心是通过独立重复伯努利试验,获得大量试验数据.那么在学生实施试验的过程中,就不可避免地会考虑使用信息技术来实现大量的重复试验.根据实际情况,学生可以使用手持计算器,也可以应用编程知识来实现.此外,要获得与社会民生相关的数据,也可以通过政府官网查询.由此提高学生查询和收集数据的能力.在这一系列的活动中,学生可以运用多种获取数据的方法,从而减少简单重复的体力劳动,体会随着时代的发展,理论学科研究的手段和方法也在与时俱进地发生变化.

案例 3-12-2　用概率知识理解核酸检测的必要性

一、设定活动目标、确定活动名称

单元名称	概率初步、概率初步(续)
教材版本	上教社 2021 年版
活动目标	1. 通过研究病毒检测情况,加强对条件概率公式和全概率公式的理解,培养学生的逻辑推理素养; 2. 通过采集数据进行合理假设,建立适当的数学工具进行计算,并对结果进行合理解释,发展数学建模素养; 3. 通过概率计算,理解一些防控措施背后的数学理论依据,使学生养成"用数学的眼光观察世界"的习惯.
活动名称	用概率知识理解核酸检测的必要性
活动意义	1. 很多人会认为检出率为 99%或者某药物的有效率为 99%是可以完全信任并可广泛推广,其实不然.本活动通过计算相应的条件概率,揭示背后的原理,避免数字迷信; 2. 用身边的事件作为数学教学活动案例,能使学生感受到数学源自生活,数学无处不在,逐步养成正确的数学思维判断能力.

二、活动方案设计

问题设计	1. 如果一个人检测为 HIV 阳性,估计他感染了 HIV 的可能性是多大? 2.《全员新型冠状病毒核酸检测组织实施指南(第二版)》的规定的科学性是什么?		
活动类型	□知识建构活动	☑问题探究活动	□专题实践活动
核心素养	□数学抽象 □直观想象	☑数学运算 ☑数据分析	□逻辑推理 ☑数学建模
活动年级	□高一	☑高二	□高三
活动形式	☑课内活动	□课外活动	□课内外兼顾
活动方式	□自主学习	☑小组合作	☑班级研讨交流
活动资源	□工具学具	☑文本资料	☑媒体资料

续表

活动水平	☐理解与运用		☑综合运用		☐探究与发现
所需课时	1 课时				
评价方法	☑自我评价		☑小组评价		☑教师评价
活动品质评估	主体性 A [B] C	整体性 [A] B C	合作性 A [B] C	适切性 A [B] C	激励性 [A] B C

注：A 表示“很好”，B 表示“良好或较好”，C 表示“一般或较差”

三、活动实施、总结评价

（一）活动流程

1.（补充学习）条件概率公式与全概率公式

（1）在事件 A 发生的条件下，事件 B 发生的概率叫做条件概率，记作 $P(B \mid A)$.

如：掷一颗骰子并观察出现的点数.已知出现的点数不是 3 的倍数，求出现的点数是奇数的概率.

设事件 A 表示“出现的点数不是 3 的倍数”，事件 B 表示“出现的点数是奇数”.在出现的点数不是 3 的倍数的条件下出现的点数是奇数的概率就是 $P(B \mid A)$.

（2）条件概率公式

该试验的样本空间 $\Omega=\{1, 2, 3, 4, 5, 6\}$；设事件 A 表示“出现的点数不是 3 的倍数”，则 $A=\{1, 2, 4, 5\}$；事件 B 表示“出现的点数是奇数”，则 $B=\{1, 3, 5\}$；则事件 A 发生的条件下，事件 B 发生可表示为 $A \cap B=\{1, 5\}$.

易知 $P(A)=\frac{4}{6}=\frac{2}{3}$，$P(A \cap B)=\frac{2}{6}=\frac{1}{3}$，$P(B \mid A)=\frac{2}{4}=\frac{1}{2}$，发现 $P(B \mid A)=\frac{P(A \cap B)}{P(A)}$.

一般的，事件 A 发生的条件下，事件 B 发生的概率 $P(B \mid A)=\frac{P(A \cap B)}{P(A)}$.

证明：$P(B \mid A)=\frac{|A \cap B|}{|A|}=\frac{\frac{|A \cap B|}{|\Omega|}}{\frac{|A|}{|\Omega|}}=\frac{P(A \cap B)}{P(A)}$.

（3）全概率的贝叶斯公式

全概率公式是指一个事件发生的概率是其在不同条件下发生的概率的加权平均.如果将事件 A 的样本空间 Ω 分成 n 个两两互斥的事件 Ω_1，Ω_2，…，Ω_n，则有

$$P(A)=\sum_{i=1}^{n} P(A \mid \Omega_n) \cdot P(\Omega_n)\text{（证明略）}.$$

注：此为选择性必修之概率初步(续)的内容.

2. 随着现代检测技术的发展，能非常准确地检测是否感染 HIV 病毒：如果一个人真是 HIV 阳性，有 99.9%的检出准确率，就是说有 99.9%的可能性检查出来；如果一个人不携带 HIV，那么有 99.99%的检出准确率，就是说有 99.99%的可能性不会冤枉他.

(1) *活动 1*：假设在街头随机找一人给他做这项检查，发现检测结果是 HIV 阳性，请大家估计这个人感染了 HIV 的可能性是多大?

(最可能的回答)一般是一个比较大的数字，如 90%等.

(2) 这里缺少一个关键信息！即本地人口中感染 HIV 的概率.假设本地人口中感染 HIV 的概率为 0.01%，请计算这个人感染了 HIV 的可能性是多大?

(学生展示)记“检出了 HIV”为事件 A，“感染 HIV”为事件 Ω_1，“未感染 HIV”为事件 Ω_2. 根据全概率的贝叶斯公式，有 $P(A)=P(A\mid\Omega_1)\cdot P(\Omega_1)+P(A\mid\Omega_2)\cdot P(\Omega_2)=99.9\%\times0.01\%+(1-99.99\%)\cdot(1-0.01\%)=0.019\,989\%$.

而 $P(\Omega_1\mid A)=\dfrac{P(\Omega_1\cap A)}{P(A)}=\dfrac{P(A\mid\Omega_1)\cdot P(\Omega_1)}{P(A)}=\dfrac{99.9\%\cdot0.01\%}{0.019\,989\%}\approx49.98\%$.

(教师)直观的解释，如果有 10 000 人参与检测，按感染 HIV 的概率为 0.01%计，即有 1 人感染.根据我们的检测技术，这个人有 99.9%即几乎一定能被检测出；而剩余的 9 999 人，有 $1-99.99\%=0.01\%$ 的概率被误检，即约有 1 人被误检.因此如果随机检查结果是阳性，其感染了 HIV 的可能性约为 50%.计算表明，虽然技术上已经非常准确，但是进行全民检查仍不太恰当.

3. *活动 2*：我们看时下新冠疫情中的检疫.2021 年 9 月 8 日，国务院发布的《全员新型冠状病毒核酸检测组织实施指南(第二版)》规定：疫情前期，在风险来源不明的情况下应至少开展 3 轮全员核酸检测；之后根据流调溯源情况、社区封控范围、核酸检测结果等综合研判，确定后续的检测范围和频次.原则上，隔离点和近 3 轮核酸检测出现过病例的街道或社区每日一检，14 天内出现过病例但近 3 轮核酸检测没有出现病例的街道或社区隔日一检，14 天内未出现病例的地区可每 5 天一检.试从概率角度说明这项规定的科学性.

(1) 上网查阅相关数据，建立数学模型.

(小组展示 1)根据现今的核酸检测技术，如果一个人感染了新冠病毒并且采样成功，核酸检测能有 99%的可能性检出这个病例.如果一个人没有感染新冠病毒，技术上不存在误判；但出现过因采样、运输等过程中样本被污染导致误判的案例.故而假设一个人没有感染新冠病毒，能有 99.99%的可能性不会被冤枉.

(2) 根据上述查阅结果，各小组分别计算下列模型假设中核酸检测阳性者感染新冠病毒的概率.

(A 小组)在疫情发生前期，假设隔离点和近 3 轮核酸检测出现过病例的街道或社区感染率为 0.1%.

(B 小组)假设 14 天内出现过病例但近 3 轮核酸检测没有出现病例的街道或社区感染

率为 0.01%.

（C 小组）假设 14 天内未出现病例的地区感染率为 0.001%.

（A 小组代表展示）计算得核酸检测阳性者感染新冠病毒的概率为

$$\frac{99.9\% \times 0.1\%}{99.9\% \times 0.1\% + (1-99.99\%) \times (1-0.1\%)} \approx 90.91\%.$$

（B 小组代表展示）根据之前的计算，可知核酸检测阳性者感染新冠病毒的概率为 49.98%.

（C 小组代表展示）计算可知核酸检测阳性者感染新冠病毒的概率为

$$\frac{99.9\% \times 0.001\%}{99.9\% \times 0.001\% + (1-99.99\%) \times (1-0.001\%)} \approx 9.08\%.$$

(3) 请各小组讨论：根据上述计算结果，说明《全员新型冠状病毒核酸检测组织实施指南（第二版）》的规定的科学性.

（学生展示）（略）

（二）活动评价

1. 评价原则

(1) 认真学习条件概率和全概率公式，并能在案例中运用.

① 认真学习条件概率和全概率公式，能在案例中运用，得到正确的结果（20 分）；

② 认真学习条件概率和全概率公式，能模仿着在案例中运用，得到基本正确的结果（15 分）；

③ 学习条件概率和全概率公式，能在老师或同伴指导下运用到案例中，得到正确的结果（10 分）；

④ 学习条件概率和全概率公式，但运用到案例中有困难，或得不到正确的结果（5 分）；

⑤ 不愿意学习条件概率和全概率公式（0 分）.

(2) 根据活动的要求，查阅相关材料并提出数学模型.

① 积极查阅相关材料，汇总材料数据，并提出数学模型（30 分）；

② 能查阅相关材料，和同伴一起汇总材料数据，提出部分数学模型（20 分）；

③ 能查阅得到部分材料，偏听偏信，建立不尽合理的数学模型（10 分）；

④ 能查阅得到部分材料，但不能建立数学模型（5 分）；

⑤ 不愿意参加小组活动（0 分）.

(3) 能根据数学计算说明政策的科学性.

① 能根据数学计算较全面地说明政策的科学性（30 分）；

② 能根据数学计算部分地说明政策的科学性（20 分）；

③ 能理解同伴说明政策科学性的数学依据（10 分）；

④ 对同伴说明政策科学性的数学依据有兴趣但理解困难（5 分）；

⑤ 没有用数学理解政策科学性的意识(0 分).

(4) 公平、公正地进行自我评价和小组互评,评价过程认真、负责、有诚信,逐步形成良好的个人品质.

① 公平的开展自我评价、小组互评(20 分);

② 自我评价或小组互评中有一项有待改进(10 分);

③ 自我评价与小组互评情况均有待改进(0 分).

(5) * 在小组合作探究和班级交流中有突出表现的,酌情加分.

2. 评价量表

组　长		组　员			
阶　段	评价项目(分值)	自我评价	小组互评	教师评价	阶段总分
1	认真学习、积极研究(20 分)				
2	积极思考、合理猜想(10 分)				
	积极合作、运用恰当(10 分)				
3	认真思考、主动探究(20 分)				
	模仿计算、积极交流(20 分)				
	互相学习、全面汇总(10 分)				
4	公正评价、诚信负责(20 分)				
加分	加　分　理　由			分　值	
总　分					

注:① 阶段总分=自我评价 * 0.3+小组互评 * 0.3+教师评价 * 0.4

② 有两行的取它们的平均分

四、活动反思与体会

1. 本活动源于生活实际,无法回避条件概率和全概率公式,故而提前介绍相关内容,使学生对概率的了解更为全面,使用更为合理.

2. 新课标提出“用数学的眼光观察世界”.概率是一个相当重要的数学工具,生活中很多事件,如果只是从有或无去看,就会出现偏颇,必须通过概率才能发现真相,才能理解相关配套措施的科学性.

3. 通过活动,活化了对全概率公式的理解,同学们对这个公式有了具体的解读.数学源于生活,源于生活的数学学习是更有效的学习.

第 13 章　统　　计

一、学习内容分析

数理统计是具有广泛应用的一个数学分支，它以概率论为理论基础，根据试验或观察得到的数据，来研究随机现象，对研究对象的客观规律性作出种种合理的估计和判断.在本章中，学生将学习统计中的基础概念，包括：总体、样本等；了解基本的数据获得方法——普查与抽查；掌握一些简单抽样方法，包括：抽签法、随机数表法、分层抽样法，并学习如何用统计图表来帮助我们从数据中获取有用的信息，直观、准确地理解相关的结果.进一步利用样本的信息，基于其代表性，来估计总体的分布规律.

统计知识贯穿在基础教育的三个学段，在每个学段都学习了收集、整理和分析数据的基本方法，但教学的要求随着学段的升高逐渐提高，螺旋上升.

在对具体实例的分析过程中，体会统计思维与确定性思维的差异，归纳证明与演绎证明的差异，并且积累数学分析的经验，从而体会解决统计问题的一般过程与方法.

二、学习活动设计

(一) 学习活动设计整体分析

1. 学习活动的目标

① 借助实例，了解统计学的基本概念和随机抽样的方法，体会科学抽样的重要性.

② 在活动中体现知识的螺旋上升的过程，体会简单随机抽样方法(抽签法、随机数表法等)在生活中的应用.

③ 结合实例数据，通过制作常见统计图表，使获取数据可视化，从而体现数据中所蕴含的规律.

④ 通过制作频率分布直方图的具体过程，总结制作该类统计图表的注意事项，分析频率直方图不同于其他图表的用处.

2. 学习活动的意义

在统计单元中，结合大量实例，通过学生的观察、尝试、思考与分析，将所学习的统计基本概念、数据获取的基本方法、统计图表制作的基本技能应用于这些实际例子中，利用数据分析所得的结果估计总体的规律与特征，解决实际生活问题，极大程度地发展学生数据分析素养.

在学习活动中，促进学生深入体会统计的一般过程；感受统计数据的困难与复杂，而人们又如何克服困难；体验在大数据处理的现代，信息技术又是如何帮助人们避免烦琐运算的；在具体实例的探索中，感悟非确定性思维与确定性思维的不同.

统计活动中大量数据的获取与处理需要学生以小组的形式开展完成，由此促进学生感受团队的重要性，提升学生协作交流的能力.

3. 学习活动分析表

活动名称	活动目标	所需课时	活动类型			核心素养及其水平			评价方式		
			知识构建	问题探究	专题实践	核心素养	具体方面	水平	自我评价	小组评价	教师评价
简单随机抽样方法的习得与应用	① ②	1	√			数据分析	情境与问题 知识与技能 思维与表达	一 一 一	√	√	√
探究绘制频率分布直方图的步骤与注意事项	③ ④	1+1	√			数据分析	情境与问题 知识与技能 思维与表达	一 二 二	√	√	√
总计		2+1	2	0	0				2	2	2

(二) 学习活动案例

案例 3-13-1　简单随机抽样方法的习得与应用[①]

一、设定活动目标、确定活动名称

单元名称	统计
教材版本	上教社 2021 年版
活动目标	借助学习活动中的实例，了解统计学的基本内容和学习方法，了解随机抽样方法的重要性.在活动中体现知识的螺旋上升的过程，体会简单随机抽样方法(抽签法、随机数表法等)在生活中的应用.
活动名称	简单随机抽样方法的习得与应用
活动意义	每一个学习活动的设计都是为学习活动目标量身定做的.在活动中充分体现学生的主体作用，充分展示学生的学习经验和能力，形成对利用抽样进行推理的直观认识.让学生通过自己动手体验数学的基本思维过程.

① 本案例由上海市吴淞中学施丽梅老师提供

二、活动方案设计

问题设计	1. 我们生活在一个数字化的时代，时刻都在与数字打交道. 通过案例分析，梳理并回答：在统计中，数据获取的基本方法有哪些？各自的特征又有哪些不同？ 2. 简单随机抽样有哪些方法和基本步骤？ 3. 抽签法和随机数表法适用的条件是什么？ 4. 通过本系列的活动，说一说你的体会与心得.
活动类型	☑知识建构活动　☑问题探究活动　□专题实践活动
核心素养	☑数学抽象　☑数学运算　□逻辑推理 □直观想象　☑数据分析　☑数学建模
活动年级	□高一　☑高二　□高三
活动形式	☑课内活动　□课外活动　□课内外兼顾
活动方式	☑自主学习　☑小组合作　☑班级研讨交流
活动资源	☑工具学具　☑文本资料　☑媒体资料
活动水平	☑理解与运用　☑综合运用　☑探究与发现
所需课时	1课时
评价方法	☑自我评价　☑小组评价　☑教师评价
活动品质评估	主体性 [A] B C　整体性 [A] B C　合作性 [A] B C　适切性 [A] B C　激励性 [A] B C

注：A表示“很好”，B表示“良好或较好”，C表示“一般或较差”

三、活动实施、总结评价

（一）活动流程

阶段一　创设情境　引入主题

引例活动1：（PPT展示）　妈妈让小明买一盒火柴，叮嘱：要质量好的.小明买回火柴，得意地告诉妈妈：质量很好，我每一根都试过了.

师：在做某种产品质量调查时可选择的方法有哪些？小明的做法是否得当？

生：调查的方法有普查和抽样调查，小明用的是普查，不合适.破坏性太强，不具备实用性.

引例活动2：（PPT展示）　历史上的一次民意调查：1936年调查Landon和Roosevelt中谁将当选下一届总统，调查者通过电话簿和车辆登记簿上的名单给一大批人发放了调查表（在1936年电话和汽车只有少数富人有）.调查结果是Landon非常受欢迎.

但是最后是 Roosevelt 获胜.

师：请同学们说一说为什么会出现截然不同的结果？

生：因为本次调查虽然是抽样调查，但是样本的产生不具备代表性，不能客观地反应总体情况，有人为的主观偏向.

师：在上述实验中，如何设计抽样方法才能使抽取的样本能够真正地代表总体，也是我们日常生活中关注的重要问题.这也正是我们今天所要研究的主题之一.

阶段二　实例探究　成果展示

（知识建构）活动 1：

师：准备在班级里选三名同学参加学校活动，征求同学意见用哪种方式选取比较好？

同学建议：抽签.但是抽签的步骤却有分歧.

想法 1(组 1)：让学生把自己的学号写下并折好放在箱子里，不摇就抽签抽出一名同学.

想法 2(组 2)：让学生把自己的学号写下并折好放在箱子里，经过同学摇均匀抽签不放回，抽出一名同学.

想法 3(组 3)：让学生把自己的学号写下并折好放在箱子里，经过同学摇均匀抽签放回，抽出一名同学.

按照同学的建议，三个小组分别按各自的方案选出一名同学.

根据同学座位，将班级同学分成三个小组，将课前准备好的箱子分配到每个小组.在抽取过程中，组 1 和组 3 同学对所选步骤开始有争议，他们认为这两种做法不公平.经过再次讨论，大家一致决定在班级里统一按照想法 2 进行.

师：请同学们总结抽签法的步骤.

生：抽签法步骤：(1) 编号制签；(2) 搅拌均匀；(3) 任取号码；(4) 不放回.

（知识建构）活动 2：

师：本年级计划选 5 名同学参加活动（全年级总共 400 名学生），继续用抽签法是否合适？是否还有其他办法？

生：制作全年级 400 个签太麻烦了.（学生总结抽签法的特点：形式简单易做，但是一定要保证每个个体被抽到的机会要均等.对比前一实例总结抽签法不足：不适合总体容量较大的问题）

生：如果总体个数较多，抽签法不适合.采用随机数表法.

1. 明确随机数表法的概念.

2. 总结随机数表法的步骤：(1) 编号；(2) 在随机数表上确定起始位置；(3) 取数.

具体实施：

第一步：先将年级所有同学（总共 400 人）按 001，002，003，004，005，…进行排号.

第二步：在随机数表中从任意一个随机数开始读数.假设从第一行第一个数字 5 开始，我们看到随机数表中后续随机数是：

59226000 49840128 66175168 39682927 43772366 27096623

第三步：从选定的数 5 开始向右读下去，从 5 开始的三位数组是：

592 260 004 984 012 866 175 168 …

592 大于 400，因此放弃 592.第二个号码 260＜400，保留.继续读取，遇到重复的数可以去掉，直到选取 5 个满足条件号码：260 004 012 175 168.于是所抽取的样本就是这 5 名同学.

（知识巩固）活动 3：PPT 展示游戏内容

1. 大唐勉玉公主驸马赵汉臣因过失之罪被宰相张闻天设计陷害，欲置于死地，双方各执一词，引发了历史上著名的抓阄定生死的奇案.皇上下令，让宰相张闻天做了两个阄，一张写“生”，一张写“死”，让驸马抓阄来决定自己的命运.

2. 5.12 特大地震后，都江堰某地区 198 户地震损毁户需要搬进安居房，首批 20 套安居房准备发放，要求每户获得安居房的概率相同.

师：上述两个案例请同学们研究设计操作步骤.

通过本组活动设计和具体操作，体会本课所学知识，检测运用所学知识解决问题的能力，真正理解抽签法和随机数表法.

阶段三 总结评价 活动反思

师：我们一起尝试总结本节课所研究内容.

生：抽签法和随机数法都属于简单随机抽样. 它们都具有以下特点：

1. 总体个数 N 是有限的；

2. 是不放回抽样；

3. 总体中每个个体被选入样本的可能性相同.

活动反思：本节课教学中首先通过两个引例，引导学生回顾什么是普查和抽样调查的基本要求，以及如何进行抽样调查更加具备科学性，结论才更可靠.进而介绍简单随机抽样的方法，并归纳实施步骤.在学习活动中，若直接照本宣科，学生在知识水平、学习能力和学习兴趣方面都会表现得不如人意，所以通过设计问题情境，同时在活动中注重可操作性并提供让学生动手的机会，引导学生积极主动地参与问题的讨论与探索.在活动设计中，让学生感受样本的随机性.教学时充分让学生自己分析、判断、自主学习、合作交流.引导学生深入探讨，在这个过程中学生会有争议，思想碰撞的效果会更好.鼓励学生在开放的环境中自主地提出问题，思考讨论，解决问题，提升学生的数学核心素养.

（二）活动评价

1. 评价原则

（1）积极思考、主动发言

① 对所提出的问题能够主动积极思考，并主动将自己思考的结果与同学分享交流（20 分）；

② 对所提出的问题有一定的思考，但思考不够深入，愿意与同学交流思考结果(10 分)；

③ 对所提出的问题没有思考，无法交流结果(0 分).

(2) 结合实际、善于分析

① 在利用统计知识解决实际问题时，能够结合情境作出符合需求且具有可行性的分析与结论(20 分)；

② 在利用统计知识解决实际问题时，能够作出符合一部分需求且具有一定可行性的分析(10 分)；

③ 在解决实际问题时，作出的结论不符合实际需要或不具有可行性(0 分).

(3) 分工合作、有效交流

① 小组成员间能够充分交流相互意见，有计划地进行分工(20 分)；

② 小组成员间能够有一定地交流，有一些分工或是分工的意图(10 分)；

③ 小组成员间没有有效交流，没有分工(0 分).

(4) 总结提炼、严谨求真

① 能够从实例中总结统计活动的一般步骤，提炼简单抽样方法的科学性(20 分)；

② 能够基于实例，总结一些统计活动的步骤；知道本课中简单抽样的方法(10 分)；

③ 无法从实例中总结统计活动的步骤，无法提炼任何抽样方法的科学性(0 分).

(5) 公正评价、诚信负责

① 公平的开展自我评价、小组互评(20 分)；

② 自我评价或小组互评中有一项有待改进(10 分)；

③ 自我评价与小组互评情况均有待改进(0 分).

2. 评价量表

<table>
<tr><td>组　长</td><td></td><td>组　员</td><td colspan="2"></td></tr>
<tr><th colspan="2">评价项目(分值)</th><th>自 我 评 价</th><th>小 组 互 评</th><th>教 师 评 价</th></tr>
<tr><td colspan="2">积极思考、主动发言(20 分)</td><td></td><td></td><td></td></tr>
<tr><td colspan="2">结合实际、善于分析(20 分)</td><td></td><td></td><td></td></tr>
<tr><td colspan="2">分工合作、有效交流(20 分)</td><td></td><td></td><td></td></tr>
<tr><td colspan="2">总结提炼、严谨求真(20 分)</td><td></td><td></td><td></td></tr>
<tr><td colspan="2">公正评价、诚信负责(20 分)</td><td></td><td></td><td></td></tr>
<tr><td colspan="2">汇　总</td><td></td><td></td><td></td></tr>
<tr><td>加分及理由</td><td colspan="2"></td><td>总　分</td><td></td></tr>
</table>

注：总分＝自我评价＊0.3＋小组互评＊0.3＋教师评价＊0.4

四、活动反思与体会

简单随机抽样的主要内容是介绍简单随机抽样的概念以及如何实施简单随机抽样.抽样方法是数理统计学中的重要内容.简单随机抽样作为一种简单的抽样方法,在其中处于非常重要的地位.它为学习其他复杂抽样方法奠定了基础,起到了承上启下的作用.

从知识的应用价值看,重视数学知识的应用和关注育人价值是新教材的显著特点.丰富的生活实例为学生用数学的眼光看待生活,体验生活即数学的理念,有助于学生掌握统计思想和方法,增加学生的感性认识.

案例3-13-2 探究绘制频率分布直方图的步骤与注意事项①

一、设定活动目标、确定活动名称

单元名称	统计
教材版本	上教社2021年版
活动目标	1. 经历频率分布表的制作过程,学习如何分析和呈现数据; 2. 探究绘制频率分布直方图的步骤与注意事项,学习如何将数据表格可视化,以便更直观地表示数据的分布特征; 3. 用简单的语言描述频率分布直方图呈现的信息,体会其特点与适用范围; 4. 为下一节用样本分布估计总体分布做好铺垫.
活动名称	探究绘制频率分布直方图的步骤与注意事项
活动意义	1. 在学习数据整理方法、数据直观图表等表示方法的过程中,通过具体实例,感悟在实际生活中进行科学决策的必要性和可能性,通过实际操作积累数据分析的经验,发展数据分析和数学运算素养; 2. 通过经历数据处理全过程中的一个关键环节,初步体会解决统计问题的一般过程和方法.

二、活动方案设计

问题设计	1. 当我们利用随机抽样、分层抽样等抽样方法获取了大量数据之后,可以形成一个统计表,但我们还需要在这些数据中寻找所包含的信息,因此需要对其做一定程度地处理,以达到分析数据的目的. 那么,如何处理这些杂乱无章的数据呢? 2. 将这些数据进行分组等操作后,如果要形成一个更有条理的表格,你觉得应该计算哪些必要的数值? 并尝试计算出结果. 3. 制作出频率分布表后,有没有更直观的表示数据的方式,以便更好地观察数据的分布特征? 4. 观察频率分布直方图,总结其呈现的信息. 5. * 今天学习的频率分布直方图与初中学习过的频数分布表和频数分布直方图相比有什么优势?

① 本案例由杨浦高级中学杨丹老师提供

续表

活动类型	☑知识建构活动	☑问题探究活动	□专题实践活动		
核心素养	□数学抽象 □直观想象	☑数学运算 ☑数据分析	□逻辑推理 □数学建模		
活动年级	□高一	☑高二	□高三		
活动形式	☑课内活动	□课外活动	□课内外兼顾		
活动方式	☑自主学习	☑小组合作	□班级研讨交流		
活动资源	□工具学具	☑文本资料	□媒体资料		
活动水平	☑理解与运用	□综合运用	□探究与发现		
所需课时	1 课时(课内)				
评价方法	☑自我评价	☑小组评价	☑教师评价		
活动品质评估	主体性 [A] B C	整体性 [A] B C	合作性 A [B] C	适切性 A [B] C	激励性 [A] B C

注：A 表示“很好”,B 表示“良好或较好”,C 表示“一般或较差”

三、活动实施、总结评价

(一) 活动流程

1. 准备工作

我校高一年级共有学生 400 名,为了解我校高一学生的身高和体重情况,学校决定做一次抽样调查. 按照性别分层随机抽样的方法抽取 80 名学生,测量他们的身高(单位: cm)及体重(单位: kg)并记录在如下所示的表中.

我校 80 名高一学生身高、体重数据统计表

性别	身高	体重	性别	身高	体重	性别	身高	体重
…	…	…	…	…	…	…	…	…

2. 阶段一

(1) 提出问题 1：

当我们利用随机抽样、分层抽样等抽样方法获取了大量数据之后，可以形成一个统计表，但我们还需要在这些数据中寻找所包含的信息，因此需要对其做一定程度地处理，以达到分析数据的目的. 那么，如何处理这些杂乱无章的数据呢？

(2) 学生活动方式：小组讨论.

(3) 参考结论：分组、计算频率、制作分布表……

(4) 教师活动：

① 指导学生科学分组，为小组内部探究提供必要的学习支持；

② 在小组合作学习中加强对学生行为的调控，引导学生开展探究学习；

③ 对小组成员的学习情况进行及时评价.

3. 阶段二

(1) 提出问题 2：

将这些数据进行分组等操作后，如果要形成一个更有条理的表格，你觉得应该计算哪些必要的数值？并尝试计算出结果.

(2) 学生活动方式：小组讨论＋自主探究，并形成文本.

(3) 参考结论：极差、组距、组数、频数、频率……

(4) 教师活动：

① 为小组合作讨论和学生自主探究提供必要的学习支持；

② 指导学生将结论总结成文本，引导梳理制作频率分布表的过程与注意事项；

③ 对小组成员的学习情况进行及时评价.

(5) 参考文本：

① 求极差

极差：一组数据的最大值与最小值的差，又称全距.

理由：绘制频率分布表需要分组.

② 确定组距与组数

组距：每个小组的区间端点之间的距离.

组数：极差÷组距.

注意事项：频率分布直方图的形状与组数(组距)有关，对于同一组数据，当频率分布直方图的组数少、组距大时，会导致直方图中少数矩形的高度较高，且无法看出每组内的数据分布情况；反之，如果组数过多，可能会导致一些组内的数据太少，使得整体形状"起伏"较大. 频率分布直方图的外观还和坐标系的单位长度有关，在教学中可以让学生自己分不同的组数来绘制频率分布直方图，并对不同的分组所绘制的频率分布直方图进行比较.

③ 统计每组的频数及频率

频数：将样本数据分好组以后，每个小组内的数据个数.

频率：频数 ÷ 样本容量.

④ 制作频率分布表

身高分组区间	频　　数	频　　率	累积频数
…	…	…	…

4. 阶段三

(1) 提出问题 3：

制作频率分布表后，有没有更直观的表示数据的方式，以便更好地观察数据的分布特征？

(2) 学生活动方式：小组讨论＋组间交流，并形成文本、图表.

(3) 参考结论：频率分布直方图.

(4) 教师活动：

① 为小组合作讨论提供必要的学习支持；

② 指导学生将结论总结成文本和图表，绘制频率分布直方图，并选取代表进行组间展示、交流；

③ 对小组成员的学习情况和各小组的展示交流情况进行及时评价.

(5) 参考文本与图表

以教材第 140 页的数据为例，绘制频率分布直方图，如下图所示.

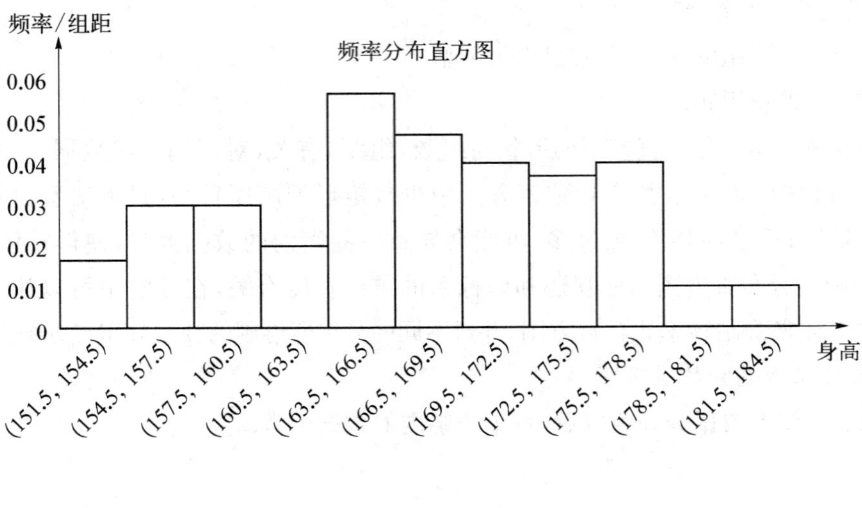

① 在直角坐标系中把横轴分成若干段，每一段对应一个组距；

② 以组距形成的线段为底作一矩形，矩形的高为小组的“频率÷组距”.

注意事项：① 标题；② 坐标的刻度和名称；③ 必要的标注.

5. 阶段四

(1) 提出问题 4：观察频率分布直方图，总结其呈现的信息.

(2) 学生活动方式：自主探究＋小组讨论，并形成文本.

(3) 教师活动

① 为小组成员自主探究和合作讨论提供必要的学习支持；

② 引导学生在前阶段研究的基础上，发现和提出新问题，并深入探究；

③ 对小组成员的学习情况进行及时评价.

(4) 参考文本

① 小矩形的面积＝组距×(频率÷组距)＝频率；

② 所有小矩形的面积总和为 1.

(5) * 拓展问题

今天学习的频率分布直方图与初中学习过的频数分布表和频数分布直方图相比有什么优势？

参考答案：我们可以用样本在某个区间内的频率来估计总体在相应区间内的比例，但无法用样本在某区间的频数直接估计总体在相应区间内的频数，需要将样本在某区间的频数乘总体容量与样本容量的比例，而总体容量我们往往不得而知. 此外，频率分布直方图的纵坐标是用“频率/组距”，而不是直接用“频率”，因为当纵坐标是“频率/组距”时，全部小长方形的面积之和为 1，这与总体落在全部取值范围内的频率之和为 1 是一致的.

(二) 活动评价

1. 评价原则

(1) 自主学习能力评价

① 能积极、认真进行自主探究，形成正确、完整的文本结论(20 分)；

② 能主动进行自主探究，形成文本结论(15 分)；

③ 能进行自主探究，初步形成文本结论(10 分)；

④ 有自主探究意识，但没有得到正确的结论(5 分)；

⑤ 不愿意自主探究(0 分).

(2) 合作学习能力评价

① 能在小组合作学习中积极参与、讨论，并能与同伴主动交流(20 分)；

② 能在小组合作学习中认真参与、讨论，并能与同伴交流(15 分)；

③ 能参与小组合作学习，能与同伴进行简单的讨论和交流(10 分)；

④ 有参与小组合作学习的意识，但讨论与交流效果不理想(5 分)；

⑤ 不愿意参与小组合作学习(0 分).

（3）组间交流能力评价

① 能清晰、完整地陈述小组的探究结果，表述论据充足、逻辑明晰正确，语言表达准确，能清楚回答其他同学的提问(20 分)；

② 能完整地陈述小组的探究结果，表述有论据和逻辑性，语言表达流畅，能回答其他同学的提问(15 分)；

③ 能表述一些小组的探究结果，内容基本能被理解但需要补充说明，能回答一部分其他同学的提问(10 分)；

④ 做了陈述，但没有表述清楚小组的探究结果，内容很难被理解或不能被理解，对其他同学的提问无法做出有效回答(5 分)；

⑤ 无法表达与交流(0 分).

（4）完善小组探究结果能力评价

① 能认真思考、虚心接受其他组同学的评价与建议，反思原有结论，主动承担修改、完善的任务(20 分)；

② 能考虑其他组同学的评价与建议，能承担对原有结论的修改、完善任务(15 分)；

③ 能考虑其他组同学的评价与建议，能尝试对原有结论进行修改(10 分)；

④ 有反思与修改的意识，但无法为组内的修改任务作出贡献(5 分)；

⑤ 不考虑其他组同学的评价与建议，不参与原有结论的修改过程(0 分).

（5）自我互评能力评价

① 能公平、公正开展自我评价和小组互评，能进行深刻地自我反思，能对其他同学的交流、表达提出建设性意见和建议(20 分)；

② 能进行自我评价和小组互评，愿意自我反思，愿意对其他同学的交流、表达提出一些看法(15 分)；

③ 能进行自我评价和小组互评，但自我反思能力有待提高，对其他同学提出看法方面比较消极(10 分)；

④ 有自我评价和小组互评的意愿，但不能反思出自身问题，无法对其他同学提出自己的看法(5 分)；

⑤ 不愿意开展自我评价和小组互评 (0 分).

（6）* 在小组合作探究和班级交流中有突出表现的，酌情加分.

2. 评价量表

组　号		姓　名		
评价项目(分值)		自我评价	小组互评	教师评价
自主学习能力评价(20 分)				
合作学习能力评价(20 分)				

续表

评价项目(分值)	自我评价	小组互评	教师评价
组间交流能力评价(20 分)			
完善小组探究结果能力评价(20 分)			
自我互评能力评价(20 分)			
* 加分及理由			
汇　总			
总　分			

注：总分＝自我评价 * 0.3＋小组互评 * 0.3＋教师评价 * 0.4

四、活动反思与体会

1. 教师可以对学有余力的学生布置拓展任务，例如在课后尝试利用计算机软件绘制频率分布直方图；

2. 通过本活动经历数据处理全过程中的一个关键环节，初步体会解决统计问题的一般过程和方法，建立单元学习意识；

3. 统计知识贯穿在基础教育的三个学段，在每个学段都要学习收集、整理、描述和分析数据的基本方法，但教学的要求随着学段的升高逐渐提高，螺旋上升，需要教师在教学过程中做到循序渐进、逐步深化；

4. 本章的教学需要教师引导学生体会统计思维与确定性思维的差异，归纳推断与演绎证明的差异；

5. 如果学生提及不属于本节主题的知识点，教师可以适当引导学生在课后进一步思考和研究，为后续学习铺垫.